CONTEÚDO DIGITAL PARA ALUNOS

Cadastre-se e transforme seus estudos em uma experiência única de aprendizado:

1. Escaneie o QR Code para acessar a página de cadastro.

2. Complete-a com seus dados pessoais e as informações de sua escola.

3. Adicione ao cadastro o código do aluno, que garante a exclusividade de acesso.

1702499A3645072

Agora, acesse:
www.editoradobrasil.com.br/leb
e aprenda de forma inovadora e diferente! :D

Lembre-se de que esse código, pessoal e intransferível, é valido por um ano. Guarde-o com cuidado, pois é a única maneira de você utilizar os conteúdos da plataforma.

Editora do Brasil

TEMPO DE GEOGRAFIA

AXÉ SILVA

- Professor de Geografia de Ensino Fundamental e Médio
- Bacharel em Geografia pela Universidade de São Paulo (USP)
- Articulista e coordenador de publicações especializadas em Geografia e Ensino
- Criador e apresentador de canal de vídeo em plataforma digital sobre Geografia e Atualidades

JURANDYR ROSS

- Livre-Docente em Geografia pela Universidade de São Paulo (USP)
- Doutor em Geografia pela Universidade de São Paulo (USP)
- Professor titular na Universidade de São Paulo (USP)
- Consultor do Ministério do Meio Ambiente (1992-2002)
- Vencedor do Prêmio Jabuti pela Associação Brasileira do Livro (1997)
- Autor da Classificação do Relevo Brasileiro (1985)

COLEÇÃO
TEMPO
GEOGRAFIA
4ª edição
São Paulo, 2019.

8

Editora do Brasil

Dados Internacionais de Catalogação na Publicação (CIP)
(Câmara Brasileira do Livro, SP, Brasil)

Silva, Axé
Tempo de geografia: 8º ano / Axé Silva, Jurandyr Ross. – 4. ed. – São Paulo: Editora do Brasil, 2019. – (Coleção tempo)

ISBN 978-85-10-07215-1 (aluno)
ISBN 978-85-10-07216-8 (professor)

1. Geografia (Ensino fundamental) I. Ross, Jurandyr. II. Título. III. Série.

19-25413 CDD-372.891

Índices para catálogo sistemático:
1. Geografia: Ensino fundamental 372.891
Maria Alice Ferreira – Bibliotecária – CRB-8/7964

Direção-geral: Vicente Tortamano Avanso

Direção editorial: Felipe Ramos Poletti
Supervisão editorial: Erika Caldin
Supervisão de arte e editoração: Cida Alves
Supervisão de revisão: Dora Helena Feres
Supervisão de iconografia: Léo Burgos
Supervisão de digital: Ethel Shuña Queiroz
Supervisão de controle de processos editoriais: Roseli Said
Supervisão de direitos autorais: Marilisa Bertolone Mendes

Supervisão editorial: Júlio Fonseca
Edição: Gabriela Hengles e Guilherme Fioravante
Assistência editorial: Manoel Leal de Oliveira
Auxílio editorial: Douglas Bandeira
Apoio editorial: Janaina Tiosse de O. Corrêa
Consultoria técnica: Judith Nuria Maida
Copidesque: Gisélia Costa, Ricardo Liberal e Sylmara Beletti
Revisão: Alexandra Resende, Andréia Andrade e Elaine Silva
Pesquisa iconográfica: Isabela Meneses e Márcia Sato
Assistência de arte: Letícia Santos
Design gráfico: Andrea Melo
Capa: Megalo Design
Imagens de capa: FG Trade/iStockphoto.com, M.Aurelius/Shutterstock.com, qooohooo/iStockphoto.com e Reto Stöckli, Nazmi El Saleous, and Marit Jentoft-Nilsen, NASA GSFC
Ilustrações: Alex Argozino, Carlos Caminha, Condutta, Cristiane Viana, Danilo Bandeira, Eduardo Belmiro, Fabio Nienow, Paula Haydee Radi, Paulo César Pereira, Raitan Ohi
Produção cartográfica: Alessandro Passos da Costa, DAE (Departamento de Arte e Editoração), Mario Yoshida, Robson Rosendo, Simone Soares, Sonia Vaz, Studio Caparroz, Tarcísio Garbellini
Coordenação de editoração eletrônica: Abdonildo José de Lima Santos
Editoração eletrônica: Adriana Tami, Armando F. Tomiyoshi, Elbert Stein, Gilvan Alves da Silva, José Anderson Campos, Sérgio Rocha, Talita Lima, Viviane Yonamine, William Takamoto e Wlamir Miasiro
Licenciamentos de textos: Cinthya Utiyama, Jennifer Xavier, Paula Harue Tozaki e Renata Garbellini
Controle de processos editoriais: Bruna Alves, Carlos Nunes, Rafael Machado e Stephanie Paparella

4ª edição / 2ª impressão, 2020
Impresso na Serzegraf Ind. Editora Gráfica Ltda.

Editora do Brasil

Rua Conselheiro Nébias, 887
São Paulo, SP – CEP 01203-001
Fone: +55 11 3226-0211
www.editoradobrasil.com.br

Prezado aluno, prezada aluna

A Geografia é uma ciência que faz parte de sua vida. Ela possibilita o aperfeiçoamento da visão crítica sobre as situações que acontecem a nosso redor.

Pensando nisso, esta obra foi desenvolvida com o objetivo de proporcionar uma reflexão sobre a realidade e contribuir para a consciência dos direitos e deveres de cada um na sociedade. Com essa proposta, buscamos incentivar o respeito às diferenças e o combate às injustiças sociais.

Desejamos que, ao percorrer esta coleção, você entenda a importância do espaço geográfico e amplie a compreensão de si mesmo, percebendo que você é parte de tudo o que existe a sua volta.

Bom ano para você!

Os autores

SUMÁRIO

TEMA 3

TEMA 4

TEMA 5

América Latina: sociedade 130

TEMA 6

América Latina: economia .. 162

TEMA 7

África: aspectos físicos 196

TEMA 8

África: sociedade e economia 224

↑Museu da Imigração do Estado de São Paulo, que concentra grande quantidade de documentação sobre a imigração para o Brasil na passagem do século XIX para o XX. São Paulo (SP), 2014.

TEMA 1

Os seres humanos no mundo

Renato Luiz Ferreira/Folhapress

NESTE TEMA

VOCÊ VAI ESTUDAR:

- as primeiras migrações humanas pelos continentes;
- a chegada do ser humano às Américas;
- deslocamentos em diversas épocas da História;
- migrações no espaço geográfico brasileiro;
- aspectos demográficos da população mundial.

Todas as pessoas estão sujeitas, em determinado momento da vida, a querer ou precisar migrar. Fazemos isso, como seres humanos, desde os tempos pré-históricos: migramos em busca de comida, abrigo, melhores condições climatológicas, para fugir de guerras e perseguições, entre outros motivos.

1. Em sua família, há um histórico de migração? De onde? Por qual motivo?
2. Você percebe, nas paisagens de seu município, marcos da migração, como monumentos, arquitetura, templos etc.?

CAPÍTULO

1 As primeiras migrações

Neste capítulo, você vai estudar as primeiras migrações humanas e a ocupação dos continentes.

Nossos ancestrais

Hoje, sabemos que as mais de 7 bilhões de pessoas que vivem no planeta estão distribuídas por diversas porções da superfície terrestre. Mas será que os diferentes povos sempre habitaram os mesmos lugares? Como os seres humanos chegaram a esses lugares? Por que se fixaram? Quais rotas seguiram?

A Ciência se baseia nos estudos da **Paleontologia**, da **Arqueologia** e da **Genética** para tentar reconstruir as rotas de dispersão da população humana e entender de que modo as características físico-naturais do planeta contribuíram para a distribuição humana na Terra. Antes do surgimento do ser humano moderno, o *Homo sapiens*, vários grupos de hominídeos ocupavam diferentes porções do planeta e tiveram papel importante na constituição de nossa espécie.

A hipótese mais aceita atualmente propõe que o *Homo sapiens sapiens* surgiu na África há cerca de 200 mil anos e se dispersou para as outras regiões do planeta em grandes fluxos, que aconteceram em diferentes momentos do passado. No entanto, não fomos a única espécie a migrar. Evidências arqueológicas e paleontológicas apontam que espécies antecessoras, como o *Homo erectus*, saíram da África e chegaram à Europa há cerca de 1,8 milhão de anos.

GLOSSÁRIO

Arqueologia: campo da Ciência que estuda características de antigas sociedades por meio de resquícios diversos, por exemplo, objetos produzidos e usados por povos antigos.
Genética: campo específico da Biologia que estuda a hereditariedade, ou seja, a forma pela qual as características são transmitidas entre as gerações.
Paleontologia: campo da Ciência que estuda, com base em vestígios – como os fósseis –, as características das formas de vida passadas.

Patrick Aventurier/Getty Images

A arte rupestre é uma das mais antigas manifestações estéticas do ser humano. Encontrada geralmente nas paredes das cavernas e em pequenas esculturas, ela é muito importante, já que funciona como fonte de pesquisa sobre os hábitos dos seres humanos pré-históricos. Na fotografia, arte rupestre na Caverna de Lascaux, França, fotografada em 2016.

A saída da África

Alguns estudos avaliam que, entre 60 e 70 mil anos atrás, os primeiros indivíduos da linhagem moderna de seres humanos se arriscaram a deixar as savanas e bosques do que hoje conhecemos como o continente africano. O que os motivou a migrar é incerto, mas fenômenos relacionados a mudanças climáticas de grandes dimensões, como as **glaciações**, e a competição pelos recursos naturais são possíveis fatores que justificaram o deslocamento desses grupos.

O último Período Glacial teve início há aproximadamente 115 mil anos e terminou por volta de 11 mil anos atrás. Ele faz parte de uma sequência de períodos glaciais e interglaciais conhecida como Glaciação do Quaternário. Esses períodos ficaram registrados pelos sinais de avanços e recuos de geleiras nas paisagens.

Quando a glaciação começou, os grupos humanos concentravam-se nas regiões de baixas latitudes do planeta. No final da glaciação, já tinham migrado para a **Eurásia**, chegando até o atual território australiano. O rápido recuo das geleiras, há cerca de 15 mil anos, abriu o caminho para a raça humana chegar às Américas.

GLOSSÁRIO

Eurásia: massa continental formada, em conjunto, pela Europa e a Ásia.

Glaciação: processo climático natural relacionado à diminuição das temperaturas e à formação de geleiras que ocorrem em determinada região ao longo da história do planeta.

CARTOGRAFIA

Observe o mapa.

Deslocamento humano no Paleolítico

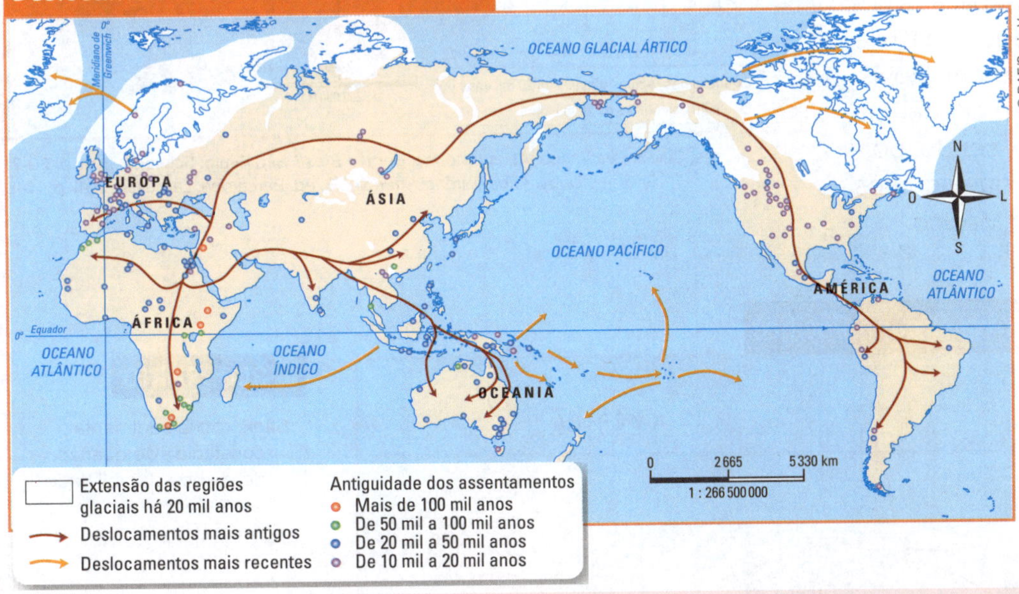

© DAE/Sonia Vaz

Fonte: Georges Duby (Dir.) *Atlas histórico mundial*. 3. ed. Barcelona: Larousse Editorial, 2011. p. 14-15.

1. Observando as setas, explique como ocorreu a dispersão humana pela Terra no período retratado.
2. Observando os pontos que indicam a antiguidade dos assentamentos, o que é possível concluir?
3. A qual fenômeno climático o mapa faz referência?

Seres humanos nas Américas

Por volta de 20 mil anos atrás, um grupo de caçadores e coletores da Ásia rumou para o noroeste do continente, ocupando porções da Sibéria e chegando próximo ao Círculo Polar Ártico. Devido à glaciação que ainda ocorria, existiam grandes extensões de terra que depois foram cobertas pelo mar.

A hipótese mais aceita, mas também a mais discutida, de como os seres humanos modernos chegaram ao continente americano, é a de que ocorreu uma migração através de uma ponte de terra que ligava o atual estado do Alasca à Sibéria, também chamada de Beríngia. Essa passagem, que teria existido por milhares de anos, até o fim da glaciação, 15 mil anos atrás, possibilitava a travessia de pessoas e animais.

Vestígios arqueológicos com cerca de 13 mil anos foram encontrados na localidade de Clovis, no Novo México, Estados Unidos, como pontas de lanças feitas de **sílex**. Essa hipótese da ponte de terra é discutida pela comunidade científica, pois alguns paleoantropólogos, cientistas que estudam as origens do ser humano, contestam a Beríngia. Para eles, ela teria sido coberta pelo mar muito antes de a onda migratória se completar.

Outra hipótese é que a chegada às Américas ocorreu por meio da costa do Pacífico, com o uso de embarcações, o que explicaria como o ser humano chegou ao Chile antes das descobertas em Clovis. Os vestígios chilenos chegam a 14 500 anos de idade, sendo, portanto, mais velhos do que aqueles encontrados no Novo México.

Ocupação da América via Estreito de Bering

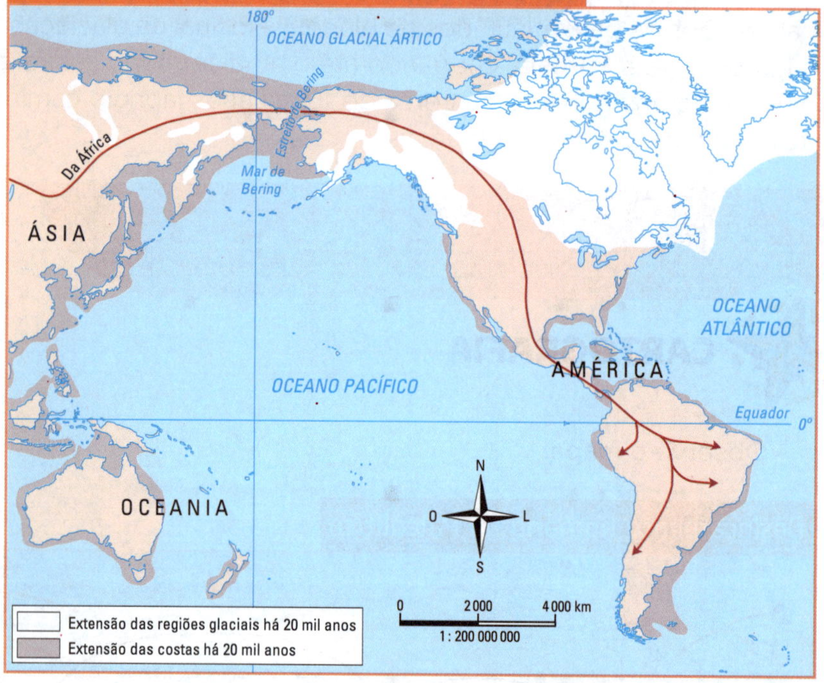

Fontes: Claudio Vicentino. *Atlas histórico: geral e Brasil*. São Paulo: Scipione, 2011. p. 20-21; Georges Duby. *Atlas histórico mundial*. 3. ed. Barcelona: Larousse, 2011. p. 14-15.

Ocupação da América via Oceano Pacífico

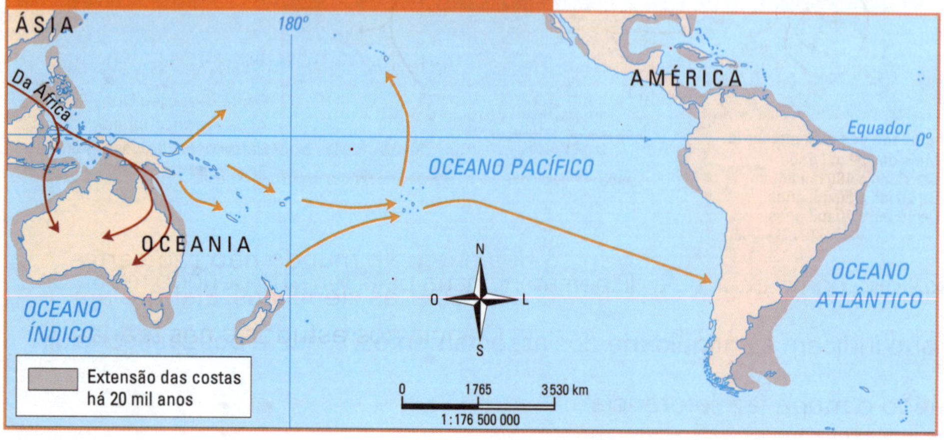

Fontes: Claudio Vicentino. *Atlas histórico: geral e Brasil*. São Paulo: Scipione, 2011. p. 20-21; Georges Duby. *Atlas histórico mundial*. 3. ed. Barcelona: Larousse, 2011. p. 14-15.

GLOSSÁRIO

Sílex: rocha sedimentar, constituída de quartzo, de grande durabilidade e resistência.

AQUI TEM MAIS

Crânio encontrado em Minas pode mudar história da migração das Américas

Hoje, quase todos os cientistas concordam que os primeiros humanos chegaram nas Américas há cerca de 15 mil anos e se dispersaram pelo continente. Mas a história não é tão simples assim.

Em 1988, ao estudar Luzia, o fóssil mais antigo da América (encontrado em 1974), o pesquisador Walter Neves percebeu que a ossada era bem diferente da dos índios brasileiros atuais. Assim, os cientistas começaram a desconfiar que, além da primeira, uma segunda onda migratória, com traços mais asiáticos, poderia ter ocorrido há cerca de 12 mil anos.

"Quando você olha para os dados genéticos contemporâneos, a sugestão, particularmente para a América do Sul, era de uma onda de migração e que os povos indígenas sul-americanos eram todos descendentes dessa onda. Mas os nossos dados sugerem que existiram ao menos duas, senão mais ondas de pessoas entrando na América do Sul", afirmou ao jornal *O Globo* a antropóloga Noreen von Cramon-Taubadel, da Universidade de Buffalo, nos EUA, e coordenadora do estudo publicado na revista *Science Advances*.

[...]

"Pela morfologia, encontramos uma variedade humana muito diferente desses nativos mais recentes. O crânio que analisamos data de entre dez mil e oito mil anos. Existem indícios de que populações dessas duas ondas migratórias coexistiram, mas esse não foi o tema do estudo", explica o paleantropólogo brasileiro André Strauss, professor na Universidade de Tubinga, na Alemanha, e coautor do estudo. [...]

Isa Nigri/O Tempo/Futura Press

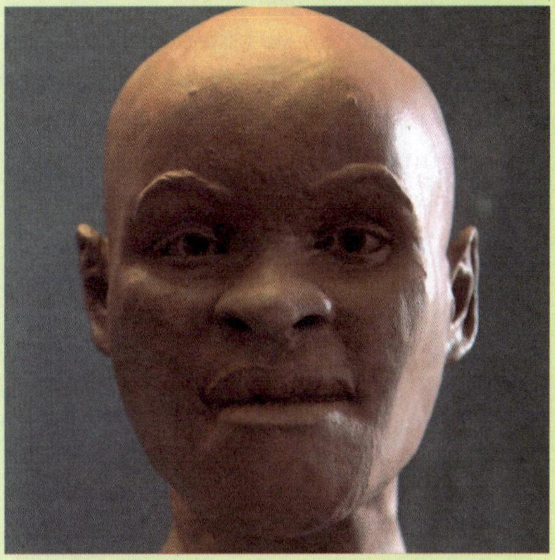

Alessandro Viana/Tyba

↑ Crânio e reconstrução do fóssil mais antigo das Américas, achado no Brasil, de uma mulher *Homo sapiens* adulta, denominada Luzia. Ambos estavam em exibição no Museu Nacional, no Rio de Janeiro (RJ), que foi destruído em um incêndio em 2018.

Revista *Galileu*, 20 mar. 2017. Disponível em: <https://revistagalileu.globo.com/Sociedade/noticia/2017/03/cranio-encontrado-em-minas-pode-mudar-historia-da-migracao-das-americas.html>. Acesso em: set. 2018.

1. O texto mostra que as teorias sobre a dispersão humana pelo mundo não são certezas e estão sempre em discussão devido a novas descobertas científicas. Elabore um texto que aborde a importância das várias áreas da Ciência nos estudos e nas teorias sobre a vida humana na Terra.

ATIVIDADES

NO CADERNO

SISTEMATIZAR

1. Como as mudanças climáticas influenciaram as primeiras migrações?

2. Quais ciências serviram de base para estudar as rotas de dispersão da população humana na Terra e o que elas buscam?

3. O que propõe a hipótese mais aceita sobre o surgimento do *Homo sapiens sapiens* e sua dispersão pelo planeta?

4. Qual é a hipótese mais aceita sobre a chegada dos seres humanos ao continente americano?

5. Que hipótese contesta a tese da Beríngia? Descreva-a.

REFLETIR

1. Leia o texto a seguir.

Qual o segredo do sucesso dos *sapiens*? Como conseguimos nos instalar tão rapidamente em tantos hábitats distantes e tão diversos em termos ecológicos? Como condenamos todas as outras espécies humanas ao esquecimento? Por que nem mesmo os neandertais, fortes, de cérebro grande e resistentes ao frio, conseguiram sobreviver a nosso ataque violento? O debate continua a se alastrar. A resposta mais provável é propriamente aquilo que torna o debate possível: o *Homo sapiens* conquistou o mundo, acima de tudo, graças à sua linguagem única.

Yuval Noah Harari. *Sapiens – Uma breve história da humanidade*. 4. ed. Trad. Janaína Marcoantonio. Porto Alegre: L&PM, 2015. p. 27.

- Com base no trecho, reflita sobre como a linguagem se mostrou um instrumento mais vantajoso do que a força ou a adaptação a climas adversos. O que Yuval Noah Harari quer dizer com "linguagem única"? Relacione essa afirmação do autor com o desenvolvimento posterior da humanidade, no qual a linguagem se tornou uma ferramenta fundamental. Por fim, responda à questão: Hoje em dia, qual é a importância da linguagem nas relações entre os seres humanos?

DESAFIO

1. A imagem ao lado é do Parque Nacional da Serra da Capivara. Em grupos, façam uma breve pesquisa para descobrir informações sobre ele. Depois compartilhem o que descobriram com os outros grupos. A lista a seguir pode orientá-los no trabalho.
   - Onde o parque está localizado?
   - Que clima predomina nessa região?
   - Que tipo de vegetação predomina na região em que o parque está localizado?
   - Sob o ponto de vista histórico e cultural, qual é a importância do parque?
   - Por que ele é considerado uma Unidade de Conservação?

Sandra Moraes/Shutterstock.com

↑ Pintura rupestre. São Raimundo Nonato (PI), 2016.

CAPÍTULO

2 As sociedades em movimento

No capítulo anterior, você estudou algumas características dos movimentos migratórios pré-históricos e da ocupação dos continentes. Neste capítulo vai estudar, de forma geral, as principais características dos fluxos migratórios mundiais em diferentes períodos históricos.

A humanidade se desloca

Depois de se espalhar pelo planeta ao longo de dezenas de milhares de anos, alguns povos deixaram de ser nômades, caçadores e coletores, e fixaram-se próximo às fontes de água, desenvolvendo a agricultura. Esse processo foi essencial para o crescimento da população humana.

Com o advento da agricultura, surgiram os primeiros agrupamentos humanos, inicialmente na forma de povoados dominados pelas famílias mais influentes e, posteriormente, na forma de cidades. Como essas aglomerações demandavam a organização da vida social, logo se estabeleciam os primeiros governantes (embriões do Estado) e as primeiras hierarquias sociais, definidas por funções (quem produz, quem cuida da guerra, quem mercadeja, quem cuida do sagrado etc.). As sociedades começavam a se tornar um feixe de relações complexas, o que deu origem à política.

Foi graças a essas relações que as primeiras civilizações nasceram, se desenvolveram, se expandiram e desapareceram. Ao longo do tempo, o mapa do mundo foi ganhando novas formatações com a descoberta de novas terras e a possibilidade de novos deslocamentos.

Geralmente, os deslocamentos que envolvem um grande número de pessoas estão relacionados a fatores de expulsão populacional, como guerras e conflitos, às perseguições étnicas e religiosas, a características naturais desfavoráveis à sobrevivência, como os climas extremos, a falta de água, de alimentos e de solo fértil, entre outros. Esses tipos de deslocamento, que envolvem grande quantidade de pessoas, são chamados de **êxodo**. Um exemplo bastante conhecido foi o movimento das pessoas que viviam no campo e deslocaram-se para as cidades – o êxodo rural.

Estadão Conteúdo/AE

↑ Migrantes de diversas partes do Brasil chegam a São Paulo (SP), 1974.

O período dos descobrimentos

Na Europa, os anos entre os séculos XV e XVIII ficaram conhecidos como a Era dos Descobrimentos. Nesse período, as potências europeias da época se lançaram ao mar em busca de novas rotas para a Ásia e terras para explorar.

Foi nessa época também que os portugueses chegaram aos arquipélagos da Madeira e Açores, enquanto abriam caminho para uma rota marítima para a Índia, em 1498. A Espanha apoiou, entre 1492 e 1502, as expedições de Cristóvão Colombo para as Américas, além da primeira navegação em torno do globo, entre 1519 e 1522.

Museu de arte Heckscher, Nova York. Foto: Bridgeman Images/Easypix

↑ James Gale Tyler. *As caravelas de Colombo avistam terra: o Novo Mundo*, 1885. Óleo sobre tela, 76,2 cm × 111,7 cm.

Se, antes, as pontes de terra continentais eram as principais vias que possibilitavam as migrações e a expansão de impérios, nesse período o mar também se consolidava como uma rota para os grandes deslocamentos. As expedições marítimas continuaram até a Ásia e a Oceania, estendendo-se até o final do século XIX e começo do século XX, com a exploração das regiões polares.

A exploração europeia e a Era dos Descobrimentos mudaram o panorama do espaço mundial de maneira muito intensa. Culturas desconhecidas entraram em contato umas com as outras, doenças foram propagadas, a devastação e a exploração de recursos naturais foram potencializadas, guerras e conflitos se acirraram. Todo esse processo contribuiu para o deslocamento de muitas pessoas em escala continental e global.

Séculos XIX e XX

O século XIX caracterizou-se pelo aumento dos movimentos migratórios pelo mundo. A busca por emprego, o acelerado processo de urbanização, as guerras e conflitos entre os povos foram os principais motivos que levaram as pessoas a se deslocar.

A Revolução Industrial, que teve início no século XVIII, na Inglaterra, e se espalhou pelo mundo, foi responsável pelo deslocamento de muitas pessoas do campo para as cidades, já que a instalação de fábricas nos maiores centros urbanos europeus funcionou como um grande atrativo.

Bauhaus1000/iStockphoto.com

→ Gravura vitoriana da Rua Strand em Liverpool, Reino Unido, 1840.

O desenvolvimento e crescimento da implementação de malhas ferroviárias e rodoviárias, processo característico da época em questão, também contribuiu de maneira decisiva para o aumento do fluxo de pessoas.

As heranças do Período Colonial contribuíram para a elevação dos níveis de violência e miséria nos centros urbanos da Europa, e os Estados Unidos se tornaram, então, o grande polo de atração de migrantes de todo o mundo.

No início do século XX, a migração transnacional em busca de melhores oportunidades de trabalho chegou a 3 milhões de pessoas por ano. Países como China, Itália e Irlanda foram responsáveis por grandes contingentes de imigrantes, levando os Estados Unidos a impor restrições à entrada de determinados grupos.

Alamy/Fotoarena

↑Imigrantes desembarcam em Nova York, Estados Unidos, c. 1900.

Conflitos e guerras

Já intensificados no século XIX e no começo do século XX, os movimentos migratórios aumentaram com as guerras mundiais. Estima-se que a Segunda Guerra tenha causado a migração de mais de 20 milhões de pessoas. Os maiores grupos afetados foram os alemães, seguidos por poloneses, ucranianos, lituanos, estonianos e bielorrussos.

As guerras também impactaram o Brasil. Parte dos migrantes que chegou ao território brasileiro durante a primeira metade do século XX foi motivada pelos conflitos, principalmente em solo europeu.

Alinari/Getty Images

↑Parte dos imigrantes vieram para o Brasil em busca de terras e oferta de trabalho. Na fotografia, italianos trabalham em fábrica de sapatos. São Paulo (SP), 1946.

Crise migratória no Mediterrâneo

Historicamente, devido aos bons índices de qualidade de vida que seus países oferecem, a Europa é um continente que recebe muitos migrantes. Desde 2014, milhares de pessoas cruzaram as fronteiras do continente europeu em busca de uma vida melhor.

A maioria dos refugiados que entram no continente pelo Mar Mediterrâneo vem de países afetados por guerras, conflitos e baixíssimos índices de desenvolvimento, como Síria, Afeganistão, Iraque, Líbia, Eritreia, Somália, entre outros.

Anjo Kan/Shutterstock.com

Na maioria das vezes, essas pessoas arriscam a vida cruzando o Mediterrâneo clandestinamente. Outro agravante é o fato de as travessias terem se tornado esquemas rentáveis. Além de ilegal, o transporte de refugiados é extremamente perigoso. Muitas embarcações que seguem para a Europa naufragam, matando centenas de pessoas.

← Refugiados sírios e afegãos chegam a Levos, Grécia, 2016.

FORMAÇÃO CIDADÃ

O tema da migração no continente europeu é bastante polêmico. O fato divide a opinião de governantes, partidos políticos e da população em geral. Alguns setores, justificados por argumentos econômicos, propõem a ampliação do combate à migração. Outros se preocupam com as condições em que os imigrantes chegam à Europa e com a maneira pela qual os governos locais lidam com a situação.

1. Discuta com os colegas a situação dos refugiados que seguem para a Europa e as consequências da chegada dessas pessoas na política e na economia dos países a que se dirigem. Como vocês acreditam que a comunidade global deve agir para resolver esses problemas?

AQUI TEM MAIS

Trabalho imigrante: a imigração no Século 20

Quando nos dias de hoje, novos grupos imigram para o Brasil com perfis diferentes dos grupos imigrantes do passado, vale lembrar que guardam algo que lhes é peculiar sempre: os grandes movimentos migratórios são constituídos por pessoas que buscam trabalho e melhores condições de vida e de segurança. É assim no presente e foi assim no passado.

O português foi nosso primeiro imigrante enquanto colonizava e ocupava nosso território. Mas a grande imigração para o Brasil, aquela em que o governo investiu altos recursos para incentivar a vinda de imigrantes europeus e mudar o perfil de seus habitantes, aconteceu [do] fim da escravidão, 1890, até a crise econômica mundial de 1929. [...]

O trabalho imigrante trouxe mais trabalho. Para escoar o café, logo foi necessário estruturar por todo o interior de São Paulo e Rio de Janeiro uma enorme rede de ferrovias, fato que levou à criação de inúmeras pequenas cidades. A professora [Neide Patarra, especialista em assuntos populacionais aposentada pela Unicamp] diz que, após os italianos, uma segunda grande imigração centenária no país se estabelece.

"Os japoneses ocupavam as franjas das cidades produzindo hortaliças e frutas."

[...]

De acordo com a professora, um movimento de imigrantes que tem como destino o Brasil vai ressurgir apenas depois da Segunda Guerra Mundial. [...]

"Vêm muitos libaneses, tem a imigração de judeus. A quantidade é menor, os grupos são outros e o papel deles na sociedade também é outro. Isso vai de [19]50 a [19]80."

[...]

Com uma economia mais forte do que a de muitos países vizinhos, o Brasil dos anos [19]90 volta a ser atraente como mercado de trabalho.

"Os bolivianos passam a ser o grupo mais forte. Começam a vir desde 1980. Depois vêm os peruanos, paraguaios. Chegam em pequenas levas e vão se instalando. E vamos desembocar na situação dos haitianos." [...]

Acervo Memorial do Imigrante

↑ Desembarque de imigrantes no Porto de Santos (SP), 1907.

Eduardo Tramarim. Trabalho imigrante: a imigração no Século 20 – Bloco 2. *Rádio Câmara*. Brasília, 28 ago. 2012. Disponível em: <www2.camara.leg.br/camaranoticias/radio/materias/REPORTAGEM-ESPECIAL/424966-TRABALHO-IMIGRANTE-A-IMIGRACAO-NO-SECULO-20-BLOCO-2.html>. Acesso em: set. 2018.

1. O texto conta um pouco das diversas fases de imigração da história do Brasil. Com os colegas e o professor, elabore um mapa-múndi que destaque os países indicados no texto dos quais se originou a maioria dos imigrantes que chegaram ao país ao longo dos séculos.

2. A imigração de um dos países citados no texto faz parte da história de sua família? E a imigração de algum outro não citado? Quais?

ATIVIDADES

NO CADERNO

SISTEMATIZAR

1. De forma geral, quais fatores estão relacionados aos grandes deslocamentos populacionais?

2. Relacione a Revolução Industrial na Grã-Bretanha com os movimentos migratórios modernos.

3. Quais foram os países europeus pioneiros da Era dos Descobrimentos e por quê?

4. Quais foram as consequências da exploração europeia e da Era dos Descobrimentos?

5. De onde vem a maior parte dos refugiados que busca a Europa como destino? O que os leva a sair de seu local de origem e por que escolhem o continente europeu como destino?

REFLETIR

1. Leia o trecho a seguir e faça o que se pede.

Uma copa para recordar. E outra para lamentar.

Mbappé, craque mais promissor da geração bicampeã na Rússia, nem era nascido quando a França de Thuram, Desailly, Zidane e companhia ganhou sua primeira Copa do Mundo em casa e se tornou o símbolo de um país que dizia se

Odd Andersen/AFP Photo

↑ Seleção da França na Copa do Mundo. Moscou, Rússia, 2018.

orgulhar da multiplicidade de etnias. Agora, duas décadas depois daquela conquista, um time formado por 14 jogadores de ascendência africana alcança nova e não menos simbólica façanha, diante de um cenário que fecha portas para imigrantes e revigora correntes xenofóbicas não só em território francês, mas em toda a Europa.

[...]

Breiller Pires. Uma copa para recordar. E outra para lamentar. *El País*, 16 jul. 2018. Disponível em: <https://brasil.elpais.com/brasil/2018/07/16/deportes/1531699899_564402.html>. Acesso em: ago. 2018.

a) Leia a afirmação a seguir e explique-a.

> O texto aborda a relação entre migração e esporte, mais especificamente, o caso da seleção francesa, campeã mundial de futebol em 2018.

b) O texto cita a expressão "correntes xenofóbicas". Você sabe o que ela significa? Faça uma breve pesquisa sobre o significado da palavra **xenofobia** e contextualize-a com a realidade tratada no texto.

DESAFIO

1. Organizem uma mesa-redonda em que de um lado estejam os defensores da entrada de refugiados em um país e, de outro, os que defendem a entrada restrita ou mesmo a proibição da aceitação de refugiados. A organização dos grupos não deve refletir a opinião pessoal dos alunos envolvidos, mas a representação das ideias opostas nesse debate, que é dos mais atuais. Para isso, coletem informações na mídia impressa e eletrônica, além de repassarem os conteúdos deste capítulo, para saber em detalhes o que pensam os defensores de cada posicionamento e fortalecer seus argumentos. O professor fará a mediação, dando oportunidade a todos os envolvidos de se expressar e expor suas justificativas. Ao final, a plateia, que pode ser formada pelos colegas de outras turmas, pode participar fazendo perguntas aos debatedores.

CAPÍTULO 3

As migrações e o espaço brasileiro

No capítulo anterior você estudou, de forma geral, as principais características dos fluxos migratórios mundiais em diferentes períodos históricos. Neste capítulo, você vai estudar o histórico brasileiro de migrações e imigrações e as influências dos imigrantes nas paisagens brasileiras.

Os imigrantes no Brasil e seus direitos

Durante os séculos XIX e XX, muitos migrantes europeus chegaram ao Brasil, principalmente às regiões Sul e Sudeste, atraídos pela disponibilidade de terras oferecidas pelo governo e para trabalhar com o plantio e a colheita de café, substituindo a mão de obra escrava africana.

Ao longo do século XX, sobretudo em razão das guerras mundiais, mais trabalhadores e suas famílias (portuguesas, italianas e espanholas) desembarcaram nos portos brasileiros. A estes se somaram poloneses, russos, alemães, chineses e japoneses, além de judeus de diversas nacionalidades.

Segundo o IBGE, entre 1870 e 1920 (período da "grande imigração"), os italianos somaram cerca de 1,4 milhão de trabalhadores, correspondendo a 42% dos imigrantes no período. Além das fazendas de café no Sudeste, eles estabeleceram núcleos de colonização no Rio Grande do Sul, em Santa Catarina, no Paraná e no Espírito Santo, bem como nas cidades do Rio de Janeiro e São Paulo, trabalhando na indústria ou no comércio.

Guilherme Gaensly/Fundação Patrimônio Histórico da Energia de São Paulo

↑Hospedaria dos Imigrantes em São Paulo (SP), c. 1898.

Atualmente, o Brasil abriga a maior população de origem nipônica fora do Japão. São aproximadamente 1,5 milhão de homens e mulheres *nikkeis* – termo da língua japonesa utilizado para identificar os descendentes de japoneses ao redor do mundo.

É também bastante significativo o número de famílias do Oriente Médio, especialmente da Síria e do Líbano, que chegaram ao Brasil a partir de 1870. A maior parte dessas famílias estabeleceu residência na Região Sudeste, sobretudo em São Paulo, tendo como principal atividade o comércio. A partir da segunda metade do século XX, o Brasil também passou a receber coreanos, bolivianos, haitianos, congoleses, colombianos e venezuelanos.

Em 2018, cerca de 700 mil estrangeiros viviam no país. Esse número equivale a uma pequena parcela da população (cerca de 0,3%). Observe no gráfico ao lado o número total de imigrantes no Brasil entre 1870 e 1971.

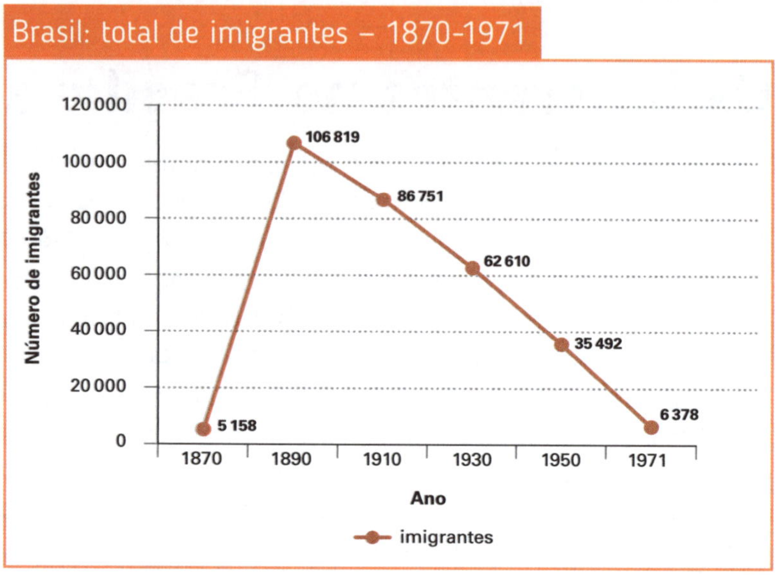

Paula Haydee Radi

O gráfico mostra a evolução do número de imigrantes no Brasil entre 1870 e 1971.

Fonte: IBGE. Disponível em: <https://seriesestatisticas.ibge.gov.br/series.aspx?no=10&op=0&vcodigo=POP2&t=migracoes-externas-total-imigrantes-brasil>. Acesso em: ago. 2018.

Segundo a ONU, as normas internacionais dos direitos humanos estabelecem e protegem o direito que toda e qualquer pessoa tem de sair de seu país ou de qualquer outro, ou seja, de migrar, salvo os casos em que mandados judiciais resultantes, por exemplo, de processos criminais, impeçam a pessoa de se deslocar.

O Artigo 14 da Declaração Universal dos Direitos Humanos afirma o direito de toda e qualquer pessoa procurar refúgio e se beneficiar dele. No Brasil, desde 1980, esteve em vigor o Estatuto do Estrangeiro, que foi substituído em 2017 pela nova Lei de Migração, que reconhece o imigrante de qualquer nacionalidade como sujeito de direitos diversos, como acesso à saúde e educação.

Rodrigo Dionisio/Folhapress

Imigrantes haitianos aguardam por entrevista de emprego. São Paulo (SP), 2015.

CURIOSO É...

Migrante e refugiado

Migração é o termo genérico para nomear o movimento de grupos de pessoas que se deslocam para outro país ou para outro lugar dentro do próprio país de maneira voluntária ou forçada. Segundo a ONU, é preciso identificar com precisão os diferentes casos de deslocamento a fim de atender às necessidades específicas de cada grupo.

Os refugiados são especificamente definidos e protegidos por acordos internacionais. São pessoas que foram forçadas a deixar seu lugar de origem em razão de perseguições de natureza política, étnica ou religiosa, conflitos armados, violência ou violações dos direitos humanos.

Vanderlei Almeida/AFP Photo

↑ Refugiado sírio vende esfirra nas ruas do Rio de Janeiro (RJ), 2015.

Assim, a principal diferença entre migrantes e refugiados consiste no fato de que os primeiros dispõem de certa autonomia para escolher se deslocar ou não em busca de melhores condições de vida, enquanto, para os refugiados, os deslocamentos estão relacionados ao risco de sofrerem graves violações ou mesmo perderem a vida.

Migrações e paisagens

Se você der um passeio pelas ruas de seu município certamente encontrará influências dos migrantes nas paisagens, sotaques de outras regiões do Brasil e idiomas de outros países, diferentes odores e sabores de culinárias distantes. Além disso, monumentos e logradouros nos lembram, a todo momento, dos imigrantes.

O estilo e as formas de algumas construções também podem servir de exemplo da influência dos imigrantes. No Sul do país, a presença da arquitetura alemã é marcante em algumas cidades. No campo, os parreirais plantados em colônias italianas também denotam a presença imigrante e a manutenção de sua cultura.

Sandro Salomon/iStockphoto.com

← Arquitetura enxaimel, de influência alemã. Blumenau (SC), 2016.

Em Pernambuco traços do plano urbanístico da época da ocupação holandesa ainda permanecem na cidade. Em Roraima e no Amazonas, a população local já se acostumou a ouvir o espanhol falado pelos venezuelanos que buscam refúgio no Brasil.

Na Região Centro-Oeste, atraídos por postos de trabalho abertos pela agropecuária, encontram-se trabalhadores de todo o Brasil, cada qual com seus hábitos e suas tradições.

Na capital de São Paulo são comuns as feiras de imigrantes, que promovem a cultura dos povos para os brasileiros.

Nereu Jr/Pulsar Imagens

↑ Arquitetura colonial no centro histórico de Recife (PE), 2017.

Alexandre Tokitaka/Pulsar Imagens

↑ A Kantuta é uma flor do altiplano andino que dá nome tanto a uma praça no bairro do Pari (SP) quanto à maior feira boliviana do Brasil. Na fotografia, imigrante boliviana vende produtos de seu país em São Paulo (SP), 2012.

FORMAÇÃO CIDADÃ

Como vimos, as contribuições dos migrantes podem ser percebidas na paisagem de nosso município de diversas formas. Às vezes, nem é preciso ir tão longe para percebermos isso: nossos familiares, vizinhos e amigos certamente têm uma história para nos contar.

Converse com um migrante de sua família ou de sua vizinhança e anote os resultados da entrevista para partilhar com os colegas. Você pode se basear no roteiro de perguntas a seguir.

1. Qual é o seu nome?
2. De que país ou região você veio?
3. Por que deixou seu lugar de origem?
4. Você cultiva hábitos da sua terra natal – músicas, culinária, vestimenta, religião etc.?
5. Por que escolheu este município para viver?
6. Você se sentiu acolhido pelas pessoas daqui?
7. Você realizou seus sonhos e planos aqui?
8. Tem saudade de seu lugar de origem ou vontade de retornar a ele?
9. Gostaria de contar algo sobre sua história que eu não perguntei? O quê?

Migrações internas

Os deslocamentos no interior de um território constituem as migrações internas. No Brasil, as mais importantes ocorreram sobretudo a partir do final do século XIX. Elas foram motivadas, de modo geral, pela atração que polos mais desenvolvidos do país provocavam na população de regiões estagnadas economicamente ou com problemas específicos ligados à natureza – como a seca.

Marta Diniz/Galeria Jacques Ardies

↑ Marta Diniz. *Família do sertão – Retirantes*, 2017. Ilustração em tecido, 40 cm × 40 cm.

Um dos fluxos migratórios mais intensos do século XX no território brasileiro foi o dos nordestinos. Primeiro em direção à região amazônica, na última década do século XIX e primeira década do século XX, buscando melhores condições de vida em razão do Ciclo da Borracha. Depois, para o recém-criado Distrito Federal durante a construção de Brasília.

Os brasileiros dessa região voltariam a protagonizar um vetor migratório a partir dos anos 1950 até os anos 1970. Dessa vez o destino era a Região Sudeste, principalmente São Paulo e Rio de Janeiro. Fatores como a paralisação econômica e o rigor da seca nordestina, em contraste com o surto de desenvolvimento industrial tardio que a Região Sudeste experimentou, atraíram camponeses e trabalhadores de vários estados do Nordeste.

DIÁLOGO

Navio negreiro

Homens de pele escura, sem sobrenome importante
Filhos de reis e rainhas de uma terra tão distante
O mar separa o Brasil da África
Um rio separa as periferias das mansões de magnatas
Uniformes diferenciam funcionários de patrões
A cor denuncia vítimas antigas de explorações
Trazidos em porões e navios negreiros
Tratados como animais, vendidos a fazendeiros
Vivendo em cativeiros
Negociados como mercadoria
Enriquecendo a classe nobre, hoje chamada burguesia
Deixou pra trás dialetos e crença
Caçados, mortos e açoitados quem tentou resistência
Tratados como gado, sem direito à educação
Emudeceram seus tambores, amaldiçoaram sua religião
Alguns morreram de fome, de sede, de frio
[...]

Slim Rimografia. Disponível em: <www.letras.mus.br/slim-rimografia/navio-negreiro>. Acesso em: set. 2018.

1. A música do *rapper* Slim Rimografia fala da migração africana forçada, ocorrida nos séculos XVI a XIX, e suas consequências na desigualdade racial nos dias de hoje. O título deriva do poema do poeta brasileiro Castro Alves, escrito em 1869. Pesquise o poema de Castro Alves e escreva um texto em que o compare à letra do *rap*, falando sobre as consequências da desigualdade social causada pela escravidão e a influência da cultura africana que hoje faz parte da identidade do Brasil.

ATIVIDADES

NO CADERNO

SISTEMATIZAR

1. Explique o que é migração.
2. Qual é a principal diferença entre migrantes e refugiados?
3. Por que muitos imigrantes chegaram ao Brasil na segunda metade do século XIX e primeira metade do século XX?
4. Quais são os principais países de origem dos imigrantes que chegam ao Brasil a partir da segunda metade do século XX?
5. O que estabelecem a ONU, o Artigo 14 da Declaração Universal dos Direitos Humanos e a Lei de Migração, no Brasil, sobre os deslocamentos de pessoas, ou seja, a migração?
6. Cite alguns exemplos da influência de migrantes nas paisagens brasileiras.

REFLETIR

1. Identifique a presença de migrantes nas paisagens de seu município e cite as principais contribuições desses povos para o lugar onde você vive.
2. Leia o trecho a seguir e depois responda às questões.

Com um gentil "Sallaam Aleikum", cumprimento árabe cujo significado é "que a paz esteja convosco", Hanaa Nachawaty cumprimenta os clientes, em uma calçada do Leme, na zona sul do Rio de Janeiro. Ela e a família vendem esfirras, quibes e pastas árabes em uma banquinha com duas bandeiras da Síria. Como a maior parte dos refugiados que chegaram ao Brasil, eles elogiam a acolhida no país, mas enfrentam dificuldades em conseguir emprego e moradia definitiva.

[...]

Falando inglês fluente, Armin, o filho mais velho da família Nachawaty, que estudou hotelaria na capital da Síria, Damasco, não consegue uma recolocação profissional. Ele prefere vender comida árabe nas ruas a lavar pratos por 12 horas em restaurantes na Lapa. "Sabemos de um caso em que o sírio era discriminado e tinha mais trabalho que os outros funcionários", revelou. O pai, conta, era um pequeno empresário do ramo imobiliário e perdeu tudo nos bombardeios.

EBC. Disponível em: <www.ebc.com.br/cidadania/2015/09/refugiados-no-brasil-sirios-tem-dificuldade-de-encontrar-empregos-e-moradia>. Acesso em: ago. 2018.

a) Qual é a nacionalidade das pessoas retratadas no trecho?
b) Por quais motivos eles deixaram seu país de origem?
c) De acordo com o trecho, quais são as violações sofridas pelos imigrantes?
d) Quais são os direitos previstos em leis aos migrantes no Brasil e como a sociedade e o governo brasileiros podem trabalhar para a efetivação desses direitos?

DESAFIO

1. Depois de ouvir coletivamente a música *Só se for a dois*, de Cazuza, e conversar com os colegas de sala sobre o que vocês entenderam da letra, escreva uma redação de mais ou menos 20 linhas tomando como mote este verso da canção: "O meu sangue é negro, branco, amarelo e vermelho".

CAPÍTULO 4

População mundial: aspectos demográficos

No capítulo anterior você estudou o histórico e as influências dos imigrantes nas paisagens brasileiras. Neste capítulo, você vai estudar alguns aspectos gerais da dinâmica populacional.

Crescimento populacional

O estudo da população e de suas dinâmicas é um instrumento indispensável para compreender a realidade e planejar políticas públicas.

Lewis Tse Pui Lung/Shutterstock.com

↑Pedestres caminham por Hong Kong, China, 2018. Em 2015, a população da China ultrapassou 1,376 bilhão de pessoas.

Quanto investir em cada setor? Em que região? Estimular o crescimento da população ou investir no acesso a métodos contraceptivos? Como planejar a previdência hoje para garantir a seguridade social no médio e longo prazo? Essas questões só podem ser compreendidas por meio de um profundo conhecimento sobre as características da população envolvida.

Segundo a ONU, nos anos 1950 a população mundial aproximada era de 2,6 bilhões de pessoas. No fim de 2009 somávamos 7 bilhões; em 2017, 7,5 bilhões. Estima-se que no ano de 2030 a população mundial alcançará a marca de 8,6 bilhões de pessoas, chegando a 11,2 bilhões em 2100. Observe o gráfico ao lado.

Crescimento da população mundial

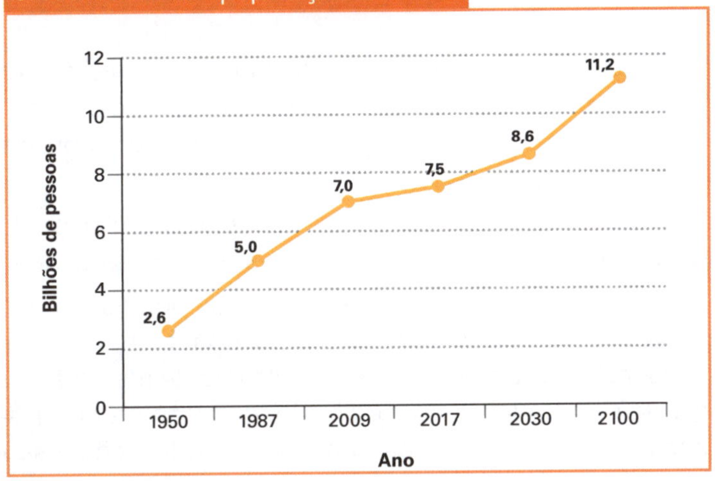

Paula Haydee Radi

→ O gráfico mostra o crescimento da população mundial entre 1950 e 2100 (projeção).

Fonte: ONU. Revisão da projeção da população mundial 2017. Disponível em: <https://esa.un.org/unpd/wpp/Publications/Files/WPP2017_KeyFindings.pdf>. Acesso em: ago. 2018.

Além de representar um desafio para os governos locais, o crescimento da população mundial é motivo de preocupação para a ONU, que estabeleceu metas para alcançar um mundo melhor para vivermos – os chamados Objetivos do Desenvolvimento Sustentável. Veja alguns deles:

- erradicar a pobreza em todas as suas formas e em todos os lugares;
- acabar com a fome, alcançar a segurança alimentar, melhorar a nutrição e promover a agricultura sustentável;
- assegurar a disponibilidade e a gestão sustentável de água e saneamento para todas e todos;
- assegurar padrões sustentáveis de produção e de consumo.

Crescimento vegetativo

Para compreender o crescimento da população de determinado local, é preciso considerar um fator fundamental: o **crescimento vegetativo**. Como você já estudou no ano anterior, o crescimento vegetativo é a diferença entre o número de nascimentos e o número de óbitos de determinado local em um período preestabelecido.

Os países, por suas particularidades históricas, políticas, econômicas, culturais etc., têm diferentes características populacionais. De modo geral, o crescimento populacional nas nações ricas ocorre de forma lenta, em virtude dos baixos índices da taxa de natalidade promovida pelo planejamento familiar. Por outro lado, em nações mais pobres são registradas altas taxas de natalidade e de mortalidade. Nos **países emergentes** houve, nas últimas décadas, reduções das taxas de natalidade e mortalidade.

Observe o quadro a seguir. O que você consegue concluir?

Estimativa da população mundial

	População (milhões)			
Região	**2017**	**2030**	**2050**	**2100**
África	1 256	1 704	2 528	4 468
Ásia	4 504	4 947	5 257	4 780
Europa	742	739	716	653
América Latina e Caribe	646	718	780	712
América do Norte	361	395	435	499
Oceania	41	48	57	72

A tabela mostra a estimativa da população mundial (em milhões) de 2017 a 2100.

Fonte: ONU. Revisão da projeção da população mundial 2017. Disponível em: <https://esa.un.org/unpd/wpp/Publications/Files/WPP2017_KeyFindings.pdf>. Acesso em: ago. 2018.

GLOSSÁRIO

Países emergentes: também conhecidos como países em desenvolvimento, são aqueles que nas últimas décadas apresentaram crescimento em relação aos índices econômico-sociais.

Note que a região que mais contribuirá para o crescimento da população mundial, no médio e longo prazo, é a África. O crescimento populacional na América Latina e Caribe tende a ser moderado e mesmo a cair no longo prazo, enquanto as previsões para a Europa são de queda para todos os períodos estimados.

O ritmo diferenciado de crescimento populacional entre os países demanda diferentes estratégias para cada um, de acordo com suas necessidades e possibilidades.

Por exemplo, se o envelhecimento da população europeia já é uma realidade hoje, num futuro próximo as autoridades devem se preocupar com o sistema de saúde oferecido e com a quantidade de pessoas aptas ao trabalho e ao consumo de mercadorias. Por outro lado, países que devem ter um aumento da população no médio e longo prazo precisam se preocupar em garantir o acesso dessas pessoas aos serviços básicos, como saúde, educação e saneamento básico, entre outros.

Fluxos populacionais

Segundo a ONU, vive-se atualmente a maior crise humanitária desde a Segunda Guerra Mundial, por conflitos armados, violências diversas e violações dos direitos humanos. Como você viu no Capítulo 3, o número de fugitivos de guerras civis, desastres ambientais, perseguições políticas e religiosas que deixam, principalmente, países do Oriente Médio e da África é o maior já registrado desde a fundação da ONU, em meados do século XX. Em 2016, cerca de 65,6 milhões de pessoas migraram forçadamente em todo o mundo.

Turquia, Paquistão, Uganda, Líbano e Irã foram os países que mais abrigaram deslocados forçados em 2017. Na Europa ocidental, o país que mais abrigou pessoas foi a Alemanha. Observe o gráfico ao lado.

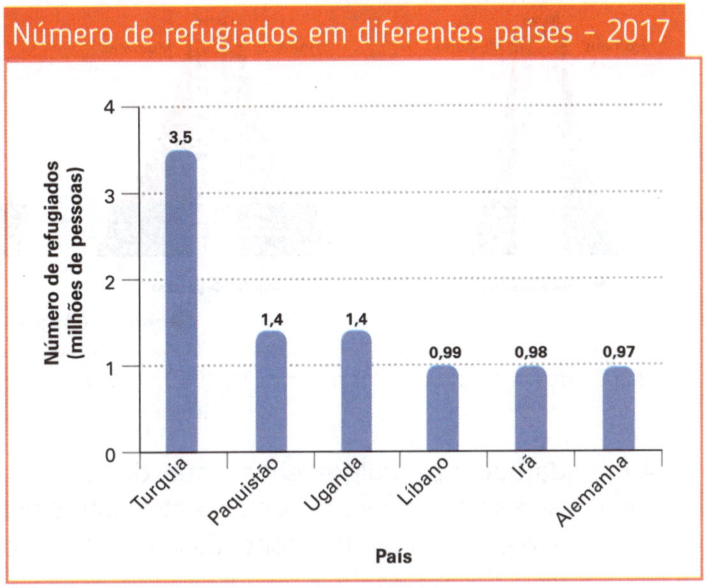

↑ O gráfico mostra o número de refugiados recebidos por Turquia, Paquistão, Uganda, Líbano, Irã e Alemanha em 2017.

Fonte: Alto Comissariado das Nações Unidas para os Refugiados (ACNUR). *Global Trends: forced displacement in 2017*. Disponível em: <www.unhcr.org/5b27be547>. Acesso em: set. 2018.

Quando deslocamos o foco da questão dos refugiados para as migrações em geral, os números são ainda maiores: segundo a ONU, em 2015 o número de migrantes internacionais chegou a 244 milhões e aumentou 15% em 15 anos.

A população migrante se distribui diferentemente pelo mundo: na América do Norte, Europa e Oceania, os imigrantes atingem pelo menos o índice de 10% da população, enquanto na África, Ásia, América Latina e Caribe o número de imigrantes não chega a 2% da população total. Tal fato se deve à atração que as regiões mais ricas exercem sobre essa população que se desloca em busca de melhores condições de vida, como oportunidade de trabalho e de estudos.

Perfil etário

Se, por um lado, como vimos, a população da Europa já se encontra envelhecida, o perfil etário das populações de países emergentes ou menos desenvolvidos é bastante diferente e indica outra dinâmica, com outros desafios a seus governantes. Observe a pirâmide etária típica de um país europeu desenvolvido. Repare no topo e na base da pirâmide. O que podemos concluir?

A base estreita e o topo largo evidenciam os baixos números de nascimentos e o alto índice de expectativa de vida da população.

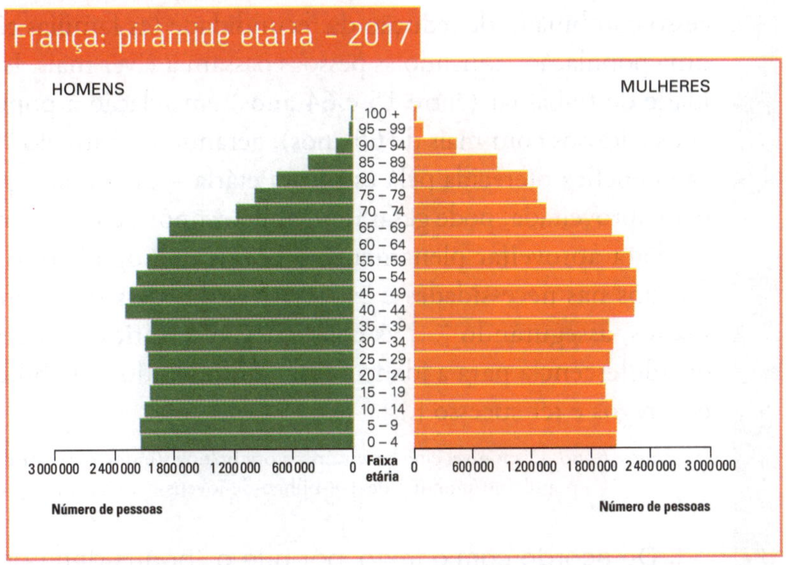

↑ A imagem mostra a pirâmide etária na França em 2017.

Fonte: United Census Bureau. Disponível em: <www.census.gov/data-tools/demo/idb/region.php?N=%20Results%20&T=12&A=separate&RT=0&Y=2017&R=-1&C=FR>. Acesso em: ago. 2018.

Em 2010 o Brasil deixou de ser majoritariamente jovem para se tornar um país de população mais madura. Em outras palavras: a população brasileira está envelhecendo. Isso se deve ao fato de o Brasil ter alcançado melhores índices de desenvolvimento humano, alongando a expectativa de vida e baixando as taxas de mortalidade e natalidade ao longo das últimas décadas. Observe a sequência de pirâmides etárias a seguir.

Brasil: estrutura etária da população

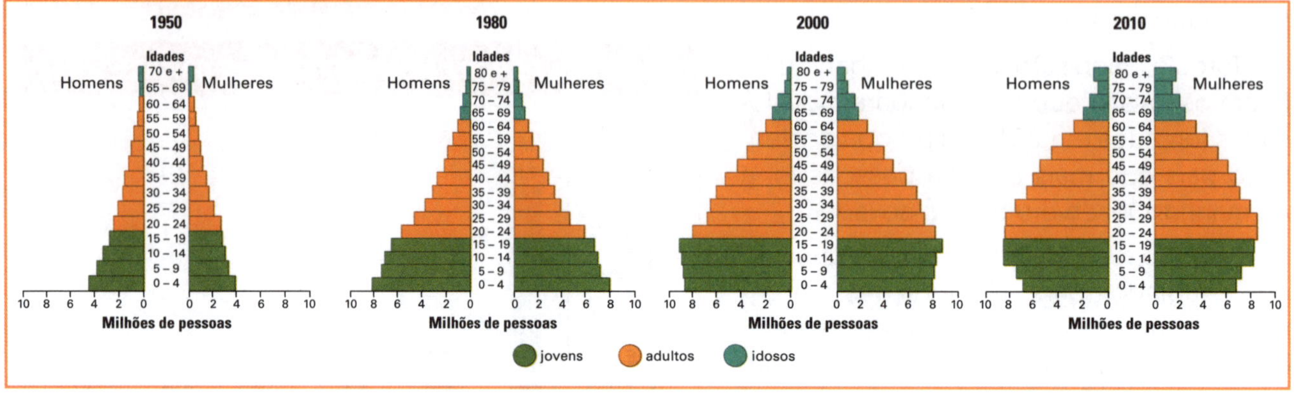

↑Evolução das pirâmides etárias no Brasil de 1950 a 2010.

Fonte: Vera Caldini e Leda Ísola. *Atlas geográfico Saraiva*. 4.ed. São Paulo: Saraiva, 2013. p. 60.

À medida que o país oferece mais qualidade de vida à população, com melhores serviços médicos, mais escolas, saneamento básico, entre outros aspectos, o formato de pirâmide se desfaz, diminuindo a base e aumentando o topo. Essa transformação chama-se **transição demográfica**.

AQUI TEM MAIS

[...] Os países em desenvolvimento com uma numerosa população de jovens podem ter um grande impulso em suas economias se realizarem investimentos na juventude, com ênfase em educação, em saúde e na proteção dos direitos dessa população. [...].

Esses ganhos econômicos potenciais são possíveis devido à transição demográfica, que é o processo combinado de redução da fecundidade (as famílias têm menos filhos) e da mortalidade em uma população – quando as pessoas passam a viver mais. Isso aumenta a proporção de pessoas em idade de trabalhar (entre 15 e 64 anos) em relação à população dependente (de crianças até 14 anos e idosos com mais de 65 anos), gerando o chamado "bônus demográfico", que é uma situação benéfica oferecida pela estrutura etária – uma maior população em idade ativa – que, se for bem aproveitada, pode gerar um ganho econômico e um maior desenvolvimento para o país. [...]

Para aproveitar plenamente o bônus demográfico, os países precisam fazer investimentos focados nas necessidades e expectativas das pessoas jovens e na efetivação de seus direitos humanos, assegurando [...] as condições necessárias para transitarem de forma segura e saudável da adolescência para a idade adulta, adquirindo as habilidades necessárias para encontrar bons empregos e ter sucesso [...].

Unfpa Brasil. Disponível em: <www.unfpa.org.br/novo/index.php/noticias/releases/913-relatorio-do-unfpa-aponta-que-a-populacao-mundial-de-1-8-bilhao-de-jovens-e-a-chave-para-o-desenvolvimento-global>. Acesso em: ago. 2018.

1. De acordo com o texto, por que o "bônus demográfico" é importante para a economia de um país?

ATIVIDADES

NO CADERNO

SISTEMATIZAR

1. Por que o conhecimento sobre a população e sua dinâmica é importante para os governos?
2. Segundo as estimativas da ONU, a população mundial alcançará 8,6 bilhões de pessoas em 2030. Considerando o que foi apresentado no capítulo, responda: O crescimento populacional será igual em todas as regiões do mundo? Justifique sua resposta.
3. Quais são as principais estratégias de um país com relação à sua dinâmica populacional?
4. Por que a população migrante se distribui de forma diferente pelo mundo, sendo maior na América do Norte, Europa e Oceania?
5. Por que, segundo a ONU, o mundo vive a maior crise humanitária desde a Segunda Guerra Mundial?
6. Quais são os países que mais abrigaram deslocados forçados em 2017?

REFLETIR

1. Observe a pirâmide etária do Brasil e comente as características de gênero e de perfil etário da população brasileira.

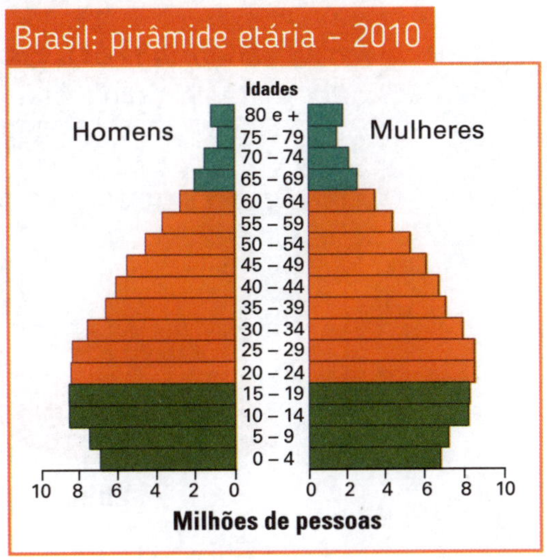

Paula Haydee Radi

↑ Pirâmide etária do Brasil em 2010.

Fonte: Vera Caldini e Leda Ísola. *Atlas geográfico Saraiva*. 4. ed. São Paulo: Saraiva, 2013. p. 60.

DESAFIO

1. Leia o texto a seguir.

A geração Z, nascida no século XXI, representará 32% da população mundial em 2019, superando a geração conhecida como *millennials*, que responderá por 31,5%. As estatísticas são baseadas em dados da Organização das Nações Unidas (ONU), que utiliza 2000/2001 como divisão geracional.

Os nascidos em 2001 completam 18 anos em 2019, o que significa que muitos entrarão na universidade, poderão votar [...]. Eles não conhecem um mundo que não seja digital e, nos EUA, são a geração mais diversa da História do país em termos raciais e étnicos. [...]

Geração Z será maioria em 2019, segundo Nações Unidas. *O Globo*, 26 de agosto de 2018. Disponível em: <https://oglobo.globo.com/economia/geracao-sera-maioria-em-2019-segundo-nacoes-unidas-23011879>. Acesso em: out. 2018.

De acordo com o que você observa da realidade e com base no que aprendeu no capítulo, responda às questões a seguir. Se necessário, faça uma pesquisa.

a) O que você sabe de divisões geracionais? A que geração você pertence?

b) O que significa o fato de que os Zs não conhecem um mundo que não seja digital e, nos Estados Unidos, serem a geração mais diversa da História?

c) Se em 2019 os Ys (*millennials*) serão 31,5% da população mundial e os Zs, 32%, como você imagina que será o perfil etário do mundo nesse período?

FIQUE POR DENTRO

O MUNDO EM NÚMEROS

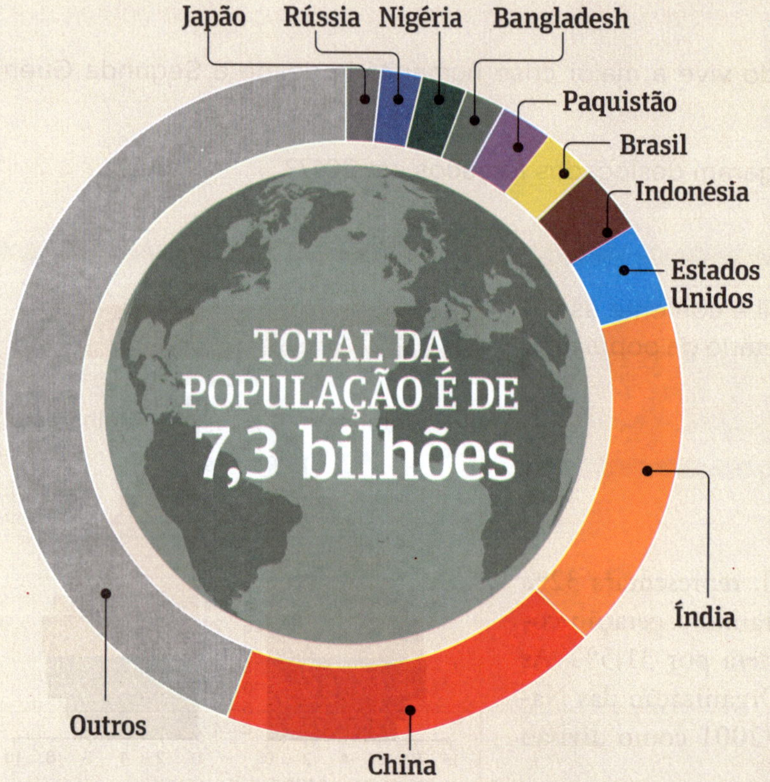

Segundo a definição da ONU, "um recenseamento de população pode ser definido como o conjunto das operações que consistem em recolher, agrupar e publicar dados demográficos, econômicos e sociais relativos a um momento determinado ou em certos períodos, a todos os habitantes de um país ou território". No Brasil, o censo populacional é feito, em média, a cada dez anos. Em 2010, foram recenseados cerca de 58 milhões de domicílios, em 5 565 municípios, envolvendo 240 mil profissionais, a um custo de 1,4 bilhão de reais.

POPULAÇÃO (ano de 2010, em habitantes)

Japão	126 535 920
Rússia	142 958 164
Nigéria	158 423 182
Bangladesh	148 692 131
Paquistão	173 593 383
Brasil	194 946 470
Indonésia	239 870 937
Estados Unidos	310 383 948
Índia	1 224 614 327
China	1 341 335 152

O envelhecimento da população do **Japão** é consequência da redução da taxa de natalidade e do aumento da expectativa de vida.

Na **China**, a população tem diminuído devido às políticas públicas que determinam restrições ao número de filhos.

No **Brasil**, o número de filhos por mulher também diminuiu de 6,16 filhos, em 1940, para 1,86 em 2010.

POPULAÇÃO CARCERÁRIA

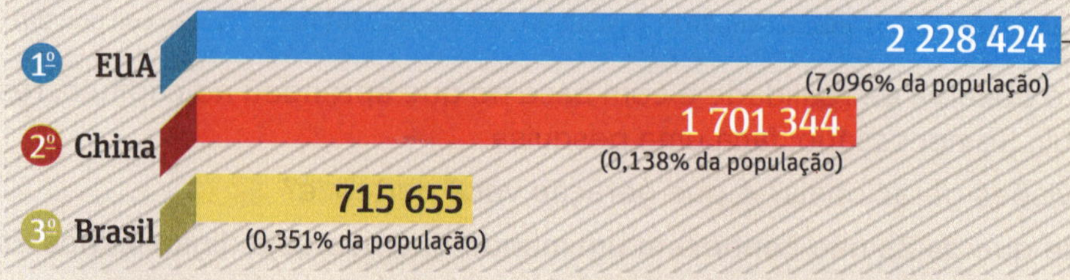

Nos **Estados Unidos**, cerca de 1 em cada 10 pessoas está ou já esteve presa.

Fontes: Real minimum wages. *Organisation for Economic Co-operation and Development*. Disponível em: <http://stats.oecd.org/Index.aspx?DataSetCode=RMW>; Pesquisa mostra que 16% da população mundial não têm religião. *Carta Capital*. Disponível em: <www.cartacapital.com.br/sociedade/pesquisa-mostra-que-16-da-populacao-mundial-nao-tem-religiao>; Homens recebem salários 30% maiores que as mulheres no Brasil. *Observatório Brasil da igualdade de gênero*. Disponível em: <www.observatoriodegenero.gov.br/menu/noticias/homens-recebem-salarios-30-maiores-que-as-mulheres-no-brasil/>; EUA são país com maior número de imigrantes, mostra estudo da ONU. *Operamundi*. Disponível em: <operamundi.uol.com.br/conteudo/noticias/31162/eua+sao+pais+com+maior+numero+de+imigrantes+mostra+estudo+da+ onu.shtml>; IBGE Países. Disponível em: <http://paises.ibge.gov.br>. Acessos em: out. 2018.

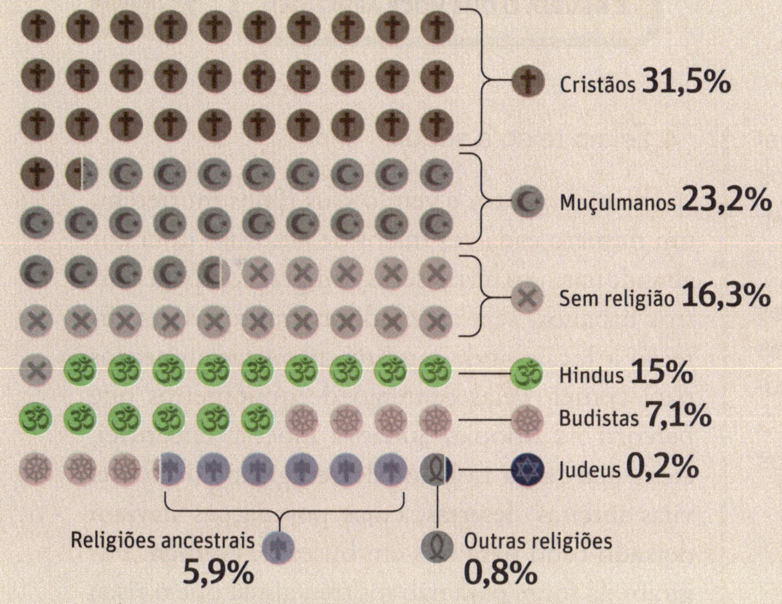

RELIGIÕES

Alex Argozino

O Brasil é o segundo país do mundo com mais cristãos, com **173 milhões**. O primeiro é os Estados Unidos, onde há **243 milhões** deles. México, Rússia, Filipinas, Nigéria, China, República Democrática do Congo, Alemanha e Etiópia vêm em seguida. Os muçulmanos totalizam **1,6 bilhão**, concentrados principalmente na Ásia-Pacífico, no Oriente Médio e norte da África. As pessoas sem religião estão concentradas principalmente na região da Ásia-Pacífico, em especial Japão, China, Hong Kong e Coreia do Norte.

SALÁRIO MÍNIMO NA PRÁTICA

(ano de 2013, valor anual em dólares)

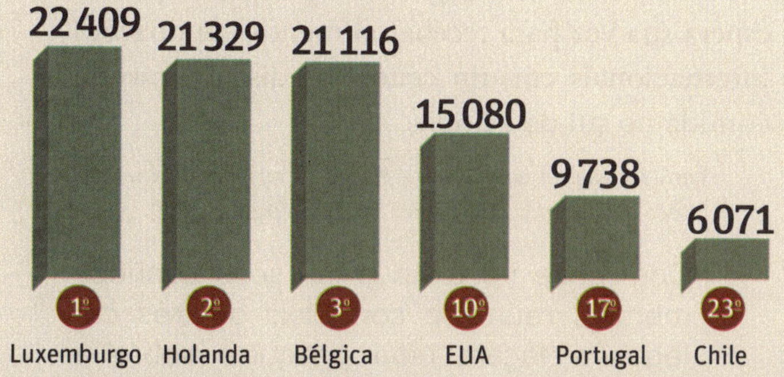

DIFERENÇAS POR GÊNERO

Na América Latina, os homens ganham em média **10%** a mais que as mulheres, chegando a **17%** quando se compara indivíduos com a mesma idade e a mesma capacidade profissional. No Brasil essa diferença pode chegar a **30%**.

IMIGRANTES MODERNOS

Em 2013, cerca de **232 milhões** de pessoas haviam imigrado para outros países.

Os latino-americanos e caribenhos estão em segundo lugar: **26 milhões** deles vivem na América do Norte.

Os destinos mais comuns são: EUA, Rússia, Alemanha, Arábia Saudita, Emirados Árabes Unidos, Reino Unido, França, Canadá, Austrália e Espanha.

Os imigrantes asiáticos são o grupo mais numeroso, com **19 milhões** na Europa, **16 milhões** na América do Norte e **3 milhões** na Oceania.

1. Qual é a importância de fazer um censo populacional no país?

2. Identifique no mapa “Imigrantes modernos” os principais destinos dos migrantes. Em sua opinião, por que eles vão para esses lugares?

PANORAMA

FAÇA AS ATIVIDADES A SEGUIR E REVEJA O QUE VOCÊ APRENDEU.

NO CADERNO

1. De acordo com as teorias mais aceitas, qual é o ponto de partida dos deslocamentos dos primeiros hominídeos? Como os estudiosos chegaram a essa conclusão?

2. Possivelmente, os deslocamentos dos seres humanos primitivos estiveram relacionados a ocorrência de fenômenos climáticos naturais. Qual é o nome desses fenômenos? O que explica a possível relação deles com os deslocamentos?

3. Leia a tirinha a seguir, do *site* WillTirando.

WillTirando

Agora assinale a alternativa correta.

a) O termo *Homo modestus* é um neologismo, uma forma suave de dizer algo desagradável.

b) A fala do hipopótamo é irônica, porém, reconhecendo a sabedoria dos seres humanos.

c) A fala do passarinho no segundo quadrinho sugere que os humanos ancestrais já tinham consciência de sua superioridade diante de outras espécies, por isso chamaram a si mesmos de *Homo sapiens*.

d) A fala do hipopótamo é crítica aos seres humanos, evidenciando sua autossuficiência diante da natureza.

e) Tanto em *Homo sapiens* quanto em *Homo modestus*, o vocábulo *Homo* designa a espécie a que pertence um ser vivo.

4. Leia o texto a seguir.

Sem alimentos e vendo seus filhos morrerem, um número cada vez maior de africanos opta por abandonar suas terras secas e migrar seja para centros urbanos, seja cruzando as fronteiras em direção a locais onde possam encontrar alimentos para comer. Pelas centenas de quilômetros que percorri na Etiópia, Sudão e Libéria, encontrei, além dos casos isolados de refugiados da fome, vilas inteiras desertas, cujas populações haviam deixado tudo para trás em busca de comida. Fugiram da fome para não morrer, ainda que o risco fosse enfrentar a própria morte no caminho. 'Tínhamos duas opções: migrar ou comer terra', diz Adrama Shurma, um agricultor etíope, enquanto espera sua vez para receber alimentos de doações internacionais em um centro de distribuição de comida no sul da Etiópia.

Jamil Chade. *O mundo não é plano – A tragédia silenciosa de 1 bilhão de famintos*. São Paulo: Saraiva; Virgília, 2009. p. 55.

- Com base no texto e em seus conhecimentos, reúna-se com dois ou três colegas e façam uma pesquisa sobre a situação dos imigrantes e refugiados africanos na atualidade. Foquem nos países em que essa situação é mais dramática, incluindo na pesquisa a situação política do país, sua história recente e as causas da situação em que se encontra.

5. De que modo as guerras mundiais da primeira metade do século XX influenciaram os movimentos migratórios, em especial os movimentos migratórios brasileiros, e que impacto tiveram sobre o país?

6. Cite os principais fatores que contribuíram para os grandes deslocamentos humanos ao longo dos séculos XIX e XX.

7. A imagem mostra o bairro da Liberdade, localizado na cidade de São Paulo. Grandemente ocupado pelos primeiros japoneses que chegaram à cidade, no começo do século XX, a paisagem concretiza a influência da cultura nipônica, apesar de, atualmente, ser ocupado também por outros povos orientais, como chineses e coreanos.

Alexandre Tokitaka/Pulsar Imagens

↑São Paulo (SP), 2016.

a) Além da arquitetura, de que outras maneiras podemos notar a influência cultural dos diferentes povos em nosso cotidiano?

b) Cite exemplos de influências culturais diversas que você pode perceber no município em que vive.

8. Leia o trecho a seguir.

O que parece claro é que as pressões políticas, ambientais e econômicas que levaram ao aumento da imigração nos últimos anos (guerras no Oriente Médio, seca e alto crescimento populacional na África Subsaariana, e daí por diante), se têm alguma tendência, é a de se intensificarem. A migração adequadamente administrada tem o potencial tanto de beneficiar enormemente os próprios imigrantes como de ser uma oportunidade para as nações que os recebem, particularmente aquelas da Europa que enfrentam declínio da população. Mas, para fazer isso funcionar, os países vão ter de administrar a integração melhor do que alguns fizeram no passado – o que é um desafio político, pelo menos tanto quanto um desafio econômico.

Jonathan Portes. *50 ideias de capitalismo que você precisa conhecer*. Trad. Helena Londres. São Paulo: Planeta, 2017. p. 181.

Agora, identifique as alternativas corretas.

a) O autor sugere que a imigração não foi bem administrada no passado em razão da não necessidade premente de mão de obra, o que ocorre agora.

b) Segundo o autor, a tendência é que haja uma diminuição da imigração no mundo em razão do momento de crescimento econômico por que passa a economia mundial, após o colapso de 2008.

c) O fato de a imigração ter o potencial de beneficiar os imigrantes e as nações que os recebem significa que todas as nações devem abrir suas fronteiras e acolher os imigrantes.

d) Administrar a entrada de imigrantes em seus territórios implica que os países devem adotar uma postura humanitária em relação aos imigrantes, sem, no entanto, descuidar dos interesses da população do país, zelando para que haja uma integração pacífica e produtiva para ambos os lados.

9. De que modo a presença de migrantes influencia nas paisagens de uma localidade?

10. O que é crescimento vegetativo?

DICAS

▶ ASSISTA

Migração como direito humano: rompendo o vínculo com o trabalho escravo. Programa Escravo, nem pensar! Produção: ONG Repórter Brasil, 9 minutos. O documentário apresenta resultados do projeto homônimo e dá voz a alunos, filhos de imigrantes e brasileiros, e educadores para que relatem os desafios de promover um ambiente multiétnico de aprendizado voltado aos direitos humanos e à integração cultural.

LEIA

Dois continentes, quatro gerações, de Peter Hays e Beti Rozen (Editora do Brasil). Louis vive grandes aventuras e descobertas incríveis sobre a vida de seus antepassados, que imigraram para o Brasil durante a Segunda Guerra Mundial.

Migrando, de Mariana Chiesa Mateos (Editora 34). Abordando com beleza e sensibilidade um tema tão atual – a imigração –, a autora elaborou um livro com duas capas e dois inícios, com duas histórias paralelas que se cruzam em seu interior: a dos imigrantes europeus que vieram à América e a dos imigrantes africanos que buscam chegar à Europa.

Painéis *Guerra e Paz*, de Candido Portinari, expostos no Memorial da América Latina após restauração. São Paulo (SP), 2012.

TEMA 2

Organizações e regionalizações do espaço mundial

Delfim Martins/Tyba

NESTE TEMA

VOCÊ VAI ESTUDAR:

- antagonismo entre capitalismo e socialismo – a bipolaridade mundial;
- causas e consequências da Guerra Fria;
- mundo multipolar;
- regionalizações mundiais e economia global;
- Brics e economias emergentes.

A obra *Guerra e Paz*, produzida pelo pintor brasileiro Candido Portinari, foi encomendada pelo governo do Brasil para presentear a sede da Organização das Nações Unidas (ONU) em Nova York, nos Estados Unidos. Os dois painéis, cada um com 14 m × 10 m, mostram duas cenas distintas: uma de guerra e conflitos e outra onde reina a paz.

1. Em sua opinião, quais são os impactos das guerras nas regionalizações do espaço geográfico mundial?
2. Qual é o papel que você atribui à ONU nas mediações de paz entre os países?

CAPÍTULO

1 Regionalizações mundiais

No capítulo anterior, você estudou os aspectos demográficos da população mundial. Neste capítulo, você vai estudar a formação de um mundo bipolar e multipolar e a regionalização Norte-Sul.

A ordem bipolar

Para que você possa compreender e analisar a polarização mundial atual e as diferentes formas de regionalizar os países, é necessário estudar o processo que levou a essa configuração. **Regionalizar** é organizar o espaço geográfico em áreas com características que as individualizam, seguindo critérios que podem ser de ordem política, econômica ou cultural. Ou seja, regionalizar é aglutinar num mesmo grupo espaços geográficos com certa semelhança.

Entre os anos de 1945 e 1990, os países estiveram agrupados por áreas de influências baseadas em dois sistemas político-econômicos distintos: os países **capitalistas**, liderados pelos Estados Unidos, e os países **socialistas**, liderados pela União das Repúblicas Socialistas Soviéticas (URSS).

Observe no quadro a seguir os princípios básicos e as principais características dos dois sistemas político-econômicos e, no mapa, como se deu a regionalização.

Capitalismo	Socialismo
• economia de mercado	• economia planificada
• propriedade privada	• estatização dos meios de produção
• pouca participação do Estado nas decisões referentes à produção	• centralização do Estado nas decisões relativas à produção
• sociedade dividida em classes	• inexistência de classes sociais
• lucro como objetivo principal	• bem-estar social como objetivo principal

Mapa-múndi: mundo bipolar – 1985

© DAE/Sonia Vaz

Fonte: Cláudio Vicentino. *Atlas histórico geral e do Brasil*. São Paulo: Scipione, 2011. p. 149.

As diferenças entre capitalismo e socialismo geraram implicações profundas na organização **geopolítica** mundial. O avanço do socialismo ao longo do século XX acarretava uma ameaça ao capitalismo. Essa divergência fez nascer uma ordem mundial bipolar. A ordem política mundial é a existência de uma ou mais potências numa correlação de forças ou de poder, em âmbito internacional. A ordem bipolar indica, portanto, o estabelecimento de dois polos de poder mundial.

> **GLOSSÁRIO**
>
> **Geopolítica:** refere-se às questões de fronteiras territoriais e à política interna e externa de um povo ou Estado. Envolve relações de poder e influências entre os Estados nacionais.

Os Estados Unidos e a União Soviética foram as duas grandes potências vencedoras da Segunda Guerra Mundial (1939-1945). A partir de então, esses dois países passaram a controlar, direta ou indiretamente, boa parte do planeta. Embora tenham sido aliados durante o conflito, ambos lutaram pela liderança e expansão de seus respectivos sistemas econômicos no pós-guerra: os Estados Unidos, no comando do capitalismo, e a URSS, do socialismo.

Defendendo ou impondo sua hegemonia, esses dois países determinaram uma rivalidade Leste-Oeste entre países socialistas e capitalistas. Por mais de 40 anos, entre o pós-guerra e o final da década de 1980, o globo ficou dividido entre esses dois polos de influência, o que ficou conhecido como **mundo bipolar**. Você pode observar no mapa da página anterior como se deu essa regionalização.

A Guerra Fria

A acirrada oposição entre capitalismo e socialismo gerou bloqueios econômicos (as trocas comerciais só ocorriam entre países do mesmo bloco) e alianças econômicas e militares. A guerra ideológica, militar e econômica travada pelas duas superpotências Estados Unidos e União Soviética ficou conhecida como Guerra Fria, por não envolver conflitos militares diretos.

Um dos principais motivos que levaram ao início da Guerra Fria foi um plano econômico criado pelos EUA em 1947 para financiar a recuperação dos países europeus no pós-guerra – o Plano Marshall. Entre os anos de 1948 e 1952, o investimento dos EUA na Europa Ocidental possibilitou a estabilização política e a restauração econômica dos países arrasados pela guerra. Esse programa funcionou como uma forma de impedir o avanço do socialismo entre os países europeus.

A Alemanha, país derrotado na Segunda Guerra Mundial, foi dividida pelas nações vencedoras em quatro áreas de influência da França, Reino Unido, Estados Unidos e União Soviética.

ImageplusRM/AP Photo/Glow Images

↑ Soldados russos no centro da cidade de Praga, antiga Tchecoslováquia, 1968.

AP Photo/Glow Images

↑ Soldados americanos em área de combate próxima a Seul, antiga Coreia, 1950.

Em 1949, a área de influência da URSS tornou-se um país independente: a República Democrática Alemã, chamada de Alemanha Oriental, de regime socialista. Já a outra parte, a Alemanha Ocidental, que mantinha o regime capitalista, passou a se chamar República Federal Alemã.

Em 1961, por decisão do governo da URSS e da Alemanha Oriental, foi construído o Muro de Berlim, que dividiu a cidade em duas partes, efetivando a separação física entre Berlim Ocidental (capitalista) e Berlim Oriental (socialista). Esse muro foi considerado o maior símbolo da bipolaridade mundial.

Reuters/Fotoarena

↑ Manifestante quebra o Muro de Berlim. Fotografia de 1989.

O socialismo da União Soviética não atingiu todos os seus objetivos como sistema político-econômico, principalmente devido às contradições internas. No final da década de 1980, grandes alterações na política e na economia soviética levaram à queda do socialismo e à desintegração da URSS. Gradualmente, o socialismo em muitos países foi enfraquecendo e levado à extinção. Assim, o mundo bipolar e, consequentemente, a Guerra Fria deixaram de existir. Contudo, países como Cuba e Coreia do Norte ainda se autodeclaram socialistas.

Em 1989, a Queda do Muro de Berlim foi o principal marco do fim da rivalidade entre capitalismo e socialismo. Em 1990, ocorreu a reunificação da Alemanha, o fim da separação entre Alemanha Ocidental (capitalista) e Alemanha Oriental (socialista). Essas e outras alterações levaram à formação de uma nova Europa, e o mundo bipolar da Guerra Fria deixou de existir, alterando a configuração política do globo.

CARTOGRAFIA

Observe o mapa ao lado. Depois, responda às questões.

1. Que momento histórico o mapa representa? Justifique sua resposta com base na leitura da legenda do mapa.
2. Segundo o mapa, que países europeus faziam parte do bloco socialista na Europa?

Europa Ocidental e países socialistas - 1989

© DAE/Studio Caparroz

Fonte: Jobson de A. Arruda. *Atlas histórico básico*. 17. ed. São Paulo: Ática, 2011. p. 32.

Os três mundos

Na ordem bipolar ocorreu a regionalização em **três mundos**.

Os países capitalistas desenvolvidos foram designados na época de países de Primeiro Mundo; e os países socialistas, de Segundo Mundo.

Em 1955, na Conferência de Bandung, na Indonésia, países da África e da Ásia, que debatiam assuntos econômicos e políticos referentes à dependência das duas superpotências, optaram por não se aliar nem aos Estados Unidos nem à União Soviética. Esse grupo adotou a política de neutralidade, e seus componentes ficaram conhecidos como países não alinhados ou de Terceiro Mundo.

Em seguida, a expressão Terceiro Mundo passou a ser praticamente sinônimo de subdesenvolvimento, agrupando países capitalistas que tinham dependência econômica e grande disparidade tecnológica se comparados aos países de Primeiro e de Segundo Mundo.

Observe no mapa abaixo essa regionalização mundial.

O Terceiro Mundo, composto sobretudo de países considerados economicamente frágeis, era disputado entre as duas superpotências. Tanto EUA quanto URSS se interessavam em dominá-los para impedir o avanço e a implantação do sistema oposto.

Muitos conflitos foram instrumentalizados pelos Estados Unidos e pela União Soviética ou tiveram como pano de fundo as disputas militares indiretas entre eles, por exemplo, a Guerra da Coreia (1950-1953) e a Guerra do Vietnã (1960-1975).

No período da Guerra Fria, intensificou-se também o processo de descolonização e independência de países asiáticos e africanos, em uma clara demonstração do declínio das antigas potências europeias que dominaram diversas porções dos continentes citados anteriormente.

Em alguns processos de independência ocorridos na Ásia e na África, ocorreram de forma direta ou indiretamente, apoios ou interferências das superpotências do pós-Segunda Guerra Mundial. Do mesmo modo, ocorreram intervenções em países da América Latina.

Atualmente, a classificação em três mundos caiu em desuso.

Mapa-múndi: os três mundos

Fonte: Gisele Girardi e Jussara Vaz Rosa. *Atlas geográfico do estudante*. São Paulo: FTD, 2011. p. 135.

O mundo multipolar

Com o fim do mundo bipolar, os Estados Unidos passaram a exercer uma hegemonia política e econômica sem precedentes. Outros países capitalistas passaram de coadjuvantes a protagonistas, como Alemanha, França, Inglaterra e Japão, exercendo um protagonismo geopolítico e econômico, que levou ao que hoje se chama de **mundo multipolar**, ou seja, um mundo onde diversas nações têm destaque e influência econômica e política, e não apenas EUA e URSS, dividindo a balança de poder. Vale destacar, porém, que além da forte influência, os Estados Unidos ainda detêm o poderio militar, sendo responsável pela maioria das intervenções militares em diferentes países.

Nessa nova configuração mundial, o que prevalece é o poder econômico, comercial e tecnológico dos países, avaliando-se índices de competitividade, nível de produtividade, mão de obra qualificada, reserva de capitais e progresso tecnológico.

A base desse novo cenário mundial é o processo de globalização, sobretudo a financeira, no qual são os interesses econômicos que dão sustentação à organização multipolar. Isso favoreceu o agrupamento de países em blocos econômicos, que caracterizam a Nova Ordem Mundial.

Mapa-múndi: o mundo multipolar

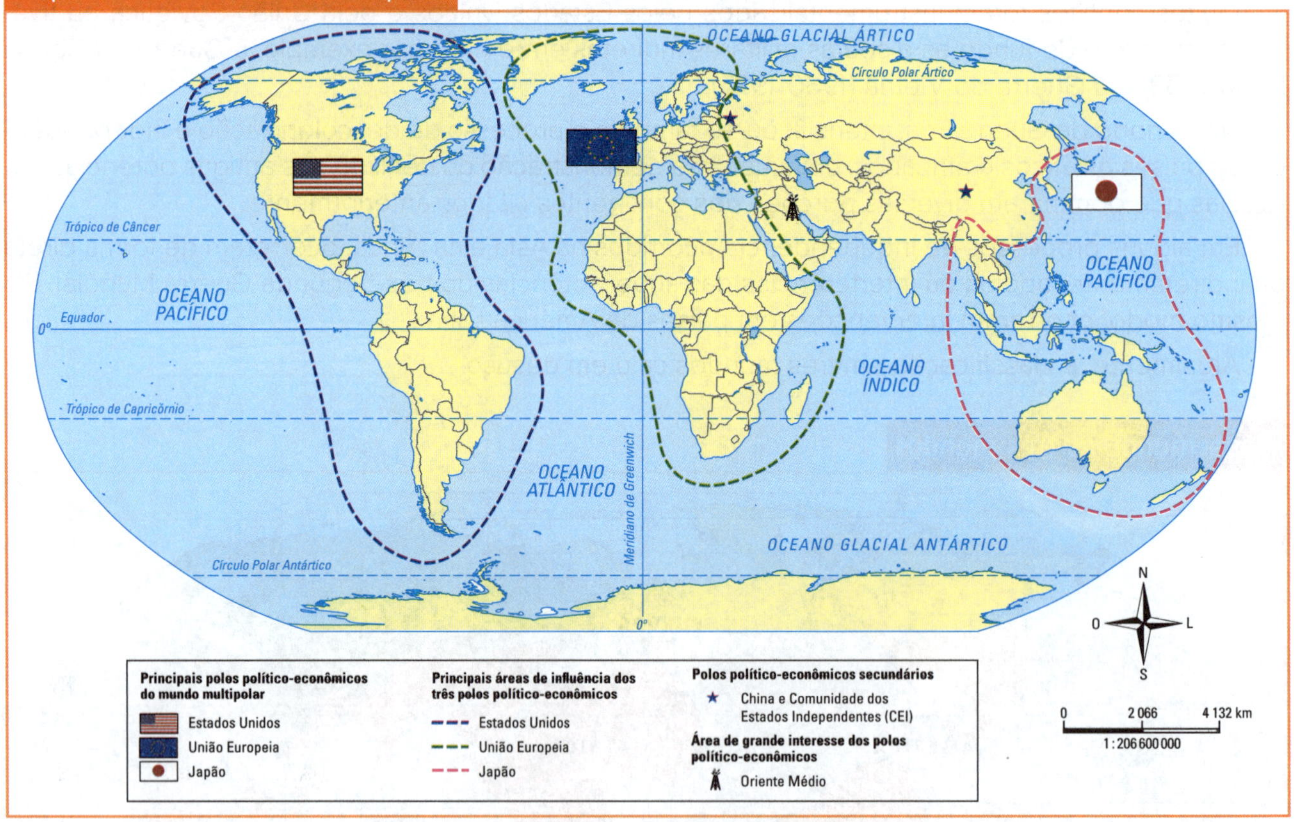

Fonte: Gisele Girardi e Jussara Vaz Rosa. *Atlas geográfico do estudante*. São Paulo: FTD, 2011. p. 135.

Regionalização Norte-Sul

A partir da década de 1990, com o fim da bipolarização mundial, outra regionalização mundial, baseada em critérios socioeconômicos, passou a ser usada para expressar a diferença entre os países do globo: a regionalização Norte-Sul.

Observe no mapa da página seguinte que, por essa regionalização, separam-se, por meio de uma linha imaginária, dois grupos de países de acordo com o nível de desenvolvimento social e econômico: os desenvolvidos, denominados países do Norte, e os subdesenvolvidos e em desenvolvimento, denominados países do Sul. Essa é a forma com que a Organização das Nações Unidas (ONU) regionaliza o mundo, levando em conta os indicadores sociais e econômicos.

Mapa-múndi: regionalização Norte-Sul

Fonte: Gisele Girardi e Jussara Vaz Rosa. *Atlas geográfico do estudante*. São Paulo: FTD, 2011. p. 135.

Como você pôde observar no mapa, essa regionalização não utiliza o meio natural como critério para agrupar os países, ou seja, ela não corresponde aos dois hemisférios terrestres Norte e Sul. Uma parte dos chamados países do Sul está localizada acima da Linha do Equador, assim como alguns países do Norte – por exemplo, Austrália e Nova Zelândia – estão no Hemisfério Sul.

AQUI TEM MAIS

Globalização

A Nova Ordem Mundial trouxe consigo a globalização, que se caracteriza por ser um processo de integração social, econômica e cultural, em especial da economia capitalista, entre diferentes regiões do planeta, por meio de sistemas de comunicação e transporte mais rápidos e eficientes. Esse processo trouxe um aumento da integração e da cooperação econômica entre países, empresas e setores em escala mundial. Como o comércio desempenha papel vital na economia globalizada, as economias nacionais dependem cada vez mais da economia global. Por conta disso, muitos países podem ser afetados por crises econômicas de outros, como quando ocorrem turbulências no capital financeiro global.

A década de 1990 foi marcada pela aceleração do processo de globalização da economia, o que intensificou o fluxo internacional de comércio e de capitais.

A globalização também envolve o aumento do fluxo de pessoas, capitais, ideias, informações, cultura, modo de vida etc. e não apenas a interligação de atividades produtivas e a circulação e o consumo de mercadorias. Discuta esse tema com os colegas para responder às questões a seguir.

1. Por que a ordem multipolar está atrelada à globalização?
2. De que forma você percebe a globalização em seu dia a dia?

Embora a regionalização Norte-Sul englobe todos os países desenvolvidos num mesmo bloco, nem todos apresentam o mesmo padrão de vida. Do mesmo modo, no grupo de países do Sul existem diferenças. Veja as imagens.

Alamy/Fotoarena

↑ Moradia luxuosa na Cidade do Cabo, África do Sul, 2016.

Diriye Amey/Dreamstime.com

↑ Moradias improvisadas na Cidade do Cabo, África do Sul, 2015.

Xavieramau/iStockphoto.com

↑ Prédios comerciais modernos em Shinjuku, Japão, 2016.

Keith Tarrier/Shutterstock.com

↑ Pessoas em situação de rua em Tóquio, Japão, 2018.

Os países do Norte são caracterizados por apresentar, em geral, elevada industrialização, boas condições econômicas – por exemplo, elevado Produto Interno Bruto (PIB) – e bom padrão de vida da população. Na maioria, os países do Norte pertencem à Europa Ocidental, tendo sido metrópoles colonizadoras, marcadas pelas condições históricas de poder e pelo acúmulo de riquezas. Outros, como os Estados Unidos e o Canadá, foram colônias de povoamento. No conjunto dos países do Norte, a industrialização e a urbanização foram iniciadas anteriormente às dos países do Sul, servindo de importantes alavancas para o desenvolvimento econômico.

Os países do Sul são aqueles que apresentam as maiores taxas de pobreza e problemas sociais do mundo. Esse conjunto é muito heterogêneo, pois compreende realidades socioeconômicas bastante distintas: há países classificados nas categorias "em desenvolvimento" ou "emergente" – por exemplo, Brasil e China – e países de economias fragilizadas, sobretudo as nações da África Subsaariana. Para alguns estudiosos do assunto, no grupo dos países do Sul existem ainda aqueles que podem ser classificados como "economias desenvolvidas", como Cingapura e Coreia do Sul, que nas últimas décadas aumentaram consideravelmente sua produção econômica e melhoraram a qualidade de vida da população.

Em geral, a situação de dependência e de desenvolvimento econômico relativamente baixo em que se encontram os países do Sul se deve, em parte, aos processos de colonização, de exploração, imperialismo e neocolonização impostos pelas nações consideradas atualmente desenvolvidas.

No conjunto, os países do Sul são na maioria dependentes da exportação de produtos primários, com baixo grau de industrialização.

Economias emergentes

Nas últimas décadas, a China passou a ocupar um lugar de grande destaque nas relações internacionais e no cenário econômico mundial (você estudará mais profundamente essa questão nos capítulos seguintes). Embora o país tenha conservado o regime socialista em alguns setores, em especial no sistema político centralizado e fechado, mantém fortes laços comerciais com os Estados Unidos e atrai muitos investidores estadunidenses e de outros países capitalistas.

A abertura comercial somada a recursos de infraestrutura, mão de obra abundante e recursos naturais, entre outros, transformou o país em uma potência econômica e industrial, com o maior crescimento dos últimos anos.

↑ Terminal para armazenamento de produtos petrolíferos e químicos. Suzhou, China, 2017.

Os interesses econômicos chineses têm levado a cooperações econômicas internacionais, com grandes obras de infraestrutura pelo globo, construção de parques industriais e acordos econômicos com diversos países do mundo, inclusive o Brasil.

O continente africano também é considerado um novo palco para a globalização, atraindo investidores em vários países que conseguiram se estabilizar, política e economicamente, para estabelecer relações comerciais e parcerias.

↑ Parque industrial em Abidjan, Costa do Marfim, 2017.

A África é tida como a próxima fronteira para investimentos econômicos. Apesar de ainda enfrentar turbulência política pós-independência em alguns países, e de haver focos de conflitos, o continente passou a se integrar cada vez mais ao processo de globalização, tendo a Nigéria e a África do Sul como países que se destacam política e economicamente. Outros países como Costa do Marfim e Etiópia têm apresentado exponencial crescimento econômico nos últimos anos, atraindo investimentos estrangeiros.

Os Estados Unidos possuem grande interesse no continente, devido às grandes reservas energéticas, como petróleo, mas precisa competir com os investimentos chineses.

A América Latina teve um expressivo crescimento econômico no período pós-Segunda Guerra Mundial; no Brasil, em especial, houve um significativo crescimento industrial.

Um dos maiores parceiros comerciais do Brasil hoje é a China, com quem negocia soja, carne, bens de consumo e minérios. A crise econômica de 2008, entretanto, desacelerou os investimentos chineses em nosso país. O Brasil também perdeu importância estratégica na América Latina, cedendo espaço para países como a Argentina na liderança do continente. Ainda assim é um país de relevância econômica por sua extensão territorial e mercado consumidor, o que lhe garante diversos parceiros comerciais pelo mundo.

ATIVIDADES

NO CADERNO

SISTEMATIZAR

1. Defina socialismo e as principais diferenças para o sistema capitalista.
2. O que foi o mundo bipolar?
3. O que foi a Guerra Fria?
4. Faça no caderno um quadro como o do modelo a seguir e complete-o de acordo com a bipolarização mundial.

	Primeiro Mundo	Segundo Mundo
Potência líder		
Sistema econômico		

5. O que é a ordem multipolar? Qual processo foi essencial para o estabelecimento dessa ordem?
6. No contexto do mundo multipolar, como o Brasil está situado?
7. Por que o continente africano é tido como a próxima fronteira para investimentos econômicos?

REFLETIR

1. Leia o texto a seguir e responda às questões.

O Boulevard Ney é uma cicatriz em plena Paris. Veem-se latas de bebida pelo chão e ratazanas por trás dos barracos. São 15h e as crianças, que, exceto por raras exceções, não vão à escola, brincam pelo estreito corredor entre as construções que serve de rua principal. Está ali uma menina de 11 anos que, com um espanhol perfeito, explica que quando morava em Madri frequentava a escola, mas não aqui. [...]

[...] O bairro é apenas um dos 571 acampamentos ilícitos, casas ocupadas e zonas de favelas na França [...]. Nesses espaços vivem 16 000 pessoas, das quais cerca de 30% são menores de idade.

Marc Bassets. Favelas em Paris, uma cicatriz na cidade-luz. *El País*, 27 nov. 2017. Disponível em: <https://brasil.elpais.com/brasil/2017/11/25/internacional/1511631226_017741.html>. Acesso em: out. 2018.

a) De acordo com a Regionalização Norte-Sul, a França é considerada um país desenvolvido ou subdesenvolvido?

b) O que a matéria acima evidencia a respeito dessa regionalização?

Bruno DE HOGUES/Gamma-Rapho/Getty Images

↑Boulevard Ney. Paris, França, 2016.

DESAFIO

1. Sob orientação do professor, debata com os colegas os dois sistemas econômicos e políticos estudados: capitalismo e socialismo. Juntos, apresentem aspectos que vocês julgam ser positivos e negativos em cada um deles.

CAPÍTULO

2 Instituições mundiais

No capítulo anterior, você estudou o mundo bipolar, o mundo multipolar e a regionalização Norte-Sul, com destaque para algumas economias emergentes. Neste capítulo, você vai estudar a importância de algumas organizações mundiais, a crise de algumas instituições e a dominância dos Estados Unidos no cenário geopolítico atual.

As organizações mundiais

A **geopolítica** estuda o efeito que a geografia, seja humana ou física, tem sobre a política e as relações internacionais. É possível estudar e analisar as relações entre os países, entre blocos econômicos (criados com a finalidade de facilitar o comércio entre os países-membros) e dos países com as organizações internacionais.

Com um mundo cada vez mais interconectado e globalizado, onde o dinheiro circula por diferentes mercados e influencia relações políticas e econômicas rapidamente, a geopolítica nos ajuda a compreender, explicar e até prever o comportamento da política internacional. É possível analisar desde os domínios morfoclimáticos, os aspectos demográficos e até os recursos naturais sob o ponto de vista das análises geopolíticas.

No mundo atual, as **organizações supranacionais**, ou seja, aquelas que pertencem a um organismo ou a um poder acima do governo de cada nação, ditam as tendências geopolíticas. Muitos governos são dependentes de estímulos, políticas e empréstimos dessas organizações. A seguir, vamos conhecer algumas delas.

Osugi/Shutterstock.com

↑Sede da Organização das Nações Unidas (ONU) em Nova York, Estados Unidos, 2016.

Organização das Nações Unidas (ONU)

Com sede em Nova York, nos Estados Unidos, a ONU foi criada em 1945 com o objetivo de manter relações de paz e segurança entre os países, boas condições de vida e observância dos direitos humanos e da justiça social. Atualmente, a ONU tem 193 países-membros (dados de 2018).

A organização mantém, na cidade de Haia, na Holanda, o **Tribunal Penal Internacional**, que julga indivíduos acusados de cometer **genocídio** e crimes de guerra, considerados crimes contra a humanidade. O principal órgão das Nações Unidas é o Conselho de Segurança, composto de membros permanentes e rotativos.

- **Conselho de Segurança – membros permanentes:** é composto de países vencedores da Segunda Guerra Mundial, com **poder** de voto e **de veto**: Estados Unidos, Reino Unido, França, China e Rússia.
- **Conselho de Segurança – membros rotativos:** composto de dez países, que são trocados a cada dois anos. Têm poder de voto, mas não de veto.

Drop of Light/Shutterstock.com

71ª sessão da Assembleia Geral da ONU em Nova York, Estados Unidos, 2016.

GLOSSÁRIO

Genocídio: extermínio de grupos, comunidades ou populações, geralmente em razão de diferenças de nacionalidade, raça e religião.

Poder de veto: negativa que impede a adoção de uma resolução.

Conheça os organismos especializados que fazem parte das Nações Unidas e atuam intensamente no cenário mundial.

- **Organização Mundial da Saúde (OMS):** agência internacional cujo objetivo principal é promover a saúde da população mundial por meio de campanhas e parcerias internacionais e atuar no campo da pesquisa e de combate às doenças.
- **Organização Internacional do Trabalho (OIT):** agência internacional com o objetivo de promover as garantias trabalhistas, proteger o trabalhador e melhorar as condições gerais de trabalho. Essa agência vem atuando nos últimos anos no combate ao trabalho infantil e ao trabalho escravo em todo o mundo.
- **Organização das Nações Unidas para a Alimentação e a Agricultura (FAO):** agência com o objetivo de combater a fome no mundo; para isso, promove a melhoria do desenvolvimento agrícola nos países, estimula a pesquisa no setor e dá assistência técnica, além de apoiar programas internacionais de cooperação na área alimentar e agrícola.
- **Organização das Nações Unidas para a Educação, a Ciência e a Cultura (Unesco):** agência com o objetivo de contribuir com a paz por meio de incentivo e promoção da educação, ciência e cultura, e combater o analfabetismo no mundo.

A ONU também desenvolve diversos outros programas, como o **Programa das Nações Unidas para o Desenvolvimento (Pnud)**, o **Fundo das Nações Unidas para a Infância (Unicef)**, o **Programa das Nações Unidas para o Meio Ambiente (Pnuma)**, a **Conferência das Nações Unidas sobre Comércio e Desenvolvimento (Unctad)** e o **Alto Comissariado das Nações Unidas para Refugiados (Acnur)**.

Organização Mundial do Comércio (OMC)

O órgão atua como mediador e fiscalizador do comércio internacional entre países e entre blocos econômicos. As principais funções da OMC são:

- fiscalizar o cumprimento das regras básicas de comércio entre os países;
- intervir em conflitos de interesses que possam prejudicar algum país em suas relações comerciais e resolvê-los;
- controlar e fazer cumprir acordos comerciais entre países e entre blocos econômicos;
- promover reuniões ("rodadas") com governos e responsáveis pela economia dos países, a fim de debater temas sobre o comércio mundial e estabelecer acordos;
- acompanhar o cumprimento dos acordos comerciais;
- punir países e blocos que desrespeitem os acordos e prejudiquem terceiros.

Reuters/Fotoarena

Reunião com líderes na Organização Mundial do Comércio (OMC). Embora ainda minoritária, a participação das mulheres nas instâncias decisórias tem aumentado, como registra essa fotografia com a chanceler alemã, Angela Merkel, e a diretora do Fundo Monetário Internacional, Christine Lagarde. Berlim, Alemanha, 2015.

Banco Mundial

Criado em 1944 e com sede em Washington (EUA), esse banco chamava-se Banco Internacional de Reconstrução e Desenvolvimento (Bird, na sigla em inglês) e originalmente tinha a missão de financiar a reconstrução dos países destruídos pela Segunda Guerra Mundial. Posteriormente, suas metas se tornaram mais abrangentes, como o financiamento de projetos para atender às áreas de saúde, infraestrutura, educação, agricultura e meio ambiente, visando reduzir a pobreza e fomentar o desenvolvimento dos países.

Organização para a Cooperação e Desenvolvimento Econômico (OCDE)

Criada em 1961, com sede em Paris (França), a OCDE tem o objetivo de compartilhar políticas econômicas bem-sucedidas entre os países-membros, solucionar problemas comuns, promover o crescimento do comércio mundial e estimular investimentos em países em desenvolvimento.

A OCDE é formada por 34 países-membros, a maioria deles desenvolvidos e com elevado Índice de Desenvolvimento Humano (IDH) – conhecidos como "grupo dos ricos". Juntos, esses países produzem mais da metade de toda a riqueza do mundo. O Brasil não é membro da OCDE, mas, como parceiro-chave, pode participar de reuniões e de diversos trabalhos.

Fundo Monetário Internacional (FMI)

Criado em 1944, com sede em Washington (EUA), o FMI promove o comércio internacional por meio de empréstimos aos países-membros, garantindo a estabilidade financeira. Também procura solucionar a carência de dinheiro, sobretudo nos países mais pobres e em desenvolvimento, para obras sociais e de infraestrutura, implantando medidas de geração de emprego e desenvolvimento sustentável. Por cobrar juros altos e impor certas exigências, o FMI é muito criticado e acusado de ser responsável pela **dívida externa** de muitos países em desenvolvimento.

GLOSSÁRIO

Cartel: acordo entre concorrentes para fixar preços e dominar o mercado.

Dívida externa: total de débitos que um país tem no mercado internacional. Resulta de empréstimos e financiamentos contraídos de governos; de instituições financeiras como o Fundo Monetário Internacional, o Banco Mundial e outros bancos; e de empresas privadas.

Organização dos Países Exportadores de Petróleo (Opep)

Criada em 1960, com sede em Viena (Áustria), a Opep tem o objetivo de coordenar a política de produção e exportação de petróleo no mundo. Essa organização é acusada da prática de **cartel** porque controla o volume de produção de petróleo para o posterior controle de preço no mercado internacional. Atualmente, os países-membros são: Irã, Iraque, Kuwait, Arábia Saudita, Venezuela, Catar, Líbia, Emirados Árabes Unidos, Argélia, Nigéria, Equador e Angola. Esses países juntos detêm mais de 70% das reservas mundiais de petróleo.

Organização do Tratado do Atlântico Norte (Otan)

Aliança militar criada em 1949, durante a Guerra Fria, que constitui um sistema de defesa coletiva entre seus membros, que concordam em atuar em resposta a qualquer ataque externo à organização. Tem influência nas relações econômicas, comerciais e políticas dos países participantes e também atua em operações para combater o terrorismo e em ajudas humanitárias.

Importância das instituições internacionais

No dia a dia é fácil esquecer a influência que essas organizações internacionais possuem em nossa vida. Mas elas estão presentes nas esferas de poder e nas tomadas de decisão. Em 2016, por exemplo, a OMS declarou emergência internacional por conta do avanço da microcefalia ligada ao zika vírus nas Américas, facilitando a mobilização de dinheiro, recursos e conhecimento científico para o combate à doença.

Jack Taylor/Getty Images

↑ Refugiados da República Democrática do Congo recebem alimentos por um funcionário do Acnur. Nsonga, Uganda, 2018.

Um dos grandes desafios do século XXI para as instituições supranacionais é a redução da miséria e da pobreza. O continente africano é um dos grandes palcos de ação de várias organizações internacionais de auxílio. Mesmo sendo muito rico em recursos naturais e com um mercado consumidor em expansão, muitos países do continente africano ainda têm os piores índices de desenvolvimento social, segundo levantamento do PNUD feito em 2016. Entre os países que apresentam os dados mais baixos de desenvolvimento humano, a maioria fica no continente africano.

Contudo, existem países no continente que estão em um caminho de superação. A Nigéria, por exemplo, possui o maior mercado, população e economia da África, com uma projeção de 15 milhões de nigerianos na classe média até 2030. Mas ainda precisa do auxílio constante das forças de paz da ONU para conter o terrorismo do grupo extremista Boko Haram.

FORMAÇÃO CIDADÃ

O continente africano sofre de um grave problema de saúde pública: o avanço do vírus HIV, causador da aids. Segundo a Unaids, órgão da ONU, os países da África tiveram cerca de 1 milhão e 178 mil adultos e crianças recém-infectados com o HIV em 2016. No Brasil, a taxa foi de 48 mil pessoas – metade das novas infecções por HIV na América Latina.

1. Com a ajuda do professor, pesquise quais são as formas de prevenção e tratamento às infecções com o vírus HIV. Pesquise também sobre os problemas de estigma e discriminação enfrentados pelas pessoas portadoras do vírus.

Instituições em crise

Mesmo com objetivos que visem auxiliar nações em necessidade, essas instituições não estão isentas de críticas. É muito comum que elas atendam às demandas das nações ricas, desfavorecendo aquelas que não possuem o mesmo poder econômico, político e cultural.

Com o mundo multipolar em que vivemos hoje, vemos o surgimento de países que possuem poder decisivo na esfera global. O G7, por exemplo, grupo das sete maiores economias do mundo, foi recentemente substituído pelo G20 (grupo das vinte maiores economias) como o principal fórum de discussão dos problemas econômicos do planeta desde a crise financeira iniciada em 2008. O Brasil participa do G20, como você pode observar no mapa abaixo.

Existem hoje problemas transnacionais que não podem mais ser decididos por um seleto grupo de países. As mudanças climáticas globais são um verdadeiro desafio para a diplomacia mundial, já que envolvem todas as nações do mundo.

A crise das instituições e organizações supranacionais acentuou-se com a crise econômica de 2008 e favoreceu o crescimento dos sentimentos de nacionalismo e xenofobia. Na tentativa de se proteger das crises, o mundo viu o Reino Unido retirar-se da União Europeia e os Estados Unidos, com a eleição de Donald Trump, retirar-se de vários acordos internacionais importantes, como o Acordo de Paris, para a redução de emissão de gases do efeito estufa.

Mapa-múndi: países integrantes do G20 – 2015

© DAE/Sonia Vaz

Fonte: G20 Member Map. Disponível em: <http://g20.org.tr/about-g20/g20-member-map/>. Acesso em: ago. 2018.

AQUI TEM MAIS

EUA abandonam o Conselho dos Direitos Humanos da ONU em apoio a Israel

[O secretário de Estado Mike] Pompeo disse que não duvida da "visão nobre" do órgão, mas afirmou que é "um pobre defensor dos direitos humanos". E mais, acusou o conselho de "encobrir os abusos" cometidos por alguns países ao mesmo tempo que chamou de "inconcebíveis" as condenações contra Israel. [...]

Ainda que tanto Pompeo como [a embaixadora dos EUA Nikki] Haley tenham criticado a atitude "hipócrita" do conselho sobre Israel, a decisão veio logo após o alto comissário Zeid Ra'ad al-Hussein chamar de "inadmissível" a política dissuasória de separar os menores que atravessam a fronteira com seus pais. Haley já alertou há duas semanas que os EUA não iriam permitir que a ONU e qualquer outra organização lhes dessem lições do que seu país deve fazer na gestão e proteção de suas fronteiras.

Os EUA votam sistematicamente em Nova York e Genebra contra as decisões críticas a Israel. Recentemente foi o único membro, ao lado da Austrália, que se opôs nesse órgão a uma resolução em que era proposta uma investigação sobre o uso excessivo da força por parte dos militares israelenses durante os protestos em Gaza. Também vetou uma resolução do Conselho de Segurança pedindo proteção aos palestinos.

Sandro Pozzi. *El País,* 20 jun. 2018. Disponível em: <https://brasil.elpais.com/brasil/2018/06/19/internacional/1529411692_895391.html> Acesso em: set. 2018.

Denis Balibouse/Reuters/Fotoarena

↑Conselho de Direitos Humanos da ONU. Genebra, Suíça, 2017.

1. Analise a frase: "Os EUA não iriam permitir que a ONU e qualquer outra organização lhes dessem lições do que seu país deve fazer na gestão e proteção de suas fronteiras". Qual crítica você pode fazer a esse posicionamento dos Estados Unidos depois de estudar as doutrinas impostas pelo país a outras nações?
2. De que maneira a saída dos EUA do Conselho dos Direitos Humanos prejudica a política internacional?

ATIVIDADES

NO CADERNO

SISTEMATIZAR

1. De que maneira as instituições e organizações supranacionais atuam?

2. A maioria das grandes instituições internacionais surgiram depois da Segunda Guerra Mundial. Hoje muitas delas são criticadas. O que mudou nestes últimos 70 anos para que as instituições entrassem em crise?

3. Por que a relação do FMI com os países pobres e em desenvolvimento é criticada?

4. Em sua opinião, qual é a importância das conferências ambientais da ONU no mundo globalizado?

REFLETIR

1. Com base na observação do mapa a seguir e em seus conhecimentos, responda às questões.

Mapa-múndi: conflitos - 2013

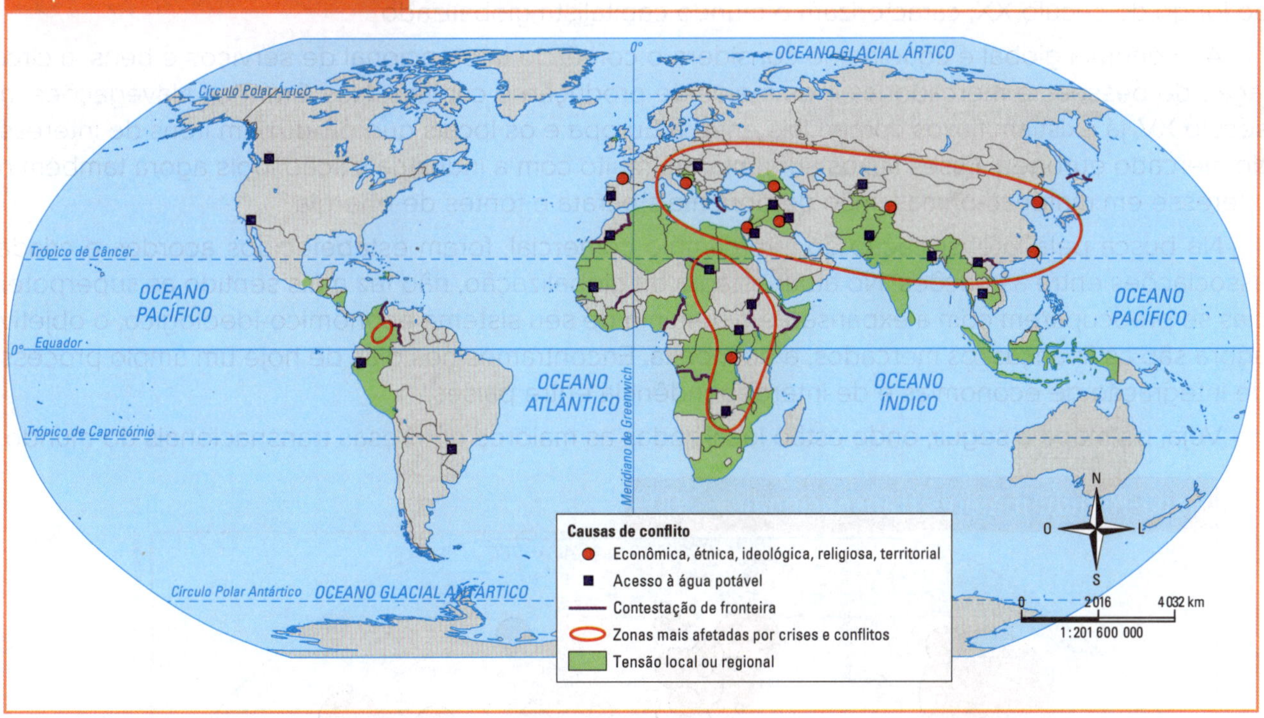

© DAE/Mario Yoshida

Fonte: Vera Caldini e Leda Ísola. *Atlas geográfico Saraiva*. São Paulo: Saraiva, 2013. p. 190.

a) Quais são as zonas mais afetadas por crises e conflitos no mundo?

b) Entre os continentes afetados por crises e conflitos, qual apresenta mais tensão local ou regional? O que leva os países desse continente a se envolver em conflitos?

c) Você considera o papel da ONU importante no processo de paz no mundo? Justifique sua resposta.

2. Em 2015, a ONU apresentou uma nova agenda para acabar com a pobreza até 2030 e buscar alternativas para o desenvolvimento sustentável. Escreva um texto sobre a importância dessa estratégia para a construção de um mundo melhor considerando aspectos como pobreza, saúde, educação e meio ambiente.

CAPÍTULO

3 Economia global

No capítulo anterior, você conheceu algumas organizações mundiais e a importância delas no cenário geopolítico mundial. Neste capítulo, você vai estudar como funciona a economia global, como a revolução técnico-científica moldou as formas de trabalho atuais e alguns destaques econômicos do mundo.

A circulação do capital

Após a queda da divisão mundial bipolar e do novo arranjo político do mundo multipolar, houve maior integração econômica entre os países. É fácil observar essa integração em nosso cotidiano: diversos produtos que utilizamos não foram fabricados no Brasil – o que se pode constatar observando manuais e etiquetas. Em nosso país circulam, por exemplo, carros fabricados na Coreia do Sul, e os Estados Unidos utilizam aviões fabricados no Brasil. Essas trocas comerciais, que se intensificaram ao longo do século XX, caracterizam o mundo capitalista globalizado.

A economia global é aquela que considera o comércio internacional de serviços e bens, a circulação de pessoas e mercadorias e os meios de produção e capitais. Nas Grandes Navegações, no século XV, já existiam fluxos comerciais entre a Europa e os locais que produziam itens de interesse do mercado europeu. Esses fluxos aumentaram muito com a industrialização, pois agora também há interesse em matérias-primas, mão de obra mais barata e fontes de energia.

Na busca pela intensificação do intercâmbio comercial, foram estabelecidos acordos e criadas associações entre as nações. No atual estágio da globalização, não faz mais sentido as superpotências se preocuparem com a expansão e o domínio de seu sistema econômico-ideológico; o objetivo agora são as finanças, os mercados, a economia. Encontramos nos dias de hoje um amplo processo de integração de economias e de interdependência entre países.

Veja, no mapa a seguir, onde estão localizadas as maiores empresas transnacionais do mundo.

Mapa-múndi: maiores transnacionais - 2009

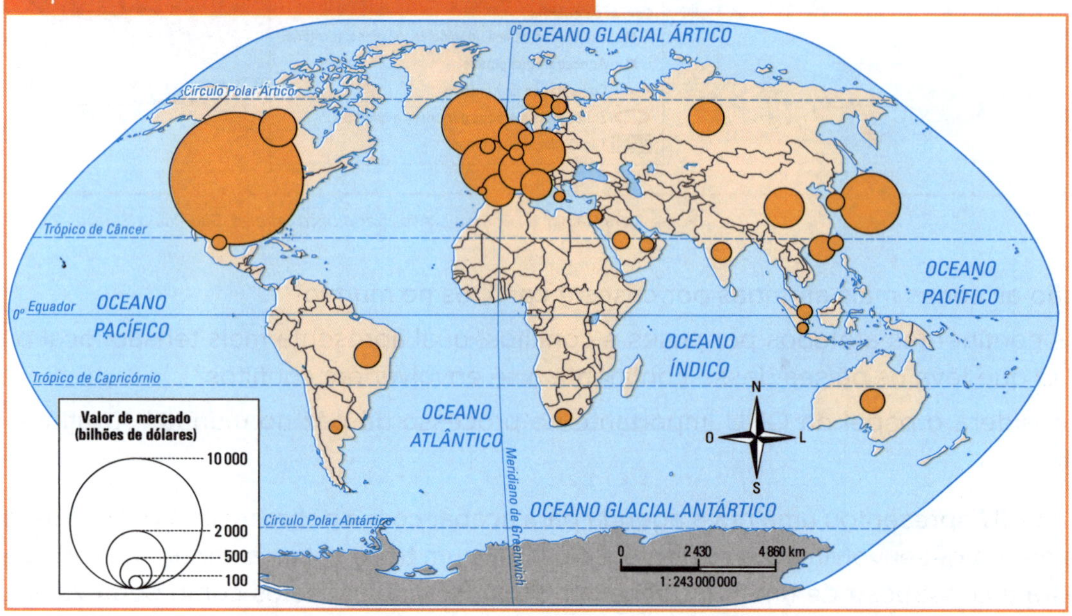

© DAE/Simone Soares

Fonte: Graça Maria Lemos Ferreira. *Atlas geográfico: espaço mundial*. 3. ed. São Paulo: Moderna, 2010. p. 54.

Essa interdependência entre os países gera reações em cadeia: altas de juros sobre empréstimos anunciadas pelo Banco Mundial, por exemplo, prejudicam todos os países que possuem dívida externa. Desastres naturais e guerras não prejudicam apenas os países envolvidos mas também todos aqueles com os quais possuem relações comerciais.

Observe os mapas a seguir. No primeiro, é possível observar como se dá o fluxo de mercadorias por meio da rede de transporte marítimo. O segundo mostra o fluxo de informações via internet no mundo. O que você conclui, observando os dois mapas?

Mapa-múndi: rede de transporte marítimo - 2010

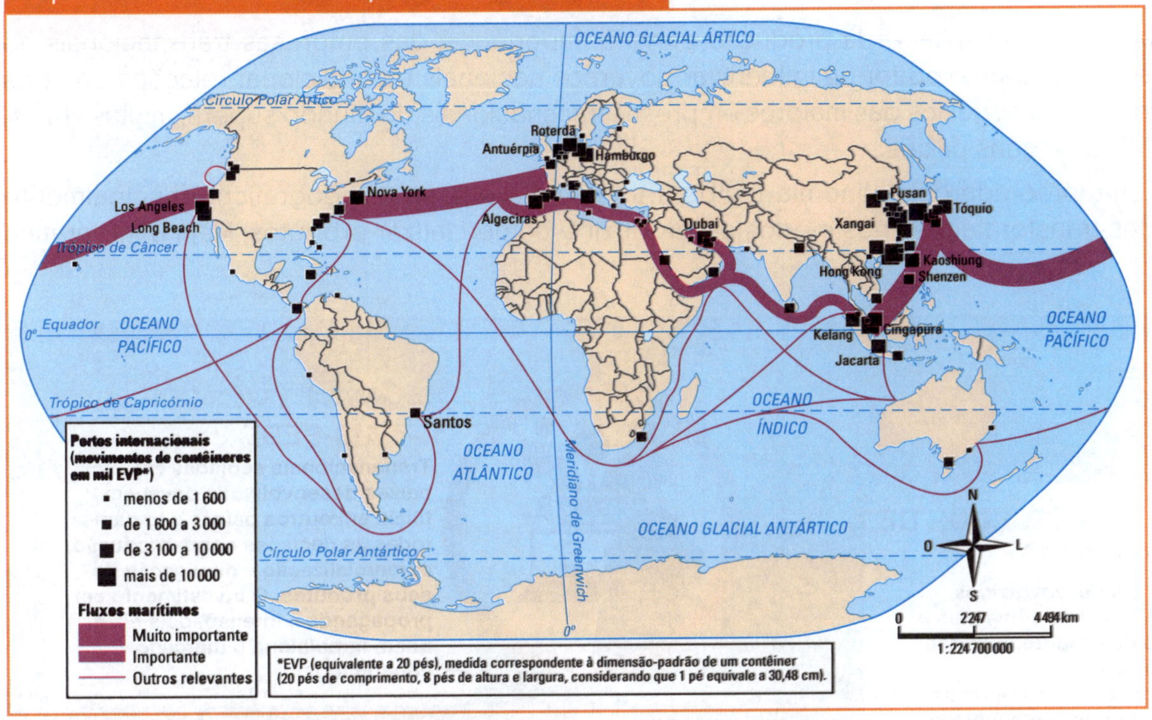

© DAE/Simone Soares

Fonte: Graça Maria Lemos Ferreira. *Atlas geográfico: espaço mundial*. 3. ed. São Paulo: Moderna, 2010. p. 55.

Mapa-múndi: servidores de internet - 2010

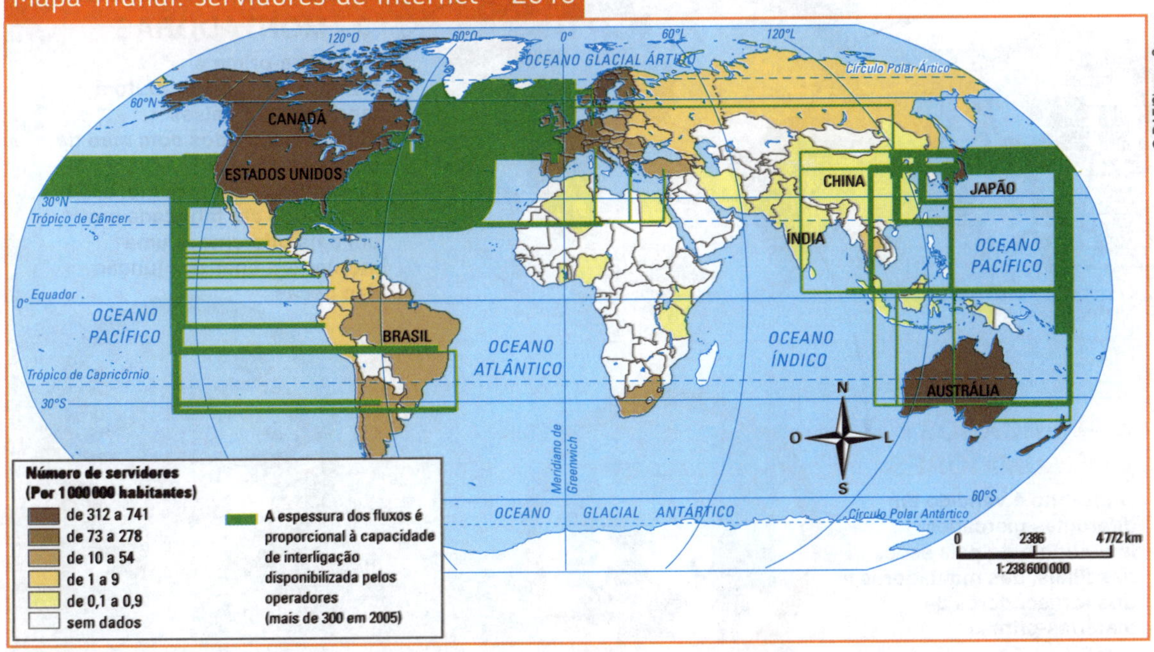

© DAE/Simone Soares

Fonte: Graça Maria Lemos Ferreira. *Atlas geográfico: espaço mundial*. 3. ed. São Paulo: Moderna, 2010. p. 55.

A economia global só é possível, nos moldes atuais, por conta da evolução dos meios de transporte e comunicação ocorrida durante a revolução técnico-científica. A inserção de novas tecnologias e seu constante aprimoramento dinamizam a produção, intensificam o trabalho e proporcionam a invenção de produtos e mercadorias de maior qualidade para concorrer em um mercado cada vez mais competitivo. O uso da internet possibilita a movimentação de bilhões de dólares em uma velocidade muito rápida, tanto em investimentos em bolsas de valores como no pagamento de mercadorias e serviços.

As transformações no espaço geográfico

A globalização do capital e da produção eleva a importância das empresas transnacionais no mundo, que concentram o poder de influenciar governos nacionais e condicionar relações entre os países. O volume de negócios das maiores empresas transnacionais do mundo supera, muitas vezes, o valor do PIB de alguns países.

Essa forma integrada de economia também transforma o espaço geográfico, principalmente por conta das transformações nos modos de produzir e comercializar produtos. Veja o infográfico a seguir.

Paula Haydee Radi

AQUI TEM MAIS

Economia global mostra vigor, mas precisa ser inclusiva, diz Banco Mundial

O presidente do Banco Mundial, Jim Yong Kim, afirmou em discurso em Washington nesta quinta-feira, 19, que a economia global "mostra um impulso sólido". O Banco Mundial projeta crescimento de 3,1% no mundo em 2018, no patamar mais forte desde 2011, com recuperação nos investimentos, no setor manufatureiro e no comércio.

"O desafio agora é garantir que o crescimento forte se traduza em crescimento inclusivo, de modo que os benefícios da integração econômica global sejam sentidos por todos os membros da sociedade", defendeu.

A autoridade afirmou que o "crescimento robusto" é uma grande oportunidade para se investir em capital humano. Ele citou medidas como gastos em infraestrutura, melhora na educação e na saúde e o aumento da força de trabalho feminina, que podem continuar a apoiar o crescimento. Isso poderia facilitar as metas de redução da extrema pobreza e garantir uma prosperidade mais compartilhada, argumentou.

Gabriel Bueno da Costa. *O Estado de S. Paulo*, 19 abr. 2018. Disponível em: <https://economia.estadao.com.br/noticias/geral,economia-global-mostra-vigor-mas-precisa-ser-inclusiva-diz-presidente-do-banco-mundial,70002275413>. Acesso em: fev. 2019.

1. Quais seriam as maneiras de garantir que os trabalhadores sejam beneficiados pelo crescimento da economia global? Por que isso é importante para a sociedade?

O milagre asiático

O domínio dos Estados Unidos na economia global com o fim da Guerra Fria só não foi completo no plano comercial e econômico por causa da ascensão de países asiáticos na cadeia produtiva, liderada inicialmente pelo Japão e depois pela China. Ao longo da década de 2000, Rússia, Índia e China se tornaram grandes representantes de mercados competitivos.

Se antes os países asiáticos atuavam em uma escala regional, essa atuação passou a ser global com a liderança chinesa, que em pouco tempo se tornou o principal produtor e exportador mundial de manufaturas, além de um importante mercado consumidor de máquinas e equipamentos europeus, bem como de matérias-primas vindas de países da América Latina, da África e de outras partes da Ásia.

Em apenas 30 anos, a China se tornou a segunda maior potência econômica mundial, forçando os Estados Unidos a abandonar a posição unilateral. Hoje a China é o principal parceiro comercial do Brasil, tornando-se em 2010 o principal investidor em nosso país.

Ansonmiao/iStockphoto.com

Prédios em Xangai, China, 2016.

A grande e crescente demanda da China por matérias-primas a levou a buscar parceiros comerciais tanto na América Latina quanto na África, investindo em parques industriais, infraestrutura de transportes e de telecomunicações, além da internacionalização de suas multinacionais.

Industrializações tardias

A África ainda é o continente menos industrializado do mundo e que tem menor participação no mercado e na economia global, devido, entre outros fatores, ao passado colonialista e de exploração, enfrentando um verdadeiro desafio para se enquadrar no processo de globalização. Vários países do continente ainda possuem economias baseadas na exportação de recursos naturais, no beneficiamento agrícola e de mineração, e não na produção de bens e mercadorias que poderiam permanecer no mercado interno.

Nos últimos anos, os grandes investimentos da China no continente têm tido destaque. Veja no gráfico abaixo o crescimento das exportações da China para o continente africano de 1999 a 2008.

Exportações para a África - 1999 a 2008

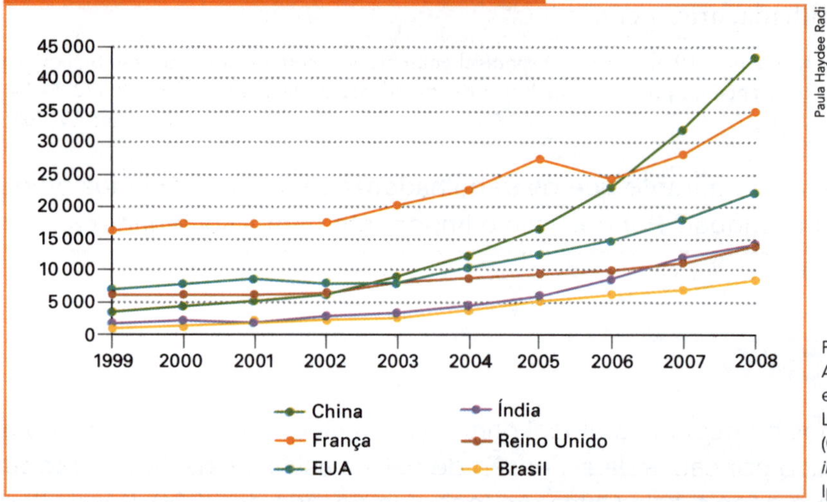

Fonte: Padraig Carmody e Francis Owusu. A expansão da China para a África: interesses e estratégias. In: Rodrigo Pimentel Ferreira Leão, Eduardo Costa Pinto, Luciana Acioly (Org.). *A China na nova configuração global: impactos políticos e econômicos*. Brasília: Ipea, 2011. p. 237.

↑ O gráfico mostra a evolução das exportações (em US$ milhões correntes, incluindo custo, seguro e frete)* para a África de países selecionados (Estados Unidos, Reino Unido, China, Índia, Brasil e França) entre 1999 e 2008.

A falta de parques industriais, de investimentos em infraestrutura, instabilidade política, conflitos e guerras civis são alguns fatores que tornam muitos países do continente menos atrativos para empresas, dificultando o crescimento econômico e o processo de integração do continente à economia globalizada.

Já no caso do Brasil, a industrialização foi rápida e concentrada, a partir de 1930, sobretudo na Região Sudeste, que recebeu a maioria dos parques industriais, por fatores como: maior rede de transportes, proximidade a importantes portos para escoamento de produção etc. Atualmente, tem ocorrido um processo de descentralização, que começou no início dos anos 1990, com empresas e indústrias buscando outros estados, visando obter melhores incentivos fiscais, mão de obra barata, maior investimento em telecomunicações e redes de transporte de cargas, além de novos mercados consumidores.

A tendência atual é o surgimento e formação de áreas especializadas em um setor produtivo específico, como o têxtil, o alimentício, entre outros.

ATIVIDADES

NO CADERNO

SISTEMATIZAR

1. Explique a relação entre a revolução técnico-científica e a globalização.
2. Qual é o papel das empresas transnacionais no atual modelo de globalização econômica?
3. A China tem estabelecido intensas relações comerciais com países da América Latina e da África. Relacione o crescimento chinês dos últimos 30 anos com essa parceria comercial.
4. Explique como aconteceu o processo de desconcentração industrial no Brasil.
5. Com o processo de globalização, a relação entre a sociedade e a natureza ficou mais desequilibrada? Por quê?

REFLETIR

1. Leia o texto a seguir e discuta com seus colegas quais seriam as melhores maneiras de fomentar a industrialização no continente africano e reverter os lucros para sua população.

O vice-diretor do Banco Central da Nigéria, Kingsley Moghalu, falou sobre o papel da África na economia mundial e por que isso deveria ser importante. Em primeiro lugar, o continente chamou a atenção de muitos como uma região rica em recursos naturais, onde os governos nacionais e as empresas africanas produzem pouco por si próprios, deixando assim a terra e o capital à disposição de agentes externos. Moghalu expressou preocupação com tal questão, pelo potencial de transformar o continente em "um lugar de extrativismo que alimenta a prosperidade de muitas nações, mas não torna a África uma parte próspera do mundo... É uma transformação estrutural, que cria prosperidade real". O continente deve se afastar do desenvolvimento alimentado por recursos naturais.

Em segundo lugar, a África deve ser um centro de atividade na economia global, mas permanece fraca em termos de comércio intrarregional e internacional – apenas 3% do total de bens são trocados com o continente. Embora o continente tenha vivenciado altas taxas de crescimento desde o início dos anos 2000, esse crescimento foi impulsionado principalmente por aumentos cíclicos nos preços das *commodities* que, Moghalu adverte, inevitavelmente se esgotarão.

África como a última fronteira: por que importa para a economia global. Palestra de Kingsley Moghalu em 15 de agosto de 2013, no Fórum de Economia e Globalização, em Washington, DC, EUA. Disponível em: <www.wilsoncenter.org/event/africa-the-last-frontier-why-it-matters-the-global-economy>. Acesso em: fev. 2019.

DESAFIO

1. A obra *Zero dólar*, do artista plástico Cildo Meireles, pode ser enquadrada no movimento artístico conhecido como Pop Art. Uma das características desse movimento é a absorção de um elemento ou objeto que faz parte das relações cotidianas, criando sobre ele indagações que estimulem o público a vê-lo de forma crítica. Nesse sentido, interprete e identifique a crítica feita pelo artista nesta obra.

Cildo Meireles/Galeria Luisa Strina, São Paulo

Cildo Meireles. *Zero dólar*, 1978-1984. Litografia *offset* em papel, 6,6 cm × 15,8 cm.

CAPÍTULO 4

Brics: as potências emergentes

No capítulo anterior, você estudou os aspectos da economia global e a situação de alguns espaços com industrialização tardia. Neste capítulo, vamos abordar as potências emergentes que formam o Brics, seus aspectos econômicos e indicativos sociais.

O que é uma potência emergente?

Nos capítulos anteriores, você aprendeu que, na busca pela intensificação do intercâmbio comercial, algumas nações estabeleceram acordos e associações de cooperação, formando grupos e blocos econômicos. O Brasil, considerado uma potência emergente, faz parte de alguns desses grupos, entre eles o Brics.

Considera-se potência emergente um país cujo crescimento econômico ocorreu de forma significativa ao longo das últimas décadas, atraindo investimentos e atrelando sua economia aos padrões estabelecidos pela globalização e a nova ordem internacional. Além disso, tais nações começam a ter maior peso, influenciando a economia e participando de forma mais ativa das discussões políticas mundiais, tornando-se verdadeiros representantes de um grupo de países em ascensão. Os países que formam o Brics estão em destaque.

Criado em 2001 pelo economista inglês Jim O'Neil, Brics é um acrônimo, ou seja, uma sigla composta pelas letras iniciais de quatro países: **Brasil**, **Rússia**, **Índia** e **China**. Em 2011, com a entrada da **África do Sul** (em inglês, South Africa), a sigla incorporou a letra S no final.

O termo é uma referência ao grupo de países considerados importantes bases de sustentação para a economia do mundo contemporâneo, como grandes "tijolos" (*brick*, em inglês). Vale ressaltar: o Brics não é um grupo econômico, mas sim um grupo político de cooperação internacional. Esses países compartilham uma situação econômica com índices de desenvolvimento e elementos diversos parecidos.

Mike Hutchings/Reuters/Fotoarena

↑Da esquerda para a direita: primeiro-ministro da Índia, Narendra Modi; presidente da China, Xi Jinping; presidente da África do Sul, Cyril Ramaphosa; presidente da Rússia, Vladimir Putin; e presidente do Brasil, Michel Temer, na reunião de cúpula do Brics em Johanesburgo, África do Sul, 2018.

A importância econômica do Brics

Estimativas feitas por órgãos econômicos diversos apontam significativa importância deste grupo de países num futuro relativamente próximo. Segundo o Banco Mundial, o Brics foi responsável por cerca de 22% da economia global em 2017.

Suas economias apresentam equilíbrio satisfatório. Do ponto de vista político, vivem relativa estabilidade. Há uma significativa disponibilidade de mão de obra com potencial para se qualificar nos próximos anos. Além disso, seus níveis de produção e exportação apresentam crescimento, refletindo diretamente no aumento do PIB de cada um deles.

Analise com atenção a participação econômica do Brics por meio da tabela e do mapa a seguir e do gráfico da página seguinte.

População, PIB e reservas internacionais do Brics

País	População - 2015	PIB (US$) - 2016	Reservas internacionais (US$) - 2016
Brasil	190 mi*	1,7 tri	364 bi
Rússia	143 mi	1,3 tri	377 bi
Índia	1,3 bi	2,1 tri	361 bi
China	1,3 bi	11,1 tri	3 tri
África do Sul	54 mi	314,5 bi	47 bi

↑ A tabela mostra dados de população, PIB e reservas internacionais dos países que compõem o Brics.

Fontes: Banco Mundial. Disponível em: <https://data.worldbank.org/indicator/FI.RES.TOTL.CD?locations=BR-CN-ZA-IN-RU>; IBGE Países. Disponível em: <https://paises.ibge.gov.br>. Acessos em: ago. 2018.

*Dado do Censo 2010. Disponível em: <http://censo2010.ibge.gov.br>. Acesso em: ago. 2018.

Mapa-múndi: comércio mundial - 2010

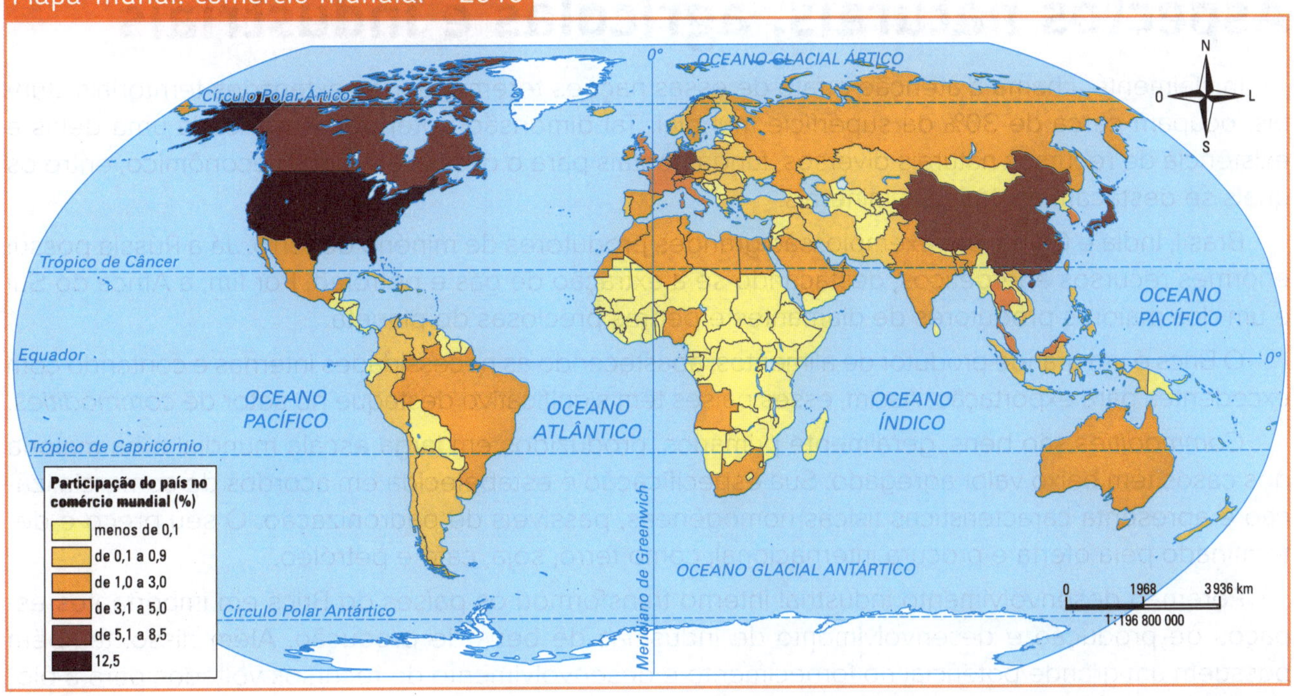

© DAE/Tarcísio Garbellini

Fonte: Graça Maria Lemos Ferreira. *Atlas geográfico: espaço mundial*. 3. ed. São Paulo: Moderna, 2010. p. 51.

Exportações de serviços em países selecionados - 2000, 2005 e 2010

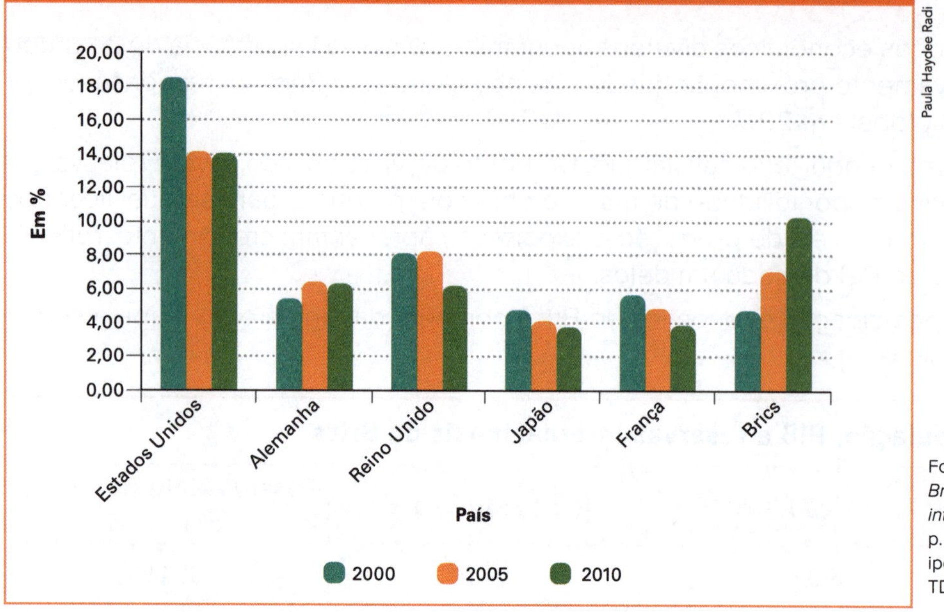

Fonte: Ivan Tiago Machado Oliveira. *Brics: novos competidores no comércio internacional de serviços?* IPEA, 2013. p. 10. Disponível em: <http://repositorio.ipea.gov.br/bitstream/11058/966/1/TD_1809.pdf>. Acesso em: ago. 2018.

↑ O gráfico mostra a evolução da participação de alguns países na exportação de serviços nos anos 2000 a 2010, com destaque para aqueles que compõem o Brics.

O impulso econômico recente obriga cada país a investir em infraestrutura energética e de logística para dinamizar suas atividades econômicas internas e externas.

A estabilidade econômica somada à maior participação no cenário internacional fez com que o mercado de capitais (bolsa de valores) de cada país recebesse grandes investimentos estrangeiros. Além disso, por conta da globalização econômica, o Brics atraiu empresas estrangeiras, que se instalaram em seus limites territoriais.

Aspectos naturais, agrícolas e industriais

Inicialmente, chama a atenção o fato de essas nações terem grandes extensões territoriais. Juntas, ocupam cerca de 30% da superfície mundial. Tal dimensão potencializa em cada uma delas a existência de recursos naturais diversos, fundamentais para o desenvolvimento econômico, entre os quais se destacam as riquezas minerais.

Brasil, Índia e China, por exemplo, são grandes produtores de minério de ferro. Já a Rússia possui enormes recursos energéticos, destacando-se a extração de gás e petróleo. Por fim, a África do Sul é um dos maiores produtores de diamantes e pedras preciosas do planeta.

O Brics é um grande produtor de alimentos, abastecendo as necessidades internas e contando com excedentes para exportação. Assim, esses países têm significativo destaque no setor de *commodities*.

Commodities são bens, geralmente primários, produzidos em larga escala mundial e na maioria dos casos têm baixo valor agregado. Sua especificação é estabelecida em acordos de comercialização e apresenta características físicas homogêneas, passíveis de padronização. O seu preço é determinado pela oferta e procura internacional, como ferro, soja, café e petróleo.

Porém, o desenvolvimento industrial interno transformou os países do Brics em importantes espaços de produção e desenvolvimento de indústrias de bens de produção. Além disso, também possuem um grande potencial no fornecimento e desenvolvimento de recursos voltados para a biotecnologia e indústria farmacêutica.

AQUI TEM MAIS

Indicadores sociais

Segundo a ONU, a população dos cinco países que compõem o Brics equivalia, em 2015, a aproximadamente 40% de todo o contingente humano existente no planeta. Esse expressivo número pode ser visto como uma enorme fonte de renda, tanto para produzir quanto para consumir.

No entanto, há significativa desigualdade social, cuja diminuição ainda é muito lenta. A manutenção dessa situação agrava a marginalização no interior de cada nação. Ações governamentais são tomadas para reverter tal quadro. Esse talvez seja o maior desafio para o Brics: alcançar a integração econômica e social.

Nas últimas décadas, houve crescente acesso da população à tecnologia, como celulares e computadores conectados à internet, gerando assim maior inclusão digital.

1. Em grupos, façam uma pesquisa do IDH mais recente de cada país do Brics. Comparem-os com o de outros países e respondam: Que medidas podem ser tomadas pelos governos de cada nação para a melhoria de seus indicadores sociais?

Particularidades dos países

África do Sul

Siphiwe Sibeko/Reuters/Fotoarena

↑Fábrica petroquímica. Johanesburgo, África do Sul, 2016.

É um país que foi colonizado inicialmente por holandeses (bôeres) e, posteriormente, por ingleses. A África do Sul é conhecida como a nação arco-íris em função de sua diversidade étnica, composta de brancos de origem europeia (holandeses e ingleses), mestiços asiáticos (chineses e indianos) e, sobretudo, negros de diversas etnias (zulu, tswana, xhosa, swazi, tsonga, venda, entre outros).

Apesar dos significativos esforços despendidos e de reais avanços conquistados, como o maior acesso à educação, alimentação e previdência social, a pobreza continua a ser o problema mais grave existente na África do Sul. Há um grande contingente de pessoas economicamente ativas em situação de subemprego ou desemprego. A criminalidade atingiu níveis crescentes nos últimos anos. Tal marginalização afeta todas as etnias existentes no país, inclusive a branca.

De todos os países africanos, o que apresenta melhores condições econômicas é a África do Sul, pois tem o maior parque industrial do continente. As abundantes reservas minerais de ouro, diamante, platina, ferro, entre outros, bem como as reservas energéticas de carvão mineral, contribuíram para o desenvolvimento industrial do país. Essa condição dinamiza a economia e contribui para os avanços na área social. A atividade agropecuária também é importante na África do Sul, com o cultivo de uvas, oliveira, cana-de-açúcar, milho e a criação de ovinos para a produção de lã.

Índia

É uma ex-colônia britânica e o segundo país mais populoso do mundo. Atualmente possui elevado crescimento vegetativo, o que indica que, num futuro relativamente próximo, pode vir a se tornar a nação com o maior número de pessoas no planeta.

Udit Kulshrestha/Bloomberg/Getty Images

↑ Técnicos montam *smartphones* em linha de produção. Noida, Índia, 2017.

Em relação aos indicadores sociais, possui alta taxa de analfabetismo (27,8% em 2015), parte da população subnutrida (15,2% em 2015) e baixa expectativa de vida (68 anos em 2015), com um grande contingente de pessoas vivendo na pobreza.

A atividade agrícola absorve mais da metade da população economicamente ativa (PEA). Exporta produtos primários como erva-mate, açúcar, algodão e fumo. Também extrai e vende minérios (ferro, manganês e bauxita), além de produzir ligas metálicas em siderúrgicas e metalúrgicas locais. Desenvolve indústria química, automobilística e é o maior produtor de *softwares* do mundo.

Rússia

Igor Ageyenko/Sputnik Igor/AFP Photo

↑ Estação de bombeamento de petróleo. Skovorodinski, Rússia, 2015.

É o maior país em extensão territorial do mundo, com cerca de 17 milhões de km². Sua superfície está presente tanto no continente asiático quanto no europeu, e parte significativa de sua população vive na porção europeia. A presença de mais de uma centena de etnias no país potencializa eventuais conflitos étnicos. Também está na parte europeia grande parte das atividades econômicas como indústrias, agricultura e serviços. As planícies da Sibéria têm enormes reservas e produção de carvão mineral, gás natural e petróleo. O parque industrial russo, porém, é considerado pouco diversificado e com grande defasagem tecnológica.

China

País mais populoso do mundo, é também o 3º maior do mundo em extensão territorial. De seu subsolo são retiradas grandes riquezas, com destaque para o carvão mineral, petróleo e minérios de ferro e manganês, entre outros.

O setor responsável pelo crescimento econômico da China, porém, é a indústria. Multiplicam-se fábricas por todos os cantos do país, nos ramos da indústria têxtil, de construção civil, eletroeletrônicos, automóveis, calçados, brinquedos, entre outros.

Tornou-se, em 2010, o país com o 2º maior PIB do mundo, atrás apenas dos Estados Unidos, segundo o FMI. Seu crescimento econômico foi impulsionado pelas Zonas Econômicas Especiais (ZEEs), espaços com grande oferta de mão de obra e enorme isenção fiscal que atraiu empresas de médio e grande porte de todos os continentes para lá. Politicamente, ainda mantém o regime de partido único, característica marcante dos regimes socialistas.

Humphery/Shutterstock.com

→ Trabalhadores em linha de montagem de ventiladores elétricos. Jiangxi, China, 2018.

ATIVIDADES

NO CADERNO

SISTEMATIZAR

1. De que forma as potências emergentes estão se inserindo no cenário sociopolítico atual?

2. O que é o Brics? Qual foi a base conceitual de sua criação? Como os países que o compõem são classificados geopoliticamente?

3. Qual é a importância do Brics no mundo atual e como esses países se caracterizam no que se refere à política e à economia?

4. O que implica o impulso econômico recente para os países do Brics?

5. Quais são as especificidades econômicas do Brics, ou seja, em que tipo de produção esses países têm destaque?

6. Anote no seu caderno as frases verdadeiras sobre algumas especificidades dos países que, além do Brics, formam o Brics.
   a) A África do Sul é conhecida como a nação arco-íris em função de sua diversidade étnica, composta de brancos, mestiços asiáticos e, sobretudo, negros de diversas etnias.
   b) A África do Sul apresenta grande pujança industrial e boas condições econômicas, ainda que seu parque industrial seja superado pelo do Egito e da Líbia.
   c) Atualmente, a Índia possui baixo crescimento vegetativo, demandando de seus governantes especial atenção para a questão demográfica, sob pena de ficar sem mão de obra jovem nos próximos anos.
   d) A Índia possui alta taxa de analfabetismo, parte da população subnutrida e apresenta baixa expectativa de vida, com um grande contingente de pessoas vivendo na pobreza.
   e) A Rússia é o terceiro país em extensão territorial do mundo, com cerca de 17 milhões de km^2. Sua superfície está presente tanto no continente asiático quanto no europeu, e parte significativa de sua população vive na porção europeia.
   f) O parque industrial russo é considerado pouco diversificado e com grande defasagem tecnológica.
   g) Do subsolo da China são retiradas grandes riquezas, com destaque para o carvão mineral, petróleo e minérios de ferro e manganês, entre outros.
   h) O setor responsável pelo crescimento econômico da China é o agronegócio.
   i) A China possui o segundo maior PIB do mundo, atrás apenas dos Estados Unidos, segundo o FMI.

DESAFIO

1. Leia o texto a seguir.

Presidente da Turquia solicitou entrada de seu país no Brics

O presidente da Turquia, Recep Tayyip Erdogan, quer acrescentar um "T" ao acrônimo Brics, para Brasil, Rússia, Índia, China e África do Sul. A solicitação foi conhecida neste domingo, 29, quando o jornal local *Hurriyet Daily News* publicou a declaração de Erdogan, na volta de sua participação na 10ª Cúpula dos Brics, realizada em Johannesburgo, na África do Sul, de quarta a sexta-feira da semana passada.

[...]

Célia Froufe. *O Estado de S. Paulo*, 30 jun. 2018. Disponível em: <https://economia.estadao.com.br/noticias/geral,presidente-da-turquia-solicita-entrada-de-seu-pais-nos-brics,70002421957>. Acesso em: set. 2018.

   a) Busque informações atualizadas sobre a intenção da Turquia de fazer parte do Brics. Quais são os atributos socioeconômicos para que essa adesão possa ser efetivada? Quais são os entraves?
   b) Que outros países têm intenção de participar do Brics? Quais são as possibilidades reais de que esse grupo possa aumentar?

FIQUE POR DENTRO

REDUÇÃO DA POBREZA X DESIGUALDADE NO MUNDO

A distribuição das riquezas no planeta é um dos mais importantes causadores da desigualdade social no mundo. A falta de recursos limita o acesso a bens de consumo, educação, saúde e até a elementos básicos como a alimentação.

COEFICIENTE DE GINI

O coeficiente de Gini é uma medida de distribuição desenvolvida pelo estatístico italiano Corrado Gini, em 1912. É o cálculo usado pela ONU e pelo Banco Mundial como índice de desigualdade de renda, que varia de 0 (nenhuma desigualdade) a 1 (total desigualdade).

DESIGUALDADE NO MUNDO

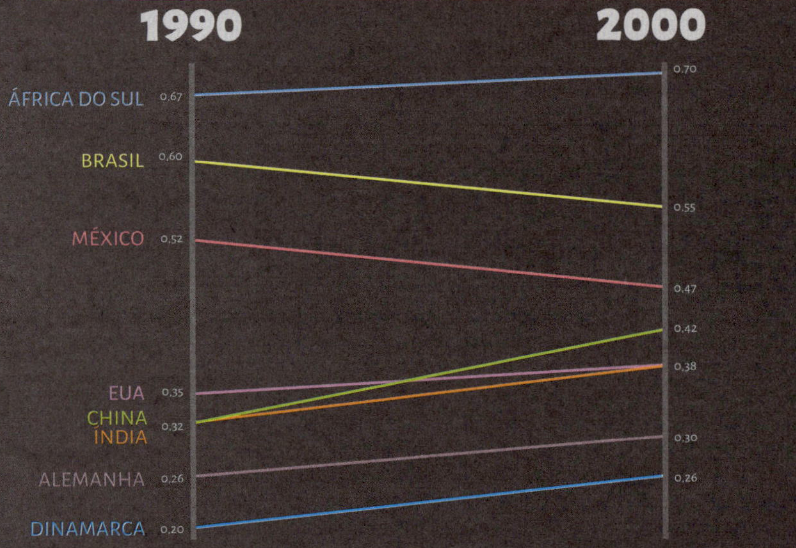

DIFERENÇA NO RENDIMENTO MÉDIO POR SEXO E COR

(Média salarial mensal em jan. 2014 nas seis maiores rendas médias)

Homens BRANCOS (parâmetro) — **100%**
R$ 2.826,23

Mulheres BRANCAS — **73,6%**
R$ 2.082,38

Homens NEGROS E PARDOS — **57%**
R$ 1.608,35

Mulheres NEGRAS E PARDAS — **42,3%**
R$ 1 196,60

COMO A RENDA É DISTRIBUÍDA NO MUNDO (2013)

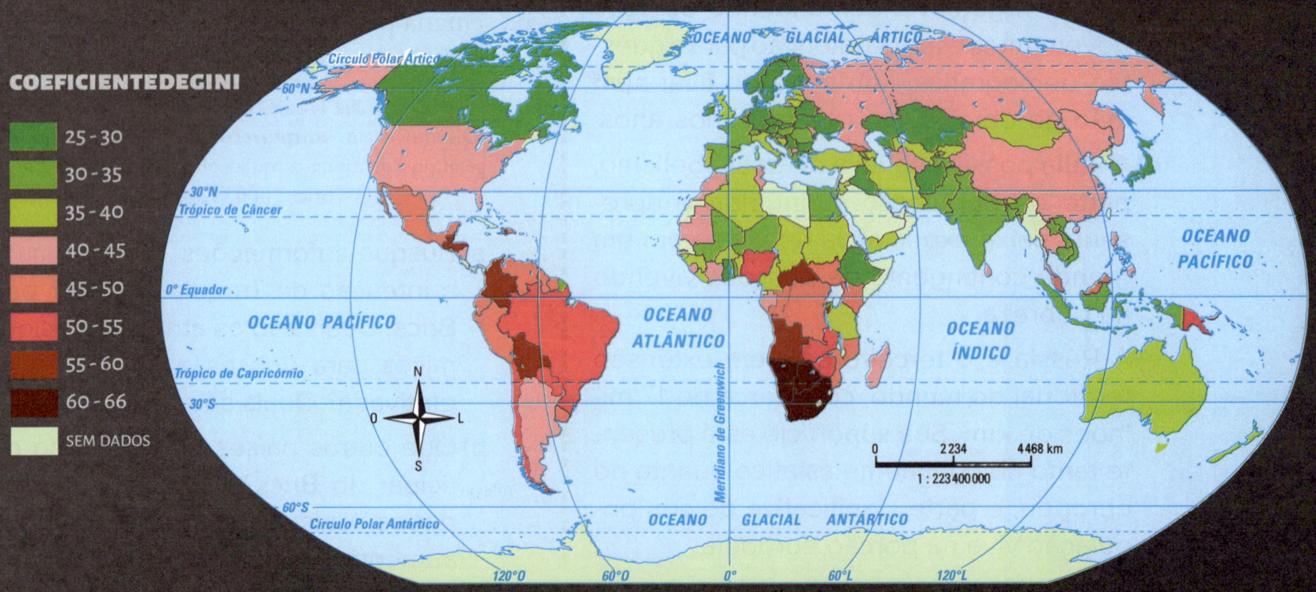

Fonte: The World Bank. *World development indicators*: distribution of income or consumption. Disponível em: <http://wdi.worldbank.org/table/2.9>. Acesso em: jan. 2016.

FATOR CHINA

Nos últimos 30 anos, a população do mundo cresceu 50%, mas o número de pessoas que vivem com menos de 2 dólares por dia diminuiu, graças ao desenvolvimento econômico chinês.

1981
POPULAÇÃO
4,5 BI » 2,6 BI
abaixo de 2 dólares

2012
POPULAÇÃO
7 BI » 2,5 BI
abaixo de 2 dólares

BRASIL

Considerando o coeficiente de Gini, o Brasil tem melhorado nos últimos anos, ao contrário da maioria dos países de maior IDH, os quais subiram em média 4 pontos.

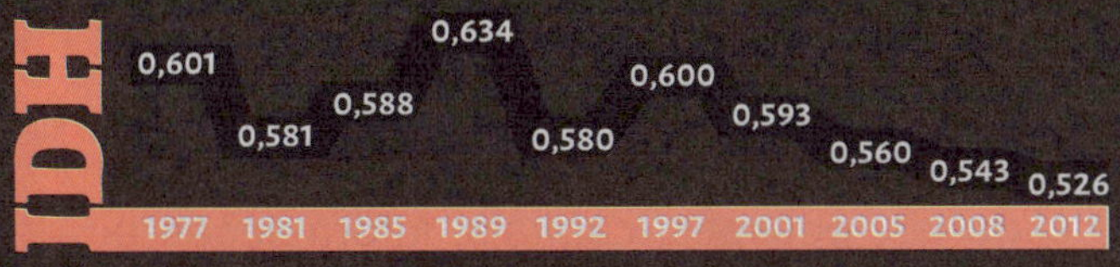

Renda familiar – Brasil

Segundo semestre de 2013

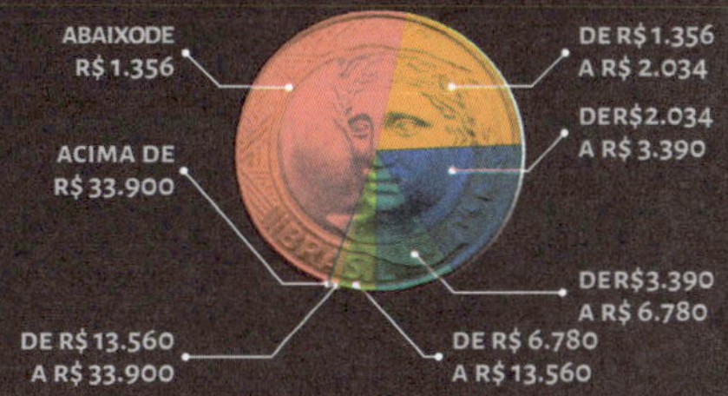

EUA

1%
DOS AMERICANOS DETÉM SOZINHO
27%
DA RENDA AMERICANA

Os
10%
MAIS RICOS
juntos têm
48,2%

EM 1983,
O CRESCIMENTO ECONÔMICO DOS ESTADUNIDENSES MAIS RICOS, CONHECIDOS COMO
1%, foi 7,7% maior
QUE O DO RESTO DA POPULAÇÃO.

EM 2012,
esse número escalou para quase
20%

FRANÇA

A diferença de renda entre os

10% **mais ricos** e os **40%** **mais pobres**

PODE TER CHEGADO A **25%**.
Os principais afetados são os novos imigrantes e jovens com até 19 anos.

EM 2013,
10%
de toda a riqueza do país
ESTAVA CONCENTRADA NA MÃO DE
0,000001%

1. Observe o mapa que mostra a distribuição de renda no mundo em 2013 com base no coeficiente de Gini. Com o auxílio de um atlas, identifique três países com maior desigualdade de distribuição de renda e três países com menor desigualdade. Discuta com os colegas que fatores podem explicar a má distribuição de renda em países com grande desigualdade social.
2. De que maneira podemos associar os grandes níveis de desigualdade econômica e social no mundo com o sistema político e econômico capitalista?

Fontes: Marcos Mendes. A desigualdade de renda parou de cair? (Parte I). Brasil: economia e governo, 16 out. 2013. Disponível em: <www.brasil-economia-governo.org.br/2013/10/16/a-desigualdade-de-renda-parou-de-cair-parte-i>; Robert Frank (Ed.). Richest 1% earn biggest share since Roaring '20s. CNBC, EUA, 11 set. 2013. Disponível em: <www.cnbc.com/id/101025377>; Salim Lamrani. Na França, os ricos são cada vez mais ricos e os pobres... cada vez mais pobres. *Brasil de Fato*, São Paulo, 23 ago. 2013. Disponível em: <www.brasildefato.com.br/node/25625>; Fernando Canziam. O rolê do Brasil. *Folha de S.Paulo*, São Paulo, 17 jan. 2014. Disponível em: <www1.folha.uol.com.br/colunas/fernandocanzian/2014/01/1398643-o-role-do-brasil.shtml>. Negros seguem com salários mais baixos e maior rotatividade no mercado de trabalho. *Rede Brasil Atual*. <http://www.redebrasilatual.com.br/trabalho/2014/05/pretos-e-pardos-seguem-com-salarios-mais-baixos-e-maior-rotatividade-6196.html>. Acessos em: out. 2018.

PANORAMA

FAÇA AS ATIVIDADES A SEGUIR E REVEJA O QUE VOCÊ APRENDEU.

NO CADERNO

1. No caderno, elabore um quadro como o do modelo a seguir e complete-o com as características de cada sistema político.

Capitalismo	Socialismo

- Implantado primeiramente na Rússia, em 1917.
- Visa à distribuição equilibrada de riquezas e propriedades.
- Propriedade estatal dos meios de produção.
- Propriedade privada dos meios de produção.
- Tem como objetivo o lucro.
- Sociedade dividida em classes sociais.

2. Como o mundo era dividido durante a ordem bipolar?

3. A disputa, tanto político-militar e econômica quanto diplomática, cultural e ideológica, travada entre os EUA e a URSS ocorreu sem conflitos militares diretos. Essa informação se refere ao período da:

a) Primeira Guerra Mundial.
b) Segunda Guerra Mundial.
c) Guerra Fria.
d) Guerra do Golfo.

4. A ordem mundial bipolar, dominada pelos EUA e pela União das Repúblicas Socialistas Soviéticas (URSS), estabeleceu a regionalização do planeta em três classes, ou "mundos". Quais eram esses "mundos" e quais países faziam parte deles?

5. Associe as expressões com a ordem mundial correspondente: Antiga Ordem Mundial ou Nova Ordem Mundial.

a) mundo bipolar
b) mundo multipolar
c) bloco capitalista e bloco socialista
d) formação de blocos econômicos
e) Guerra Fria

6. Por que, com a queda do socialismo, a Guerra Fria acabou?

7. Como o Brasil se classifica quanto à regionalização Norte-Sul?

8. A globalização – fenômeno que se caracteriza basicamente pela circulação de mercadorias, pessoas, capitais, informações e culturas em escala global – está intimamente relacionada à ordem multipolar? Explique.

9. Observe a fotografia a seguir e faça o que se pede.

2p2play/Shutterstock.com

↑ Mulher em situação de rua. Paris, França, 2015.

a) Com base na observação da imagem, é possível afirmar que nos países do Norte não há desigualdades socioeconômicas internas?
b) O grupo dos países do Sul também não é homogêneo em se tratando de questões socioeconômicas. Explique essa afirmação.

10. Qual é o principal assunto tratado nas "rodadas" promovidas pela OMC?

11. Escolha um dos organismos especializados da ONU e descreva suas funções.

12. Leia o texto a seguir.

O mundo está em meio a uma mudança importante em sua estrutura econômica, com as companhias começando a capitalizar novas tecnologias, como a internet, a computação avançada e as telecomunicações. Quando essas mudanças acontecem, geralmente a desigualdade aumenta, pois quem está preparado para a mudança fica rico e quem não está – como um operário de alguma fábrica de automóveis de Detroit – vê-se deixado para trás. Foi o que aconteceu na Revolução Industrial e está acontecendo agora.

Edmund Conway. *50 ideias de economia que você precisa conhecer*. Tradução de Marcello Borges. São Paulo: Planeta, 2015. p. 164.

De acordo com o trecho lido e com os seus conhecimentos, a desigualdade econômica e social no mundo tem aumentado porque:

a) as novas tecnologias da informação são frias e calculistas, não levando em conta os seres humanos e suas necessidades em seus algoritmos.

b) a maioria das pessoas não têm instrução suficiente para acompanhar as inovações tecnológicas, que necessitam, por exemplo, do domínio do idioma inglês para operacionalizá-las.

c) não há preocupação das grandes corporações em emancipar seus funcionários nem em formá-los; a única preocupação, sem exceção, é o lucro a qualquer preço.

d) o ser humano, de forma geral, e as elites econômicas, de forma específica, incluindo os governantes, têm levado o mundo a essa situação, pois a eles cabe decidir que rumo as coisas irão tomar.

e) não há trabalho para todo mundo e, com as tecnologias digitais e a automação, a tendência é que esse quadro se agrave, sem que nada se possa fazer a respeito.

13. O que é uma potência emergente?

14. Que características os países do Brics têm em comum quanto ao território? O que essa característica proporciona a eles?

15. Leia o texto a seguir.

Os ministros de Relações Exteriores do Brics (Brasil, Rússia, Índia, China e África do Sul) criticaram nesta segunda-feira o que chamaram de "nova onda de protecionismo", em referência às tarifas impostas pelos EUA contra países aliados sobre a importação de aço e alumínio, além das duras negociações com a China. Para os chanceleres dos Brics, as "medidas unilaterais são incompatíveis" com as normas do comércio internacional e ameaçam o crescimento econômico do mundo.

Brics criticam "nova ordem de protecionismo". *Valor Econômico*, 4 jun. 2018. Disponível em: <www.valor.com.br/internacional/5568661/brics-criticam-nova-onda-de-protecionismo>. Acesso em: fev. 2019.

a) O que você entendeu da frase "as medidas unilaterais são incompatíveis com as normas do comércio internacional e ameaçam o crescimento econômico do mundo"?

b) Que efeito você acha que uma crítica como essa, feita pelos chanceleres do Brics, pode ter no cenário mundial?

DICAS

ACESSE

O Muro de Berlim: <http://infograficos.estadao.com.br/public/especiais/muro-de-berlim>. Reportagem especial do jornal *O Estado de S. Paulo* que traz diversas informações e curiosidades sobre a construção, permanência e queda do Muro de Berlim.

ASSISTA

Adeus, Lênin. Alemanha, 2003. Direção: Wolgang Becker, 117 minutos. Em 1989, pouco antes da Queda do Muro de Berlim, a sra. Kerner entra em coma e fica desacordada durante os dias que marcaram o triunfo do regime capitalista. Quando ela desperta, seu filho Alexander, temendo que a excitação causada pelas drásticas mudanças possa lhe prejudicar a saúde, decide esconder os recentes acontecimentos.

LEIA

O mundo globalizado: política, sociedade e economia, de Alexandre de Freitas Barbosa (Contexto). Análise que abrange desafios e potencialidades da Nova Ordem Mundial e aponta várias interpretações acerca dela.

↓Ruínas incas. Machu Picchu, Peru, 2018.

TEMA
3
América

NESTE TEMA

VOCÊ VAI ESTUDAR:

- as regionalizações do espaço americano;
- as tentativas de integração entre as nações americanas;
- os aspectos naturais do continente: relevo, hidrografia, clima e vegetação;
- a importância das bases científicas da Antártica para o meio ambiente.

O continente americano é o segundo maior do mundo, com uma área total de 42 milhões de km^2. Em sua extensão, há uma grande variedade de relevos, climas, hidrografia e formações vegetais, além de uma rica cultura e diversidade de povos.

1. Você conhece a paisagem mostrada na fotografia? Sabe do que se trata e onde se localiza?
2. Quais aspectos naturais do continente americano você conhece?

CAPÍTULO

1 Regionalização e integração

No capítulo anterior, você estudou a importância econômica do Brics na economia global. Neste capítulo, você vai estudar a localização da América; sua regionalização físico-geográfica e histórico-cultural; e os processos de integração territorial, econômica e social entre os países americanos.

O continente americano

Você já aprendeu que há seis continentes na superfície terrestre, e que o continente em que vivemos é a América. Observe a localização desse continente no mapa-múndi a seguir.

Mapa-múndi: continente americano

Fonte: *Atlas geográfico escolar*. 7. ed. Rio de Janeiro: IBGE, 2016. p. 36.

Como você pode ver no mapa, a **América** está localizada inteiramente no Hemisfério Ocidental. É banhada pelos maiores oceanos da Terra: o Oceano Atlântico, a leste, e o Oceano Pacífico, a oeste. Também é banhada ao norte pelo Oceano Glacial Ártico.

No sentido norte-sul, latitudinal, é o continente de maior extensão. De tão extenso, é atravessado por quatro paralelos principais: o Círculo Polar Ártico, os trópicos de Câncer e de Capricórnio e a Linha do Equador.

Essa longa dimensão confere ao continente grande diversidade de espaços e paisagens, com ampla variedade climática e de vegetação, além de grandes diferenças sociais, econômicas e culturais. A população da América é de cerca de 1,007 bilhão de habitantes. Desse total, 646 milhões de pessoas estão na América Latina e no Caribe e 361 milhões estão na América do Norte (de acordo com dados da ONU, 2017).

Por sua grande extensão territorial, existem várias formas de dividir ou regionalizar a América. As formas de regionalização mais conhecidas e utilizadas pelos estudiosos são a físico-geográfica e a histórico-cultural.

Regionalizações da América

Regionalização físico-geográfica

A regionalização físico-geográfica leva em consideração a disposição territorial do continente americano e os aspectos físicos e geológicos de cada parte da América. As regiões formadas são: América do Norte, América Central e América do Sul.

A maior parte da **América do Norte** está localizada nas zonas climáticas temperada e polar, sendo atravessada pelo Trópico de Câncer, ao sul, e pelo Círculo Polar Ártico, ao norte. Essa porção é constituída pelo Canadá, Estados Unidos da América, México e Groenlândia.

A Groenlândia é a maior ilha marítima do mundo, com cerca de 2,2 milhões de km². Entretanto, mesmo estando no continente americano, está integrada politicamente à Dinamarca, país europeu que detém soberania administrativa sobre ela. Nessa regionalização, com base em aspectos naturais, o México faz parte da América do Norte, mas na regionalização histórico-cultural, o país pertence à América Latina.

A **América Central** é uma região tropical, a menor área do continente, localizada entre a América do Norte e a América do Sul. Está dividida, segundo as bases naturais, em América Central Continental (sete países do istmo) e América Central Insular ou Antilhas, um conjunto de países-ilhas no Caribe. Nessa região, estão países como Cuba, Panamá, Haiti, Costa Rica, República Dominicana, Jamaica, entre outros.

Atravessada pela Linha do Equador e pelo Trópico de Capricórnio, a **América do Sul** é composta de 12 países soberanos e uma possessão francesa, a Guiana Francesa. Essa parte do continente abrange terras tanto na zona tropical como na zona temperada sul do planeta. Entre os países que compõe a América do Sul, estão o Brasil, a Argentina, a Venezuela, a Bolívia, o Peru, o Chile e outros.

América: regionalização físico-geográfica

© DAE/Sonia Vaz

Fonte: *Atlas geográfico escolar*. 7. ed. Rio de Janeiro: IBGE, 2016. p. 36.

Regionalização histórico-cultural

A regionalização com base no processo de formação histórico-social divide a América em duas regiões: América Anglo-Saxônica e América Latina. Essa forma de regionalização é a que será utilizada neste livro para aprofundamento dos estudos sobre a América. Veja o mapa abaixo.

A **América Anglo-Saxônica** é constituída apenas por dois países: Estados Unidos e Canadá, cuja língua predominante é o inglês. Dizemos que é predominante porque outras línguas também são faladas nesses países. No Canadá, por exemplo, o idioma oficial da **província** de Quebec é o francês. Os Estados Unidos não têm uma língua oficial, já que cada estado pode optar pelo inglês e outras línguas locais. No Havaí, usam-se o inglês e o havaiano. Nos estados do Novo México, Califórnia e Louisiana são considerados o uso de inglês e espanhol.

Na **América Latina**, as línguas predominantes são o espanhol e o português, ainda que haja grande diversidade linguística, como você estudará de forma mais aprofundada no Tema 5.

Os termos **anglo-saxônico** e **latino** têm relação com o passado de domínio e ocupação, seguido de um processo que ficou conhecido como colonização. No século XVIII, o continente americano estava quase completamente dividido entre as principais potências europeias da época. Observe os mapas:

América: regionalização histórico-cultural

© DAE/Sonia Vaz

Fonte: *Atlas geográfico escolar*. 7. ed. Rio de Janeiro: IBGE, 2016. p. 36.

GLOSSÁRIO

Província: subdivisão territorial, política e administrativa adotada em alguns países.

Domínios coloniais europeus (séculos XVI a XIX)

© DAE/Sonia Vaz

Fonte: Gisele Girardi e Jussara Vaz. *Atlas geográfico do estudante*. São Paulo: FTD, 2011. p. 92.

Tentativas de integração entre as nações americanas

Blocos econômicos e organizações internacionais

Desde o século XIX, a América passou por sucessivas tentativas de integração territorial, política e econômica. Uma das estratégias para reforçar a boa relação com os países latinos da América foi a criação da **Organização dos Estados Americanos (OEA)**. Por iniciativa dos Estados Unidos, em 1949, em Bogotá (Colômbia), foi formada a organização regional com a participação de todos os países do continente americano. Em 1962, Cuba foi expulsa da organização em função de seu alinhamento às posições políticas soviéticas.

O objetivo da OEA é promover ordem, paz, justiça e solidariedade entre os países-membro, bem como defender a soberania, a integridade e a independência de seus territórios.

No atual período de globalização, a formação de organizações internacionais regionais e de blocos econômicos contribuem para o fortalecimento econômico e político dos Estados. Na América, foram formadas organizações internacionais e blocos econômicos com o intuito de fortalecer e aumentar a competitividade comercial desses países em âmbito global. Conheça algumas dessas organizações.

- **Organização dos Estados Ibero-Americanos (OEI):** objetiva promover a cooperação entre os países ibero-americanos nas áreas de educação, ciência, tecnologia e cultura, privilegiando o desenvolvimento integral das nações, a democracia e a integração regional.
- **Associação Latino-Americana de Integração (Aladi):** objetiva promover o desenvolvimento econômico e social entre os países-membros, incentivar o comércio e criar um mercado comum latino-americano.
- **Aliança Bolivariana para os Povos da Nossa América (Alba):** a Alternativa Bolivariana para a Américas foi fundada por Hugo Chávez (presidente da Venezuela) e por Fidel Castro (presidente de Cuba), em 2004. A organização passou a se chamar Alba em 2009. Os países-membros defendem maior integração política, econômica e social entre as nações americanas.

América: blocos econômicos e organizações internacionais

© DAE/Tarcisio Garbellini

Fonte: *Atlas geográfico escolar: Ensino Fundamental do 6º ao 9º ano*. Rio de Janeiro: IBGE, 2015. p. 119.

- **Comunidade Andina das Nações (CAN):** fundada em 1969; naquele período, era denominada Pacto Andino, e em 1996 recebeu a atual denominação. A princípio, o Chile fazia parte dela, mas abandonou a CAN em 1977, durante a ditadura de Augusto Pinochet. A Venezuela também pertenceu à CAN, mas abandonou a comunidade em 2006. A CAN pretende contribuir para o desenvolvimento integral, equilibrado e autônomo dos países do acordo, facilitando o processo de integração regional e reduzindo as desigualdades sociais entre eles.
- **Mercado Comum Centro-Americano (MCCA):** surgiu em 1960 com a intenção de promover a paz e resolver os conflitos na região de Costa Rica, El Salvador, Guatemala, Honduras e Nicarágua. Em 4 de junho de 1961 foi assinado o Tratado de Integração Centro-Americana com o objetivo de fundar um mercado comum entre os membros. Atualmente, está em processo a preparação da constituição da União Centro-Americana.
- **Mercado Comum do Sul (Mercosul):** é a maior iniciativa de integração da América Latina. A Venezuela aderiu ao bloco em 2012, mas foi suspensa em 2016 por descumprir os acordos do bloco. A Bolívia está em processo de adesão ao Mercosul, participando como Estado Associado. Os países-membros avançaram na eliminação das barreiras alfandegárias e fortaleceram os acordos comerciais, políticos e de cooperação nas áreas de direitos humanos e cidadania.
- **União das Nações Sul-Americanas (Unasul):** o objetivo é construir um espaço de integração cultural, econômica, social e política. A organização ambiciona coordenar de forma conjunta as estratégias de defesa, fortalecer a integração na área de energia e ampliar a livre circulação de cidadãos sul-americanos entre os territórios dos países-membros.
- **Tratado Norte-Americano de Livre Comércio (Nafta):** uma grande quantidade de produtos circula livremente entre os países participantes, sem cobrança de impostos. Por ser um bloco no qual vigora apenas o livre comércio, muitas empresas dos Estados Unidos se instalaram no México, atraídas pela mão de obra barata. No Nafta não é permitida a livre circulação de pessoas, para evitar que, com a abertura das fronteiras, muitos mexicanos e outros grupos, especialmente da América Latina, desloquem-se para os Estados Unidos.

CURIOSO É...

O continente americano só passou a existir nos mapas, que eram feitos na Europa, após as navegações e conquistas iniciadas no século XV. A posição do continente americano é apenas uma convenção, ou seja, um padrão aceito para o localizarmos em relação às outras porções de terra do planeta. Essa forma retrata uma visão eurocêntrica do mundo – repare como, nos mapas-múndi, o continente europeu geralmente está no centro do mapa. Essa maneira de representar o planeta foi, há séculos, padronizada pelos europeus e difundida pelo mundo.

Todavia, os conceitos de "em cima" ou "embaixo" não existem no Universo. Esses termos foram criados pelos seres humanos para se localizar melhor. Assim, representar o continente americano de forma "invertida", como fez o artista uruguaio Joaquín Torres García, não pode ser considerado "errado".

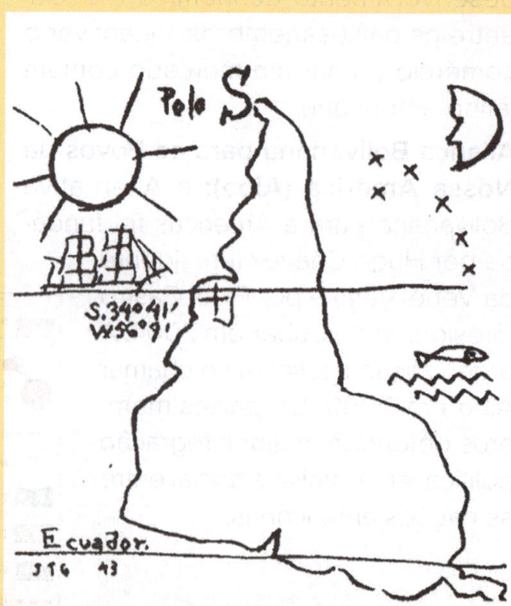

Museu Torres García

↑ Joaquín Torres García. *América invertida*, 1943.

ATIVIDADES

NO CADERNO

SISTEMATIZAR

1. Observe o mapa a seguir e faça o que se pede.

a) Com base na divisão da América, escreva um título para esse mapa.

b) Identifique cada um dos conjuntos regionais.

c) O que foi considerado para se estabelecer essa divisão?

© DAE/Sonia Vaz

Fonte: *Atlas geográfico escolar*. 7. ed. Rio de Janeiro: IBGE, 2016. p. 32.

2. Associe corretamente os países à sua localização no continente.

I. América do Norte

II. América Central

III. América do Sul

a) Brasil

b) Haiti

c) Estados Unidos

d) El Salvador

e) Canadá

f) Colômbia

3. Reescreva a frase preenchendo os espaços hachurados para dar sentido a ela.

Geograficamente, o continente americano foi dividido em América do ▒▒, América ▒▒ e América do ▒▒. O continente é cortado pelo Círculo Polar ▒▒, pelos trópicos de ▒▒ e de ▒▒ e pela Linha do ▒▒. A oeste, o continente é banhado pelo Oceano ▒▒ e, a leste, pelo Oceano ▒▒.

4. Explique o objetivo e a importância da formação da Organização dos Estados Americanos.

5. Identifique quais são as organizações internacionais e blocos econômicos dos quais o Brasil participa e defina a importância deles.

REFLETIR

1. Leia o texto.

Uma das pendências entre Argentina e Reino Unido na questão das Malvinas é o destino dos 123 soldados argentinos enterrados – a maioria sem identificação – no cemitério de Darwin.

[...] Na época da guerra, o governo da Argentina, que ainda vivia a ditadura (1976-1983), impediu que esses corpos fossem repatriados, pois deveriam ficar ali como prova do sacrifício argentino.

Os parentes das vítimas, porém, desde então protestam por causa do abandono do local, pelo fato de ser difícil visitá-lo e porque ainda não se identificou a maioria dos corpos.

Colombo, Sylvia. Vítimas enterradas nas Ilhas Malvinas são tema pendente da guerra. *Folha de S.Paulo*, 11 mar. 2017. Disponível em: <www1.folha.uol.com.br/mundo/2017/03/1865666-vitimas-enterradas-nas-ilhas-malvinas-sao-tema-pendente-da-guerra.shtml>. Acesso em: set. 2018.

Reúna-se com dois ou três colegas e façam uma pesquisa sobre a Guerra das Malvinas. O trabalho deve conter informações sobre as motivações da guerra, o contexto da época, o posicionamento dos países em relação ao conflito, principalmente os países americanos e a OEA, e por que esse conflito deixou cicatrizes abertas nos argentinos.

CAPÍTULO

2 Relevo e hidrografia

No capítulo anterior, você estudou o continente americano – as regionalizações e principais blocos e organizações de integração. Neste capítulo, você vai estudar as modelagens do relevo da América e a hidrografia do continente americano.

O relevo do continente americano

O relevo do continente americano apresenta três modelagens, com altas montanhas e planaltos elevados a oeste, planícies e depressões ao centro e planaltos a leste. Essa disposição pode ser constatada no mapa ao lado, que mostra a variação de altitude do relevo da América.

América: físico

Fonte: *Atlas geográfico escolar*. 7. ed. Rio de Janeiro: IBGE, 2016. p. 36 e 40.

O relevo do oeste

Na costa oeste ou ocidental do continente americano o relevo é predominantemente montanhoso. Sua estrutura geológica é formada por dobramentos modernos, do Período Terciário (Era Cenozoica). Essa modelagem do relevo, com forte atuação de agentes internos, é o mais extenso conjunto de cadeias montanhosas do mundo, estendendo-se por mais de 40 mil quilômetros, do Alasca, extremo norte da América do Norte, ao sul do Chile, extremo sul da América do Sul.

Essas cadeias montanhosas recebem nomes diferentes no continente. Na América do Norte, a principal cadeia montanhosa é denominada de Montanhas Rochosas; no México, Serra Madre (ocidental e oriental); e na América do Sul, Cordilheira dos Andes. Por serem formações geológicas recentes (surgiram há cerca de 65 milhões de anos), as montanhas ultrapassam os 4 mil metros de altitude, com formatos pontiagudos e neve nos picos. O ponto culminante da América está na Cordilheira dos Andes, o Aconcágua, localizado entre a Argentina e o Chile, com 6 959 metros.

Essa região montanhosa da costa oeste da América é uma área de contato de placas tectônicas, com frequente atividade sísmica e, com menor regularidade, atividade vulcânica. O relevo montanhoso, associado ao clima frio de montanha, dificulta a presença humana, por causa das condições difíceis de vida em áreas elevadas, limitando principalmente as atividades produtivas. Assim, em vários trechos da Cordilheira dos Andes e das Montanhas Rochosas, a densidade demográfica é muito baixa, com frequência inferior a 1 hab./km^2.

Entre essas montanhas e as planícies da costa oeste do continente também há planaltos de altitudes elevadas e, em alguns espaços, há grande concentração populacional, como os planaltos elevados do México, entre a Serra Madre Oriental e a Serra Madre Ocidental.

Áreas populosas também existem nos altiplanos andinos, na América do Sul, principalmente na Bolívia. Esses altiplanos já foram habitados no passado por tiahuanacos, aimarás, incas e outros grupos étnicos nativos.

Observe no mapa a seguir o movimento das placas tectônicas, com a intensa atividade de tremor de terra e vulcões ao longo da costa oeste da América.

Mapa-múndi: placas tectônicas e atividades sísmicas

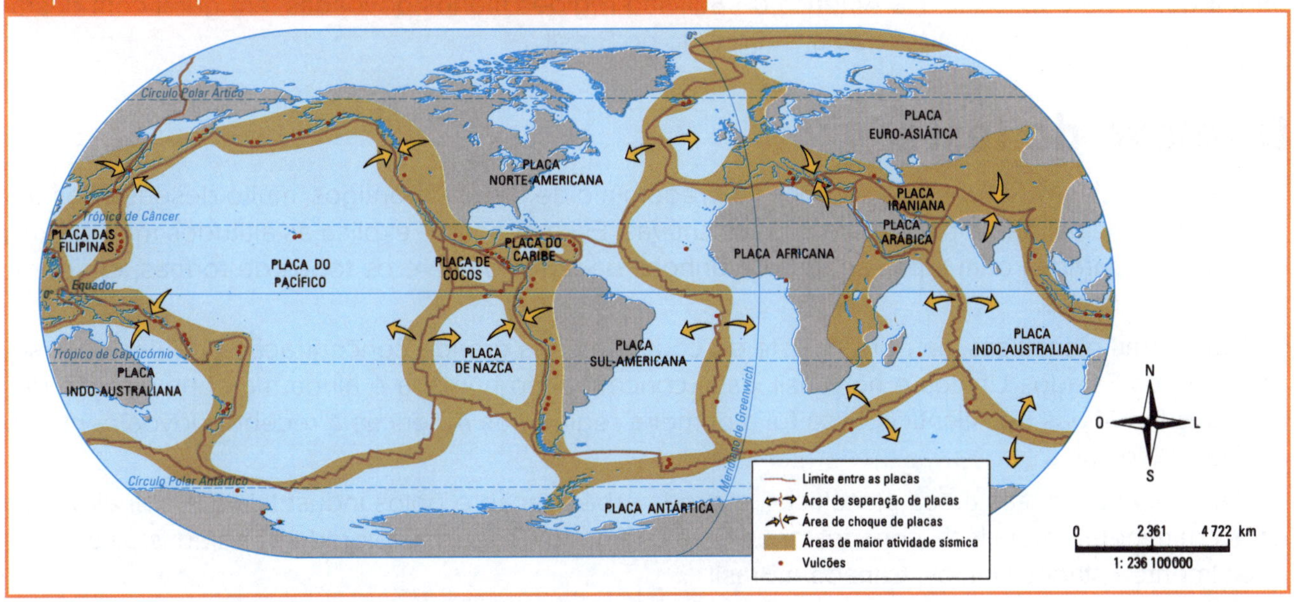

Fonte: *Atlas geográfico escolar: Ensino Fundamental do 6º ao 9º ano*. Rio de Janeiro: IBGE, 2015. p. 102-103.

→ A Cordilheira dos Andes é resultado do choque entre duas placas tectônicas: a placa Sul-Americana e a placa de Nazca. Fotografia de 2015.

O relevo central

Daniel Acker/Getty Images

↑ Nos Estados Unidos, o relevo de planície da região central favorece a atividade agrícola. Colheita de milho. Walnut, Estados Unidos, 2018.

Na região central do continente americano predominam as planícies e depressões, de formação sedimentar recente. São exemplos a Planície Central na América do Norte, as planícies e depressões da Amazônia, a Planície do Pantanal e a Depressão do Chaco, na América do Sul.

Pelas características de relevo plano e baixo, a maioria dessas planícies é formada por rios navegáveis e aproveitada para atividades agropecuárias.

No Canadá, a Planície Central, em sua porção sul, é uma região de grande cultivo, principalmente de trigo. Nos Estados Unidos, nessa forma de relevo pratica-se a atividade agrícola, com destaque para trigo, milho e algodão. Na América do Sul, são regiões menos povoadas, em geral com destaque para a pecuária e plantio de soja, sobretudo no Brasil.

O relevo do leste

Na costa leste ou oriental da América há predomínio de planaltos antigos, muito desgastados pela erosão, principalmente pelo vento e pelas chuvas. Esse desgaste explica as altitudes mais baixas, quando comparadas com a paisagem montanhosa da costa oeste e os topos de formas, em geral, mais arredondadas.

Nas terras planálticas, na porção leste do continente, há grande concentração populacional, sobretudo nos Estados Unidos e no Brasil. Essa concentração humana é ainda maior na direção das planícies litorâneas do Atlântico. Essa foi a primeira região das Américas a receber povoamento no Período Colonial.

Também há, nessas áreas planálticas, elevada urbanização e polos industriais. Os planaltos são ricos em minerais metálicos, com destaque para o minério de ferro, explorado por alguns países, especialmente Estados Unidos, Canadá e Brasil.

Observe nos perfis topográficos a seguir a semelhança entre as Américas em relação à sequência de relevo, de oeste para leste. Lembre-se de que o perfil topográfico é uma representação cartográfica de uma seção vertical da superfície terrestre.

Perfil topográfico da América do Norte

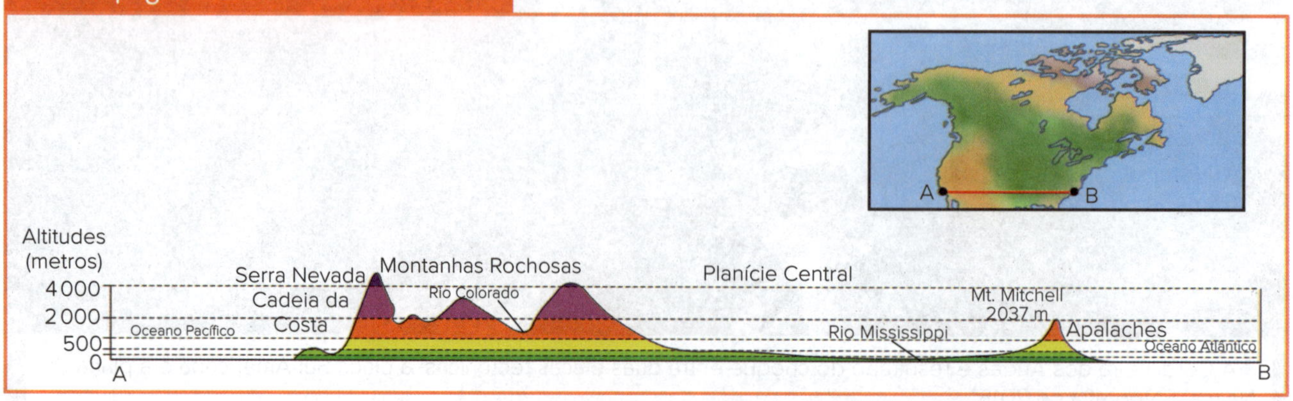

Paulo César Pereira

Fonte: Graça M. L. Ferreira. *Atlas geográfico: espaço mundial*. 3. ed. São Paulo: Moderna, 2010. p. 66.

Perfil topográfico da América do Sul

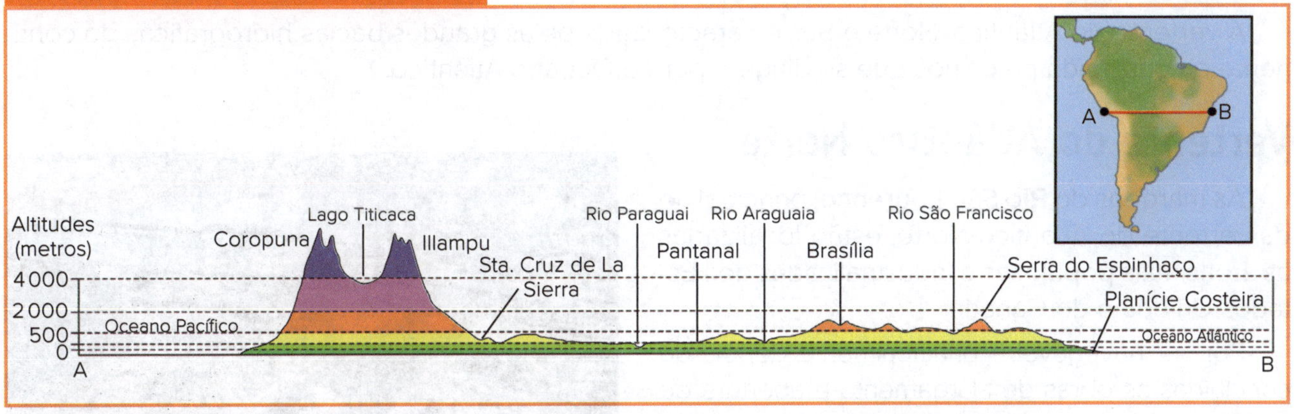

Paulo César Pereira

Fonte: Graça M. L. Ferreira. *Atlas geográfico: espaço mundial*. 3. ed. São Paulo: Moderna, 2010. p. 68.

Hidrografia do continente americano

O continente americano é muito rico em rios, com escoamento em quatro vertentes hidrográficas: do Ártico, do Atlântico, do Pacífico e do Golfo do México.

Vertente hidrográfica é a direção na qual os rios de uma bacia hidrográfica correm e desembocam. Essa direção está associada à declividade predominante do terreno. Veja o mapa ao lado e retome a observação ao fim da explicação de cada vertente.

América: vertentes hidrográficas

© DAE/Studio Caparroz

Fonte: Gisele Girardi e Jussara Vaz Rosa. *Atlas geográfico do estudante*. São Paulo: FTD, 2011. p. 84.

Vertente do Ártico

São os rios do centro-norte do Canadá que escoam para o Oceano Glacial Ártico. Não é uma vertente muito densa em rios, pois o clima frio e polar da região os mantêm congelados quase o ano todo.

O principal é o Rio Mackenzie, no noroeste do Canadá, navegável por aproximadamente cinco meses ao ano e fonte de alimento para a pequena população da região, além de ser um ponto turístico.

A partir da década de 1970, o potencial hidrelétrico do rio passou a ser aproveitado, com a construção da hidrelétrica do Rio Peace.

Vertente do Atlântico

A vertente do Atlântico, Norte e Sul, é caracterizada pelas grandes bacias hidrográficas do continente e constituída pelos rios que se dirigem para o Oceano Atlântico.

Vertente do Atlântico Norte

Às margens do **Rio São Lourenço**, principal rio da vertente do Atlântico Norte, estão localizadas as áreas mais populosas e industrializadas dos Estados Unidos e do Canadá.

Por ser navegável – principalmente depois de concluídas as obras de alargamento e abertura de canais –, esse rio é a rota de transporte da produção industrial da região para o Oceano Atlântico, além de possibilitar o comércio entre as cidades em que passa. Pelo São Lourenço escoam produtos agrícolas, mercadorias do setor industrial e minérios.

FOTOimage Montreal/Shutterstock.com

↑Cidade de Montreal, no Canadá, às margens do Rio São Lourenço, 2016.

Nos Estados Unidos e no Canadá, muitas cidades se formaram ao longo do Rio São Lourenço, e algumas se tornaram importantes centros de comércio e de serviços, como Montreal, no Canadá.

Esse rio também liga o Oceano Atlântico à região dos **Grandes Lagos** (Superior, Erie, Huron, Michigan e Ontário) nos Estados Unidos e no Canadá, maior região **lacustre** do mundo.

GLOSSÁRIO

Lacustre: relativo a lago; que está próximo a um lago ou sobre ele.

Vertente do Atlântico Sul

Na América do Sul, o Brasil é o país mais bem servido de rios. A **Bacia do Rio Amazonas** é a maior do mundo. Os rios dessa bacia nascem na Cordilheira dos Andes, no Planalto das Guianas e no Planalto Brasileiro. Ela drena a Floresta Amazônica e, por irrigar extensas áreas de planície, é amplamente utilizada para navegação.

A **Bacia do Rio São Francisco** é muito importante para o Nordeste brasileiro. Seu rio principal é o São Francisco, que é navegável em alguns trechos e, por meio de usinas, fornece para a população da região energia elétrica e água, bastante utilizada no abastecimento público e na irrigação de cultivos agrícolas. Esse rio atravessa uma parte do sertão semiárido do Nordeste brasileiro. Está ameaçado pelo assoreamento, entre outras razões, pela retirada de matas ciliares.

A **Bacia Platina** (ou do Rio da Prata) está entre as maiores do mundo. O Rio da Prata tem curta extensão, mas recebe águas de rios volumosos, como Paraná, Paraguai e Uruguai. Os rios Paraná e Uruguai são grandes fornecedores de energia hidrelétrica, e o Rio Paraguai é importante para a navegação na região do Pantanal Mato-Grossense.

Marcos Amend/Pulsar Imagens

→Bacia do Rio Amazonas. Novo Airão (AM), 2017.

Outros rios importantes da América do Sul, com vertente para o Atlântico, são o Orinoco, na Venezuela (formando a **Bacia do Orinoco**), e os rios Salado, Colorado e Negro, na Argentina (**Bacia do Salado**).

Os rios da América do Sul, assim como os de todo o continente, são utilizados para navegação, fornecimento de energia elétrica, pesca, irrigação de terras agrícolas e abastecimento de água para as zonas urbana e rural.

Além de ter muitos rios, o Brasil se encontra em situação privilegiada em relação à ocorrência de águas subterrâneas. Entre os aquíferos brasileiros está um dos maiores mananciais de água doce subterrânea transfronteiriço do mundo, o **Aquífero Guarani**, que se estende pelo Brasil, Paraguai, Uruguai e Argentina. Sua maior ocorrência se dá em território brasileiro, abrangendo os estados de Goiás, Mato Grosso, Mato Grosso do Sul, Minas Gerais, São Paulo, Paraná, Santa Catarina e Rio Grande do Sul.

As águas subterrâneas vêm assumindo importante papel como fonte de água potável. O interesse nelas surgiu devido à grande disponibilidade (quantidade) e excelente qualidade natural associadas ao desenvolvimento tecnológico que facilita sua extração. Atualmente, mais da metade da água de abastecimento público no Brasil provém de reservas subterrâneas (ANA, 2006).

AQUI TEM MAIS

[...]

"A discussão sobre qual é o maior aquífero do mundo é pouco relevante", avalia o geólogo Ricardo Hirata, professor do Instituto de Geociências da USP e diretor do Centro de Pesquisas de Águas Subterrâneas (Cepas). "[...] O que vale não é o tamanho do aquífero, mas a sua importância." Para ele, o Guarani é, sim, um recurso estratégico para o Brasil, pois atende a uma região do país que é ao mesmo tempo carente de água superficial e um dos principais motores da economia brasileira.

[...]

"O conceito de recurso estratégico pode embutir a ideia de que a água subterrânea é um recurso que não estamos usando, mas que devemos guardar para o futuro", pondera Ricardo Hirata. "Isso não é verdade: já estamos usando, e temos muito mais para usar."

O conceito de gestão da água no país ainda é muito jovem, foi instituído apenas em 1997, com a criação da Lei Nacional de Recursos Hídricos, recebendo um reforço em 2002, quando foi lançado o Plano Nacional de Recursos Hídricos. [...]

[...] O geólogo explica que a ideia é ter uma matriz que permita usar várias fontes de água simultaneamente, de forma inteligente, o que incluiria as águas superficiais, subterrâneas, de reúso e da chuva. Mas, para que isso ocorra, muitos avanços vão ter de acontecer em relação ao conhecimento científico sobre esses mananciais.

Alice Giraldi. A água que ninguém vê. *Unespciência*, maio 2013. Disponível em: <www.abas.org/arquivos/unespciencia_052013.pdf>. Acesso em: fev. 2019.

© DAE/Alessandro Passos da Costa

Instituto de Geociências da Universidade de São Paulo. Disponível em: <www.igc.usp.br/index.php?id=166>. Acesso em: fev. 2019.

1. Segundo o texto, por que o Aquífero Guarani pode ser considerado um recurso estratégico para o Brasil?

Vertente do Golfo do México

A **Bacia do Rio Mississippi** – da qual também fazem parte os rios Missouri, Ohio e Arkansas, seus principais afluentes – é muito importante para a economia dos Estados Unidos.

O Rio Mississippi foi fundamental no processo de formação territorial do país, porque foi por onde os exploradores ingleses se deslocaram rumo ao interior.

É considerada a terceira maior bacia hidrográfica do mundo, superada em área apenas pela Bacia do Rio Amazonas, no norte da América do Sul, e pela Bacia do Rio Congo, na região central da África.

Os rios da Bacia do Mississippi irrigam as terras das planícies centrais dos Estados Unidos, cuja elevada produção de grãos é neles transportada para os portos do Golfo do México.

Dependendo da quantidade de chuvas na região, podem ocorrer enchentes nos rios dessa bacia, destruindo lavouras e acarretando prejuízo também para as cidades próximas.

Outro rio de destaque que deságua no Golfo do México é o Rio Grande (ou Bravo do Norte). Esse rio tem a função, em parte, de separar os territórios dos Estados Unidos e do México.

Huy Mach/Getty Images

Rio Mississippi. Saint Louis, Estados Unidos, 2015.

Vertente do Pacífico

Os principais rios dessa vertente são os localizados na América do Norte: o Rio Yukon, no Alasca, e os rios Colorado e Colúmbia, nos Estados Unidos, com nascentes na região das Montanhas Rochosas. São rios de pequena extensão e encachoeirados, muito utilizados como fonte para a energia hidrelétrica.

B&M Noskowski/iStockphoto.com

Barragem da hidrelétrica Glen Canyon, no Rio Colorado. Arizona, Estados Unidos, 2018.

ATIVIDADES

NO CADERNO

SISTEMATIZAR

1. Descreva a forma de relevo e a estrutura geológica predominantes do oeste da América.

2. Associe a forma de relevo da costa oeste da América com a ocupação humana da região.

3. Observe a fotografia ao lado e responda às questões.
   a) Que fenômeno natural a fotografia retrata?
   b) Em que região da América esse fenômeno ocorre e quais são suas causas?
   c) Além desse fenômeno, qual outro pode ser gerado no interior da litosfera nessa mesma região?

Jorge Villegas/Nurphoto/AFP Photo

↑Araucanía, Chile, 2015.

4. Descreva a forma de relevo predominante do leste da América.

5. Qual é o principal rio da vertente do Ártico na América e qual é sua importância?

6. Qual é a maior bacia hidrográfica da vertente do Atlântico na América do Sul? Cite sua importância para a região.

7. Justifique a importância do Rio Mississippi para a economia dos Estados Unidos.

8. O mapa a seguir se refere a qual vertente do continente americano? Que rio está em destaque no mapa? Qual é a importância desse rio para a economia da região?

© DAE/Sonia Vaz

Fonte: *Atlas geográfico escolar*. 7. ed. Rio de Janeiro: IBGE, 2016. p. 36.

DESAFIO

1. Em grupos e com auxílio de um atlas ou um *site* de mapas virtuais, escolham um país localizado no continente americano. Pesquisem quais tipos de relevo estão presentes nesse país e façam um cartaz com imagens que retratem algumas das principais características. Busquem também quais são os mais importantes rios e qual é o principal uso deles: transporte de pessoas ou mercadorias, geração de energia, irrigação etc. Escolham o que acharem mais interessante para a confecção do cartaz e o apresentem ao restante da turma.

CAPÍTULO

3 Clima e vegetação

No capítulo anterior, você estudou os rios e as grandes bacias do continente americano. Neste capítulo, você vai estudar a grande variedade climática da América e a diversidade de formações vegetais.

Diversidade de climas

Por ter grande extensão territorial no sentido norte-sul, o continente americano apresenta muitos tipos climáticos, desde condições extremas de frio no norte da América Anglo-Saxônica e no sul da América Latina até o clima tropical da maior parte da América Latina.

Essa diversidade climática se explica por diversos fatores, sobretudo pela latitude, pois a América é o maior continente disposto no sentido norte-sul, cortado por quatro linhas principais de paralelos.

Além da latitude, as correntes marítimas, as massas de ar e a disposição do relevo interferem na variedade climática do continente.

Lev radin/Shutterstock.com

↑Neve em Nova York, Estados Unidos, 2018.

Global Pics/iStockphoto.com

↑Sol e calor em Fernando de Noronha (PE), 2017.

Stephanie Braconnier/Shutterstock.com

↑Sol e temperatura amena em Vancouver, Canadá, 2018.

Pedro Sánchez Muños/AFP Photo

↑Intensa chuva na Cidade do México, México, 2017.

Climas da América Anglo-Saxônica

Na maior parte da América Anglo-Saxônica predominam climas temperados e frios, pois, em grande parcela, os países que a compõem se localizam entre o Trópico de Câncer e o Círculo Polar Ártico, em altas latitudes. Observe no mapa abaixo os tipos climáticos dessa porção do continente americano.

América Anglo-Saxônica: climas

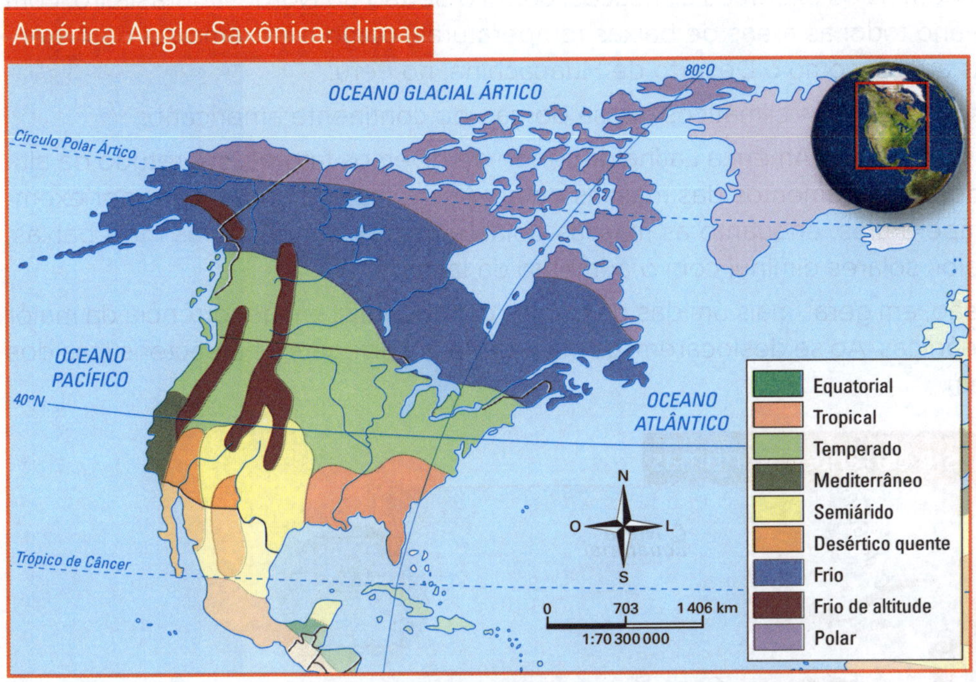

Fonte: *Atlas geográfico escolar: Ensino Fundamental do 6º ao 9º ano*. Rio de Janeiro: IBGE, 2015. p. 104.

Os tipos climáticos que você observou no mapa apresentam características diversas de temperatura e de índices de chuva ao longo das estações do ano.

No extremo norte do continente americano (parte do Canadá, Alasca e Groenlândia), as temperaturas são negativas o ano todo por conta do clima **polar**, caracterizando áreas de baixa densidade demográfica.

Ao sul das regiões polares, ocorre o clima **frio**, com invernos rigorosos e verões curtos. Canadenses e estadunidenses estão adaptados a essas condições climáticas e contam com serviços de remoção de neve e residências e áreas comerciais equipadas com sistema de calefação.

Nos Estados Unidos predomina o clima **temperado**, que apresenta estações do ano mais bem definidas. No litoral ocorrem mais chuvas graças às massas de ar úmidas provenientes dos oceanos, e no interior o clima é mais seco, pois as cadeias montanhosas impedem o avanço dessas massas para a região. Na área central, são frequentes os tornados. Na costa atlântica é comum a ocorrência de furacões, que se formam no Golfo do México e atingem a porção sudeste dos Estados Unidos.

Tornados e furacões, como mostrado na fotografia ao lado, são ventos muito fortes que causam grande destruição. A duração do furacão é maior que a do tornado, podendo atingir a mesma área durante vários dias.

Imagem de satélite dos furacões Katia e Irma e da tempestade tropical José sobre a costa americana, 2017.

Climas da América Latina

Na América Latina predominam climas quentes, pois a maior parte das terras está localizada entre os trópicos de Câncer e de Capricórnio. Nessa região prevalecem ainda as correntes marítimas e as massas de ar quente. Além disso, ela recebe maior incidência dos raios solares e tem pluviosidade elevada.

Na América Latina também há os extremos climáticos, como o Sertão do Nordeste brasileiro, com elevadas temperaturas o ano todo; as áreas de baixas temperaturas, como o extremo sul da Argentina e do Chile; e as áreas áridas, como o Deserto de Huacachina, no Peru.

Observe no mapa a seguir os tipos climáticos dessa porção do continente americano.

O clima das diferentes regiões da América Latina depende de diversos fatores, sobretudo da altitude, da maritimidade e dos deslocamentos das massas de ar. As massas de ar tropicais, por exemplo, apresentam altas temperaturas, enquanto as massas polares trazem temperaturas mais baixas, já que a incidência dos raios solares diminui com o aumento da latitude.

As massas marítimas são, em geral, mais úmidas do que as continentais, em decorrência da maior evaporação em áreas oceânicas. Ao se deslocarem, as massas de ar carregam as características dos locais de onde se originam.

América Latina: climas e correntes marítimas

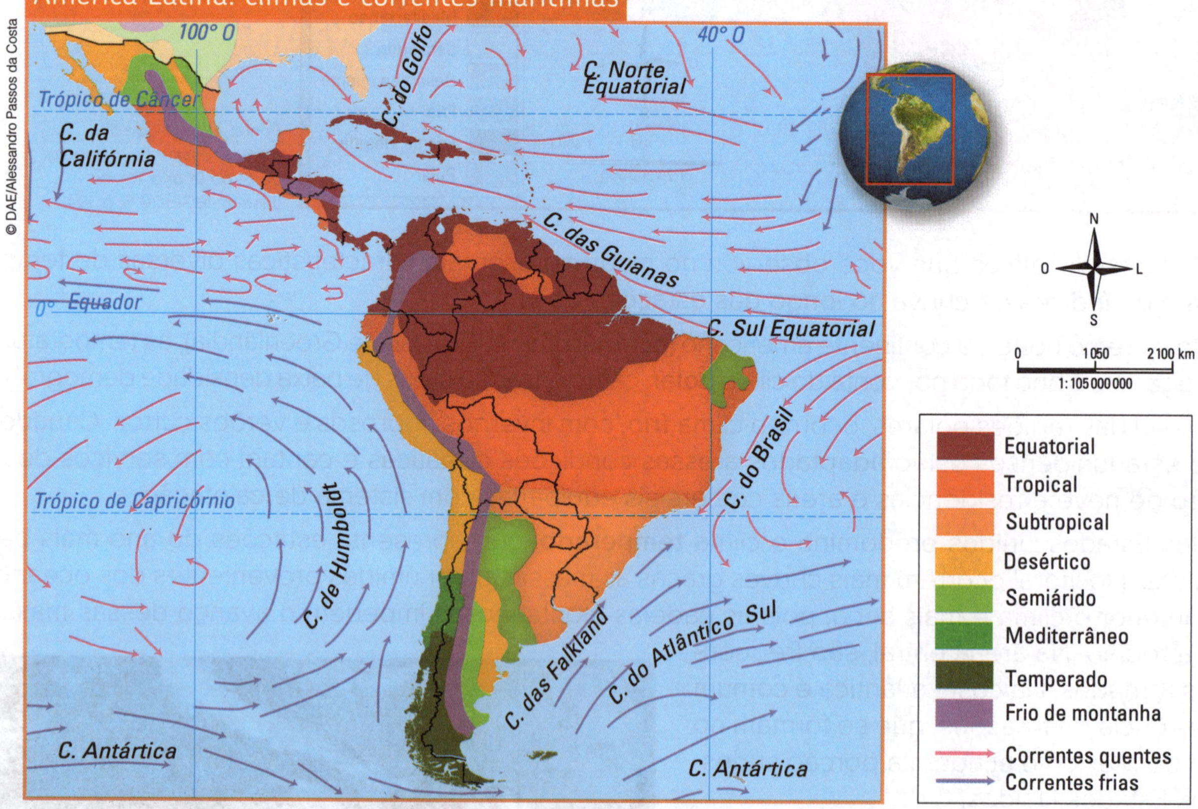

Fonte: *Atlas geográfico escolar: Ensino Fundamental do 6º ao 9º ano*. Rio de Janeiro: IBGE, 2015. p. 104.

Formações vegetais

A grande variedade climática da América, que você acabou de estudar, foi fundamental no desenvolvimento de uma rica diversidade de paisagens vegetais.

De norte a sul, as vegetações apresentam formações das mais variadas, indo da florestal – mais exuberante – às arbustivas e herbáceas – com árvores mais baixas, arbustos e espécies rasteiras.

Formações vegetais da América Anglo-Saxônica

Observe no mapa abaixo a variedade de vegetações da América Anglo-Saxônica e, em seguida, alguns dos principais tipos de formações vegetais que se desenvolvem nesse espaço.

Composta de musgos e liquens, a **tundra** é a vegetação da região ártica – Canadá, Alasca e sul da Groenlândia – de clima polar. Em áreas do Alasca e na região centro-norte do Canadá, onde o clima é frio, desenvolve-se a **floresta boreal ou de coníferas**, também conhecida como **taiga**, uma vegetação de grande porte, com predomínio de espécies de pinheiros.

Na região centro-leste dos Estados Unidos, onde o clima é temperado, forma-se a **Floresta Temperada**. Essa floresta foi muito devastada, principalmente pelo avanço da agricultura mecanizada, pela formação das cidades e pela construção de estradas.

Pradarias ou **estepes** formam-se na região das planícies centrais dos Estados Unidos e do Canadá, e no sudoeste dos Estados Unidos, onde o clima é árido, forma-se a vegetação **desértica**.

Alamy/Fotoarena

↑Vegetação de pradaria. Dakota do Norte, Estados Unidos, 2017.

Viewfinder/iStockphoto.com

↑Vegetação de taiga. Alberta, Canadá, 2017.

Observe nas fotografias alguns tipos de formações vegetais da América Anglo-Saxônica.

América Anglo-Saxônica: vegetação

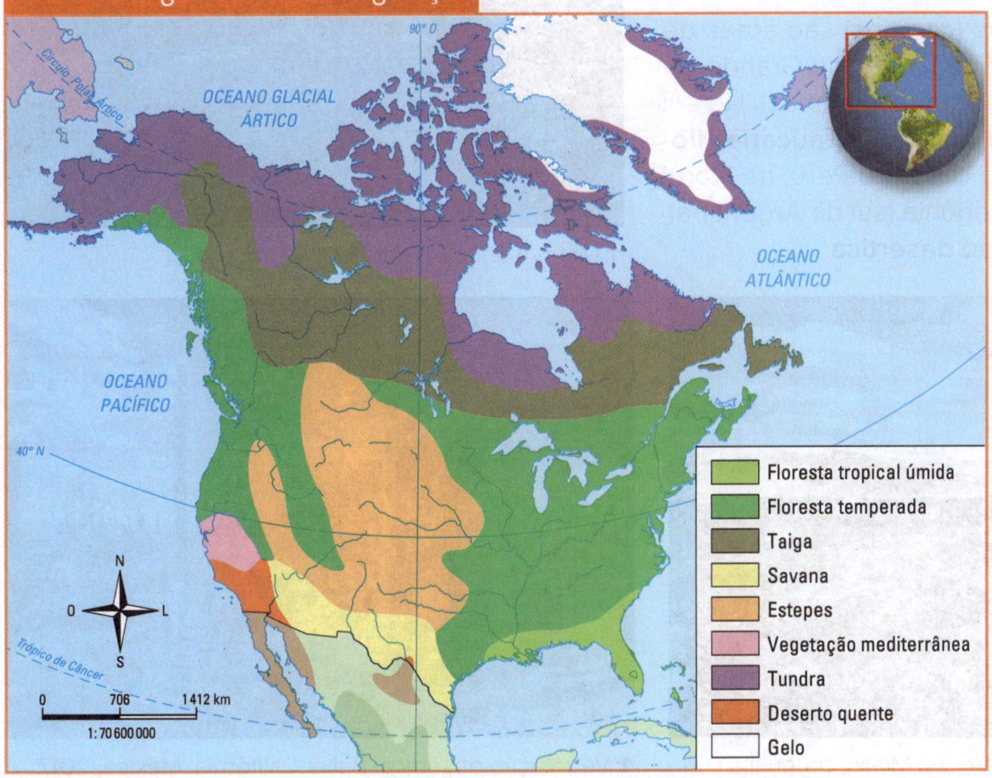

© DAE/Mario Yoshida

Fonte: Gisele Girardi e Jussara Vaz Rosa. *Atlas geográfico do estudante*. São Paulo: FTD, 2011. p. 124.

Formações vegetais da América Latina

Agora vamos conhecer os principais tipos de formações vegetais que se desenvolvem na América Latina, que você pode observar no mapa ao lado e nas fotografias abaixo.

Nas áreas de clima equatorial desenvolve-se a **floresta equatorial** ou **tropical úmida**. A Floresta Amazônica é um exemplo de floresta equatorial que vem sofrendo um sistemático processo de desmatamento, principalmente por causa do avanço das atividades de agricultura e pecuária.

Nas áreas de clima tropical desenvolve-se a **floresta tropical**, como a Mata Atlântica, na costa leste do Brasil. Seu desmatamento ocorreu por conta do crescimento populacional e do consequente aumento dos espaços urbanos.

A vegetação de **savana** desenvolve-se em boa parte do México, caracterizada principalmente pela presença de extensas áreas de gramíneas, arbustos e árvores baixas. Na região central do Brasil, onde o clima é tropical, ela é chamada de **cerrado** e também sofre desmatamento devido ao avanço da agricultura e da pecuária, além da atividade do garimpo, com perdas importantes para a biodiversidade. No Sertão do Nordeste brasileiro é classificada como **caatinga**, com clima semiárido e predomínio de cactáceas.

Estepes e pradarias (campos) são áreas de clima subtropical, observadas no Rio Grande do Sul, na Argentina e no Uruguai (pampas). No sul do Brasil predomina a **mata de araucária (floresta subtropical)** e, no litoral do Peru, no litoral norte do Chile e na Patagônia (sul da Argentina), encontra-se a vegetação **desértica**.

América Latina: vegetação

Fonte: Gisele Girardi e Jussara Vaz Rosa. *Atlas geográfico do estudante*. São Paulo: FTD, 2011. p. 124.

↑ Mata Atlântica. Paraty (RJ), 2017.

↑ Estepes na região dos Pampas. Minas, Uruguai, 2016.

↑ Vegetação desértica. Baixa Califórnia, México, 2017.

CARTOGRAFIA

Com base na observação do mapa a seguir, faça o que pede.

Fonte: Vera Caldini e Leda Ísola. *Atlas geográfico Saraiva*. 4. ed. São Paulo: Saraiva, 2013. p. 173.

1. Que título você proporia para esse mapa?
2. Que formações vegetais estão em destaque na América?
3. Que atividades humanas foram as principais responsáveis pelo desmatamento?
4. Faça uma crítica a essa situação no continente e aponte uma solução para frear o problema.

ATIVIDADES

NO CADERNO

SISTEMATIZAR

1. Que fatores climáticos justificam a grande diversidade de tipos climáticos encontrados no continente americano?

2. No caderno, complete os quadros de climas e vegetação da América Latina e da América Anglo-Saxônica com base nos modelos a seguir.

Vegetação	Clima	Temperatura e precipitação
tundra	polar	Temperaturas negativas o ano todo.
	frio	
floresta temperada		

Vegetação	Clima	Temperatura e precipitação
desértica	desértico	Temperaturas elevadas durante o dia, acima de 30 °C, e baixas à noite, com chuvas escassas.
floresta equatorial		
	tropical	

REFLETIR

1. Observe o mapa ao lado e faça o que se pede.
   a) Pesquise o que são países megadiversos.
   b) Cite três exemplos de países americanos considerados megadiversos.
   c) Que tipos de vegetação são prioridades de conservação no Brasil? Quais são as causas de sua devastação? Justifique sua resposta.

América: megadiversidade

© DAE/Mario Yoshida

Fonte: Gisele Girardi e Jussara Vaz Rosa. *Atlas geográfico do estudante*. São Paulo: FTD, 2011. p. 127.

CAPÍTULO

4 Antártica e bases científicas americanas

No capítulo anterior, você estudou os climas e a vegetação da América. Neste capítulo, você vai estudar o continente antártico.

Continente antártico

Você viu, no capítulo anterior, a devastação e a importância da preservação ambiental em algumas áreas do continente americano. Por conta do gelo que cobre a superfície do continente antártico, ele não tem formações vegetais para serem preservadas, mas, mesmo assim, desempenha um papel muito importante nos estudos e pesquisas sobre o meio ambiente, como você vai compreender neste capítulo.

A Antártica, ou Antártida, diferentemente do Ártico, constitui-se em um continente coberto de gelo com uma grande área emersa de terras: 14,1 milhões de km². É o quarto maior continente em extensão, superando a Europa e a Oceania. É banhado pelas águas dos oceanos Atlântico, Pacífico e Índico.

No período do inverno, devido ao congelamento das águas superficiais dos oceanos na região, sua superfície aumenta, chegando a atingir 20 milhões de quilômetros quadrados.

Antártica: físico

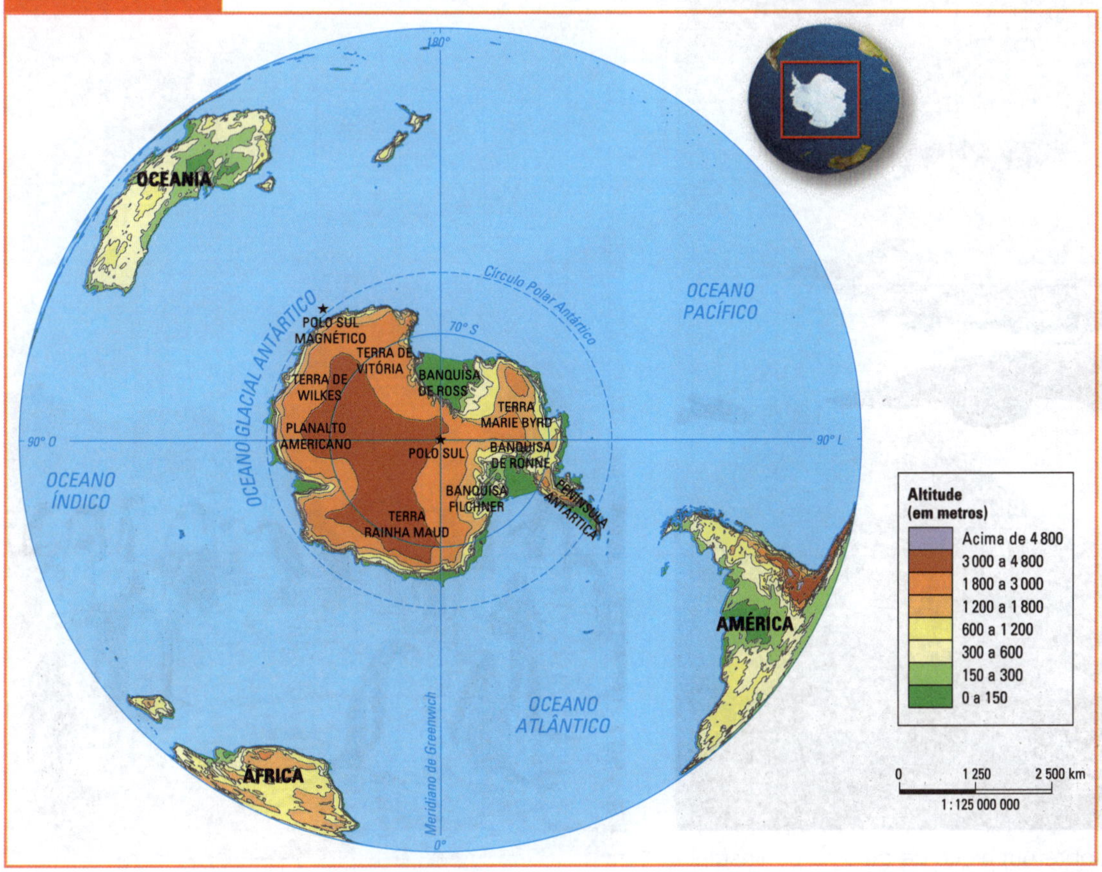

Fonte: *Atlas geográfico escolar*. 7. ed. Rio de Janeiro: IBGE, 2016. p. 54.

O continente antártico contém muitas ilhas e abriga o Polo Sul geográfico da Terra, aproximadamente a 90° de latitude sul. Segundo pesquisas geológicas, há 200 milhões de anos a Antártica esteve unida à América do Sul, à Austrália e à Nova Zelândia. Pelo movimento contínuo das placas tectônicas, essa grande massa continental se deslocou para o sul do planeta.

A vida na Antártica

A localização geográfica e os rigores climáticos da Antártica fazem desse continente um vazio demográfico, além de impossibilitarem o desenvolvimento de fauna e flora diversificadas. A Antártica é o continente mais frio da Terra, podendo alcançar 80 °C negativos no inverno.

Ela comporta cerca de 70% das reservas de água doce do planeta; mas, como essas águas estão na forma de gelo e neve, não são próprias para consumo.

O gelo que recobre a superfície da Antártica tem espessura média de dois quilômetros. Essa camada de gelo impossibilita a formação de solos e, assim, as espécies animais e vegetais que se desenvolvem na região concentram-se, sobretudo, nos oceanos que a cercam. A tundra, por exemplo, ocorre apenas nas bordas do continente antártico.

Os *icebergs* na Antártica são formados pelo gelo acumulado durante milhares de anos nas bordas do continente. Os mais comuns são os do tipo tabular, de superfície plana.

Em suas variadas espécies, os pinguins são as aves mais conhecidas da região. No entanto, eles são apenas parte de uma população maior de espécies animais, como as de outras aves, de peixes e de mamíferos.

Na Antártica vivem ainda focas, elefantes-marinhos e baleias-anãs.

Eitan Abramovich/AFP Photo

↑Foca repousa sobre um bloco de gelo na península ocidental da Antártica, 2016.

Alamy/Fotoarena

↑Pinguins na Ilha Rongé, Antártica, 2017.

O contexto geopolítico mundial da Antártica

No início do século XX, iniciaram-se as investigações científicas no continente. Entre as décadas de 1920 e 1930, começaram a ser utilizados instrumentos que facilitaram a exploração da região: aeronaves, tratores e trenós motorizados. Entre 1939 e 1941, os Estados Unidos ocuparam a Antártica permanentemente, implantando ali suas bases científicas.

Durante a Guerra Fria, Estados Unidos e União Soviética defenderam a continuidade da internacionalização da Antártica e sua consequente ocupação para fins científicos. Apesar de alguns países reivindicarem a partilha da Antártica, a visão dos EUA e da URSS prevaleceu.

Durante o **Ano Geofísico Internacional**, entre 1957 e 1958, 12 países estabeleceram cerca de 30 estações de pesquisa ao redor do continente antártico. A investigação científica da região expandiu-se muito por meio de estudos realizados nas áreas de Geologia, Climatologia, Meteorologia, Biologia e Oceanografia.

Embora o continente não tivesse sido povoado, não deixou, desde sua descoberta, de ser alvo de caçadores: em busca de carne, couro e óleo, eles sacrificaram muitos animais, como focas, baleias e leões-marinhos.

Essa matança diminuiu quando foi firmado o **Tratado Antártico**, em 1961, entre os países que mantinham bases científicas no local. Esse tratado teve como objetivo colocar um fim às disputas internacionais na região.

Com o consentimento internacional para explorar o continente apenas para fins científicos, a Antártica não pertenceria a nenhum país em especial. No entanto, as divergências ainda permanecem entre os que consideram a proximidade geográfica como critério para estabelecer a posse de terras na região e aqueles que consideram como critério as conquistas realizadas.

Sete países (Argentina, Austrália, Chile, França, Noruega, Nova Zelândia e Reino Unido) reivindicam áreas da Antártica, mas os outros não as reconhecem. Por isso, o continente é administrado pelas 50 nações signatárias atuais do Tratado da Antártica, das quais somente 29 têm direito a voto para decidir o futuro da região, entre elas o Brasil.

Antártica: bases científicas

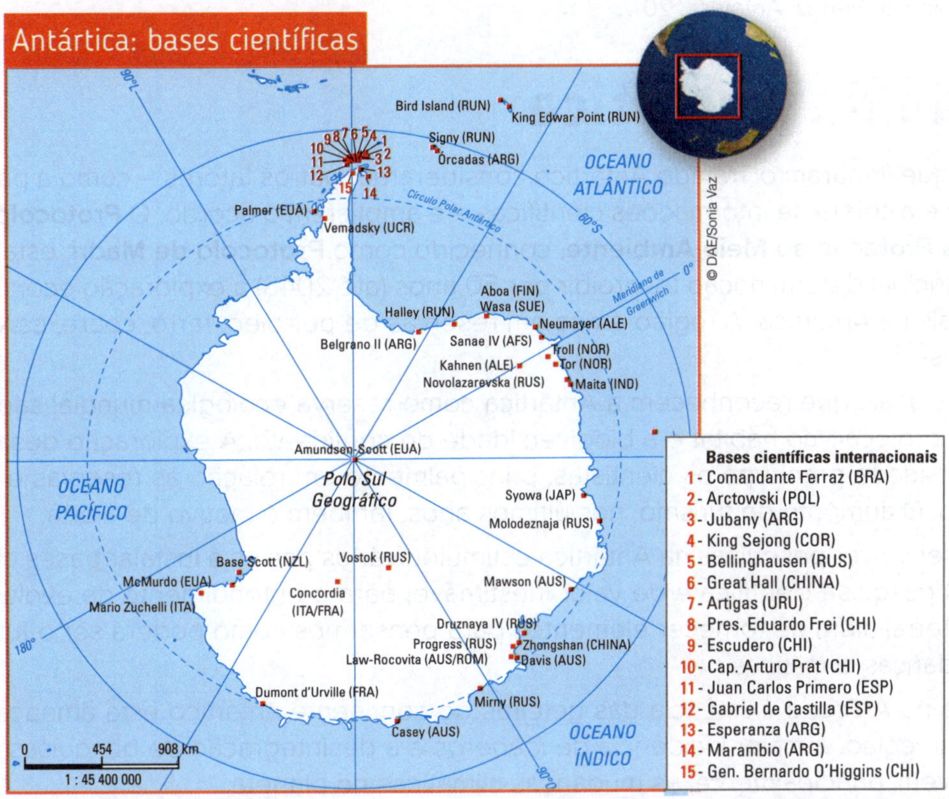

Fonte: Graça M. L. Ferreira. *Atlas geográfico: espaço mundial*. 4. ed. São Paulo: Moderna, 2013. p. 114.

Apesar de ser signatário atualmente, o Brasil não participou do grupo que construiu inicialmente o Tratado Antártico, conhecido como Clube Antártico. Os únicos participantes da América do Sul eram a Argentina e o Chile. Esses países começaram suas expedições para o continente antártico na década de 1930, e o Estado brasileiro aderiu ao tratado apenas em 1975, momento em que houve uma mudança na política externa brasileira – essa ação estava inserida na política de segurança nacional pensada pelos militares.

No ano de 1982, o Brasil criou o **Programa Antártico Brasileiro** e lançou a primeira expedição nacional para a Antártica, que durou de 1982 a 1983. Assim, nosso país obteve a autorização para ser um membro consultivo do tratado, tendo direito a voto e a participar nas decisões sobre o futuro do continente.

Ana Nascimento/Arquvio Agência Brasil

↑ Estação brasileira Comandante Ferraz. Antártica, 2017.

Preservação da Antártica

Em 1991, os países que firmaram o Tratado Antártico consideraram outros fatores – como a paz, a preservação ambiental e a coleta de informações científicas – e ampliaram o acordo. O **Protocolo ao Tratado Antártico para Proteção ao Meio Ambiente**, conhecido como **Protocolo de Madri**, está em vigor desde 1998. A principal determinação foi proibir por 50 anos (até 2048) a exploração econômica dos recursos minerais da Antártica. A região é rica em reservas de petróleo, ferro, cobre, carvão, urânio e outros minerais.

Os acordos internacionais que reconhecem a Antártica como reserva ecológica mundial são de grande importância na proteção ao hábitat e à biodiversidade do continente. A exploração descontrolada de sua biodiversidade preocupa os cientistas, principalmente em relação às reservas e potencialidades da região. O aumento do turismo, nos últimos anos, também é motivo de alerta.

O interesse em desenvolver pesquisas na Antártica estimulou vários países a instalar bases científicas no continente. A pesquisa científica é de valor inestimável para o entendimento da evolução do clima e da vida na Terra, além de fornecer elementos para pensarmos como poderá ser o futuro do planeta com as mudanças climáticas.

Assim como ocorre no Ártico, a existência das geleiras do continente antártico está ameaçada. Segundo estudiosos da região, a maior incidência de *icebergs* e a desintegração de banquisas nas últimas décadas se devem, principalmente, às mudanças climáticas no planeta.

ATIVIDADES

NO CADERNO

SISTEMATIZAR

1. Por que, na Antártica, não há grande variedade de espécies animais e vegetais?
2. Qual foi a finalidade das navegações costeiras realizadas na Antártica após seu descobrimento?
3. Explique o objetivo do Tratado Antártico.

REFLETIR

1. Relacione a tira a seguir com a importância da preservação e da pesquisa científica ambiental realizada na Antártica.

Stuart Carlson/Andrews McMeel Syndication

2. Leia o texto a seguir e, na sequência, argumente sobre a influência do continente antártico na América Latina.

Estudos brasileiros na Antártida confirmaram que há relação entre a formação de ciclones na América Latina e variação de volume do gelo antártico. Também estão relacionados o número de chuvas no Brasil e a área oceânica de cobertura do gelo. Pesquisadores perceberam, ainda, as consequências da desertificação da região sul do continente a milhares de quilômetros ao sul dali, no gelo antártico – ocorreu aumento de material minerais, quase sempre acompanhado de ar quente.

Por mais longe que Antártida e Brasil pareçam estar e por mais antagônica que ela seja do país tropical, o continente gelado funciona como um grande arquivo da variabilidade ambiental. Isto tudo porque ocorre troca de massa e energia entre a Antártida e a América do Sul, seja por frente fria ou corrente marinha, que deixam os dois continentes interligados.

[...]

Maria Fernanda Ziegler. Gelo antártico tem as marcas dos problemas ambientais do Brasil. *Último Segundo*, 28 jul. 2010. Disponível em: <http://ultimosegundo.ig.com.br/ciencia/gelo-antartico-tem-as-marcas-dos-problemas-ambientais-do-brasil/n1237731119404.html>. Acesso em: jan. 2019.

FIQUE POR DENTRO

Como o CFC interfere na camada de ozônio?

CFCs contêm cloro, flúor e carbono.

O ozônio é formado por três átomos de oxigênio.

Quando exposto a raios UVs, o CFC libera partículas de cloro, que, por sua vez, roubam átomos de oxigênio do ozônio, tornando a camada de ozônio mais fina.

ANTÁRTICA: O CONTINENTE DE GELO

Um deserto de gelo com mais de 70% da água doce do mundo. Um polo sob o maior buraco da camada de ozônio do planeta.

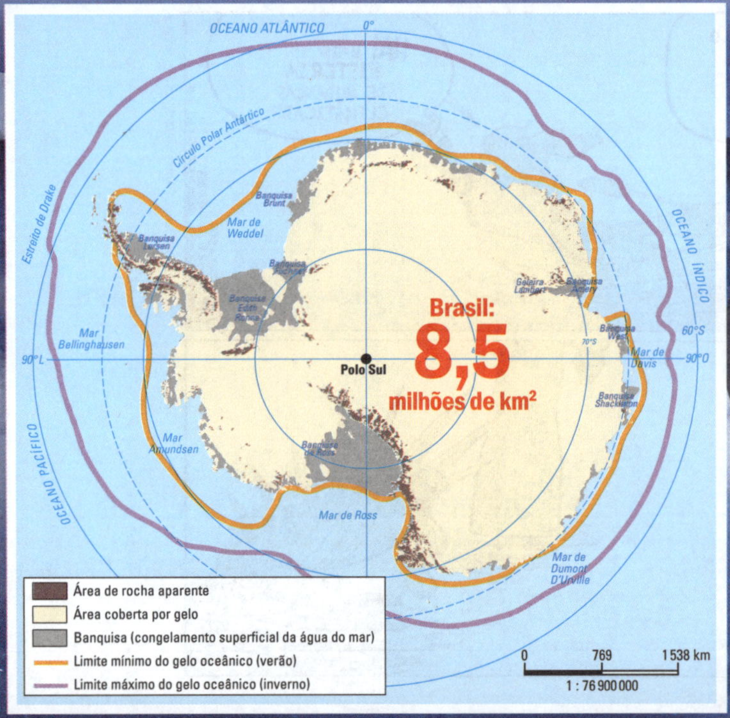

Fonte: Vera Caldini e Leda Ísola. *Atlas geográfico Saraiva*. 4. ed. São Paulo: Saraiva, 2013. p. 161.

O continente antártico é maior que a Europa e que a Oceania.

Antártica:
14 milhões de km² no verão, podendo chegar a 22 milhões de km² no inverno, com o congelamento do mar a seu redor.

70%
DA ÁGUA DOCE DO MUNDO

Efeito humano e tratados de preservação

- O primeiro desembarque registrado no continente ocorreu em 1895; em 1898, um navio explorador ficou preso no gelo e os membros da tripulação foram as primeiras pessoas a passar um inverno no continente.
- Nos 20 anos seguintes, diversas rotas foram abertas no continente.

- Em 1911, o norueguês Roald Amundsen tornou-se o primeiro homem a alcançar o Polo Sul.
- Com centenas de pesquisadores viajando para realizar experiências todos os anos, o efeito sobre a vida selvagem e o lixo acumulado das viagens começou a se tornar um problema para a Antártica.
- Em 1959, 12 países assinaram o Tratado da Antártida, com o objetivo de preservar o continente para fins pacíficos e científicos. Em 2012, o número de nações signatárias do tratado subiu para 50.

Aquecimento global

- O aquecimento global também tem grande impacto no Polo Sul, desencadeando grandes catástrofes ambientais.
- O gelo na parte continental da Antártica vem diminuindo, com perda de até 30% nos últimos 50 anos, ao passo que o gelo oceânico está aumentando.
- Acredita-se que o derretimento do gelo na Antártica possa elevar o nível do mar de 3 a 5 metros, afetando diversas cidades costeiras e a vida marítima em geral.
- A mudança climática influencia tanto o meio ambiente, que espécies como pinguins perdem suas referências e acabam parando em praias distantes ou sendo levadas pelo degelo a regiões diferentes.
- O degelo tem causado uma diminuição da população de *krill* nas águas do sul, provocando também o declínio populacional de pinguins, ursos-polares e outras espécies nativas.

Camada de ozônio

A camada de ozônio é o principal escudo do planeta Terra contra a radiação ultravioleta do Sol. Buracos nesse escudo causam sérios danos à vida no planeta. É na Antártica que o problema ocorre de forma mais intensa. As principais causas são as queimadas e o uso dos gases de clorofluorcarboneto (CFC).

1979 – O buraco mede 1,1 milhão de km², mas a camada ainda é forte.

2006 – O buraco atinge 29,6 milhões de km², duas vezes o tamanho do continente antártico, com uma camada finíssima de ozônio.

2011 – O buraco diminui, chegando a 26 milhões de km², com a recuperação de densidade.

CFCs

1928 – Gases CFCs são desenvolvidos e usados na indústria, especialmente em geladeiras e aerossóis.

1974 – Dois químicos descobrem que o CFC destrói a camada de ozônio.

1987 – Protocolo de Montreal é assinado por 24 países.

1996 – As nações participantes do Protocolo de Montreal eliminam o uso de CFCs e de outros gases nocivos.

2012 – O protocolo conta com a adesão de quase 200 países e percebe-se, pela primeira vez, uma redução no buraco da camada de ozônio.

*Espera-se que o problema só se resolva em 2075, mais de um século depois de sua descoberta.

Condutta

Pedaços flutuantes

O gelo é sempre azul, mas parece branco por causa das moléculas de ar. É preciso grande concentração para vê-lo em sua cor original. Quanto mais azul, mais antigo o gelo. O aquecimento global tem provocado o desprendimento de massas cada vez maiores de gelo para os oceanos.

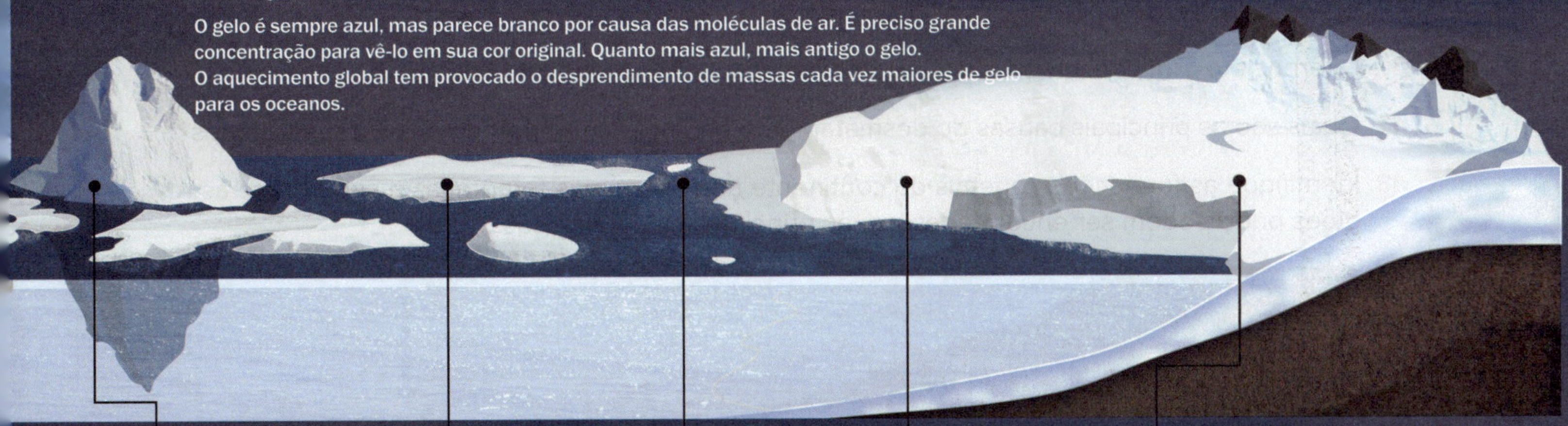

Iceberg
Grande pedaço de gelo formado de água doce que se solta de um glaciar e flutua pelo oceano (7/8 submerso).

Drift ice
Gelo de água salgada que flutua como uma placa sobre o oceano. Costuma se partir e se unir novamente.

Fast ice
Região de água salgada, próxima à costa de locais gelados, capaz de congelar rapidamente e formar uma crosta sobre o oceano.

Manto de gelo
Glaciares unidos que são empurrados em direção ao mar.

Glaciares
Grandes massas de gelo que se formam entre montanhas.

Carbono negro

É uma molécula resultante da queima de combustível fóssil (petróleo, carvão, árvores). Deposita-se na superfície do gelo, tornando-o mais opaco e mais suscetível a radiações solares e ao aquecimento pela luz do Sol. O carbono negro tem contribuído para o derretimento da calota polar.

Fontes:
Aquecimento global atinge ápice na Antártida. *Carta Capital*. Disponível em: <www.cartacapital.com.br/sustentabilidade/aquecimento-global-atinge-ponto-sem-retorno-na-antartida-ocidental-o-que-acontecera-agora-525.html> (acesso em: jan. 2019).
Vera Caldini e Leda Ísola. *Atlas geográfico Saraiva*. 4. ed. São Paulo: Saraiva, 2013. p. 161.

1. Que impacto as alterações climáticas mundiais podem provocar na biodiversidade da Antártica?
2. O que é o carbono negro? Qual é sua relação com o derretimento do gelo da Antártica?

PANORAMA

FAÇA AS ATIVIDADES A SEGUIR E REVEJA O QUE VOCÊ APRENDEU.

NO CADERNO

1. Quais são os critérios para as diferentes regionalizações do continente americano?
2. A que país pertence a Groenlândia?
3. Compare o relevo do oeste e do leste do continente americano.
4. Do ponto de vista geológico, o que explica a formação da cadeia montanhosa localizada na costa oeste do continente americano?
5. Que fatores naturais explicam a baixa densidade demográfica da maior parte da Cordilheira dos Andes e das Montanhas Rochosas?
6. Qual é a importância da Bacia do Rio Amazonas para o Brasil?
7. Justifique a importância da Bacia do Rio São Francisco para o Nordeste do Brasil.
8. Que fatores explicam a grande variedade climática do continente americano?
9. Por que na América Central e na América do Sul predominam os climas quentes?
10. Qual é o tipo climático que ocorre no extremo norte da América e que vegetação nele se desenvolve? Caracterize-o.
11. Diferencie o clima desértico quente do desértico frio da América do Sul.
12. Quais são as principais causas do desmatamento da floresta temperada nos Estados Unidos?
13. Identifique as formações vegetais do continente americano nas fotografias a seguir. Cite as regiões onde podem ser encontradas e suas principais características.

UlyssePixel/iStockphoto.com

Colúmbia Britânica, Canadá, 2017.

Wolfgang Kaehler/Getty Images

Mindo, Equador, 2018.

14. O Cerrado é uma formação vegetal da classe das savanas encontrada no território brasileiro.

a) Em que região do Brasil ela é predominante?

b) Quais são suas principais características?

c) Quais atividades humanas são as maiores responsáveis pelo processo de desmatamento do Cerrado?

15. Explique a frase: "A Antártica não pertence a nenhum país exclusivamente".

16. Qual é a relação estabelecida entre os continentes americano e antártico?

17. Explique a importância da preservação da Antártica para a vida na Terra.

18. Leia o texto a seguir.

Os países integrantes do Mercosul decidiram trabalhar a cultura como indutora de desenvolvimento econômico. Esta foi uma das decisões da XLIII Reunião de Ministros da Cultura do bloco, realizada na última sexta-feira (8) em Assunção, no Paraguai. O encontro contou com representantes do país-sede, do Brasil, da Argentina, do Uruguai, da Colômbia, do Equador e da Bolívia.

Outra decisão da Reunião de Ministros da Cultura foi a necessidade de articular com outras instâncias do Mercosul a inclusão, em suas agendas, do impacto das novas tecnologias nos diversos meios de criação, produção, difusão, distribuição e fruição das experiências culturais.

[...]

Os representantes dos países também decidiram atualizar o Protocolo de Integração Cultural do Mercosul, assinado em Fortaleza (CE) em 1996. A intenção é levar em conta mudanças diversas (tecnológicas, sociais, entre outras) que vêm impactando o processo da integração. [...]

Economia criativa é prioridade para países do Mercosul. *Revista Museu*, 11 ago. 2018. Disponível em: <www.revistamuseu.com.br/site/br/noticias/internacionais/4878-11-08-2018-economia-criativa-e-prioridade-para-paises-do-mercosul.html>. Acesso em: jan. 2019.

a) Reúna-se com dois ou três colegas da turma e, juntos, façam uma pesquisa sobre a economia criativa, abordada na reportagem.

b) Por que vocês acham que a área cultural pode ser um fator de integração entre os países do Mercosul?

c) Segundo o texto, qual mudança nas sociedades possibilita o surgimento de uma modalidade como a economia criativa?

19. Leia o texto a seguir.

Plantas estão crescendo na Antártica como nunca antes na Modernidade, estimuladas pelo aquecimento global que está derretendo o gelo e transformando paisagem branca em verde, anunciaram cientistas nesta quinta-feira.

Pesquisadores que estudam musgos em uma área de 640 km de extensão descobriram um forte aumento no crescimento dessas plantas nos últimos 50 anos, de acordo com o relatório publicado no jornal "Current Biology". Nessa época, a Antártica possuía somente 0,3% de sua área com plantas. A taxa de crescimento dessa área verde é hoje quatro vezes maior.

Antártica se tornará verde devido ao aquecimento global, dizem cientistas. *O Globo*, 19 de maio de 2017. Disponível em: <https://oglobo.globo.com/sociedade/ciencia/meio-ambiente/antartica-se-tornara-verde-devido-ao-aquecimento-global-dizem-cientistas-21364028>. Acesso em: jan. 2019.

- De acordo com o texto e seus conhecimentos adquiridos neste tema, essa notícia é boa ou ruim? Por quê?

DICAS

ACESSE

Entenda como são formados os tornados: <http://noticias.uol.com.br/ultimas-noticias/infografico/afp/2013/05/27/entenda-como-sao-formados-os-tornados.htm>. A animação explica a formação de um tornado e suas consequências.

ASSISTA

O continente gelado, 2004. Direção: Lawrence Wahba e Paulo Martins, 26 min. Em outubro de 1998, Amyr Klink realizou o projeto Antártica 360, conseguiu dar a mais difícil volta ao mundo em 79 dias e foi o primeiro navegador solitário a realizar esse feito na Antártica. Essa experiência foi relatada no livro *Mar Sem Fim*. Acompanhado por uma equipe de documentaristas, Amyr tornou a fazer a mesma expedição.

↓Manhattan, Nova York, 2016.

TEMA 4

América Anglo-Saxônica

NESTE TEMA

VOCÊ VAI ESTUDAR:

- dados populacionais e sociais sobre os países anglo-saxônicos;
- sua produção econômica;
- a política externa dos EUA e do Canadá;
- questões ambientais e recursos naturais explorados.

A América Anglo-Saxônica se destaca pelo desenvolvimento socioeconômico de seus países, que concentram negócios nos diversos setores da economia. Esse conjunto regional é formado por duas nações altamente industrializadas: os Estados Unidos e o Canadá.

1. O que você conhece dos países que compõem a América Anglo-Saxônica?
2. Você acha que, mesmo sendo um grande polo da economia e da globalização, esses países têm problemas? Quais?

CAPÍTULO

1 População e sociedade

No capítulo anterior, você estudou a importância da Antártica para a pesquisa científica e sua relação com alguns países da América. Neste capítulo, você vai estudar os principais indicadores e as características territoriais e demográficas dos Estados Unidos da América e do Canadá.

Estados Unidos e Canadá

Os Estados Unidos da América (EUA) têm a maior população absoluta do continente americano, com aproximadamente 325,7 milhões de habitantes (dado de 2017). É formado por 50 estados, conforme você pode ver no mapa ao lado.

Já o Canadá tem uma população absoluta de cerca de 36,2 milhões de habitantes (2016). O país é o segundo maior do mundo em extensão, com uma área de 9 897 170 km². Observe no mapa a seguir a divisão política canadense.

Estados Unidos: estados e regiões

Fonte: Gisele Girardi e Jussara Vaz Rosa. *Atlas geográfico do estudante*. São Paulo: FTD, 2011. p. 94.

Canadá: províncias e territórios

Fonte: Gisele Girardi e Jussara Vaz Rosa. *Atlas geográfico do estudante*. São Paulo: FTD, 2011. p. 94.

Composição e distribuição da população dos EUA

A população dos Estados Unidos se formou da mistura étnica entre grupos indígenas que já ocupavam as terras americanas, africanos enviados para o trabalho escravo nas colônias do Sul, colonizadores ingleses e outros europeus, principalmente italianos e irlandeses, além de asiáticos.

Atualmente, a maioria da população é branca – em torno de 72,4% do total. A população negra ou afro-americana compõe 12,6% dos habitantes, e os asiáticos, 4,8% (dados da Agência de Inteligência Civil do governo dos Estados Unidos de 2010). Os grupos indígenas do país encontram-se muito reduzidos – cerca de 0,9% do total da população – devido à dominação e ao extermínio a que foram submetidos no processo colonial.

Uma parcela da população dos Estados Unidos é composta de pessoas de origem hispânica ou latina, que somam cerca de 16,3% da população (2010). A maioria dessa população é mexicana, mas há também um grande número de porto-riquenhos, cubanos e panamenhos.

Ao longo do tempo, os EUA se transformaram em uma nação multiétnica, recebendo pessoas de diversos países que imigraram em busca, principalmente, de emprego e oportunidades. Desde a segunda metade do século XX, é intenso o fluxo de imigrantes latinos; boa parte deles vive em situação de ilegalidade. Em abril de 2018, o governo do presidente Donald Trump estabeleceu uma política de "tolerância zero", que visa desencorajar a imigração ilegal nos Estados Unidos.

Em virtude da grande extensão territorial – 9 371 219 km², a quarta maior do mundo –, os EUA têm baixa densidade demográfica, em torno de 35,6 hab./km² (2017). Observe o mapa a seguir.

David Grossman/Alamy/Fotoarena

↑A população estadunidense formou-se da mistura de diferentes etnias. Nova York, Estados Unidos, 2016.

Estados Unidos: densidade demográfica – 2010

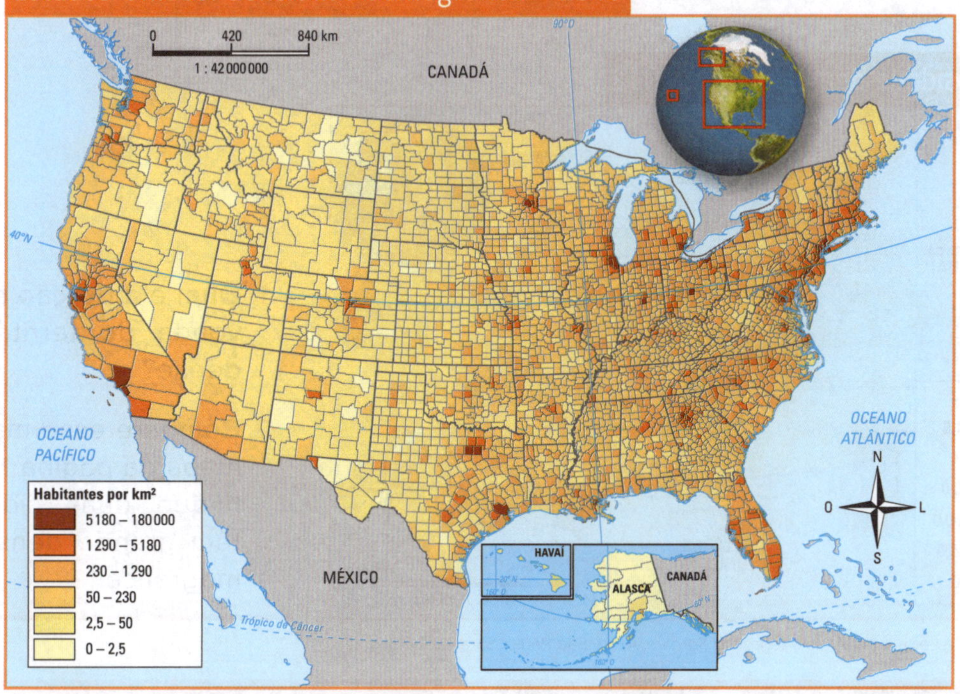

© DAE/Sonia Vaz

Fonte: *Atlas geográfico escolar*. 7. ed. Rio de Janeiro: IBGE, 2016. p. 70.

A grande concentração urbana nos Estados Unidos possibilitou a formação de três megalópoles, áreas de intensa rede de cidades, com a conurbação de metrópoles.

- **Chi-Pitts:** situada na Região dos Grandes Lagos, abriga as áreas metropolitanas de Pittsburgh, Buffalo, Cleveland, Detroit, Milwaukee e Chicago. Trata-se de uma área que se caracteriza por ser polo industrial, comercial e de serviços.
- **Bos-Wash:** localizada na Região Nordeste, é a maior megalópole do país, abrangendo cidades como Boston, Filadélfia, Washington, Nova York (metrópole central) e Baltimore. É caracterizada por seu notável parque industrial, além de ter ampla gama de serviços e diversos órgãos da administração federal.
- **San-San:** situada na Costa Oeste, abriga as áreas metropolitanas de São Francisco, Los Angeles, Seattle e San Diego. Esse corredor abrange polos tecnológicos, como o Vale do Silício, onde estão gigantes mundiais da informática.

Composição e distribuição da população do Canadá

Como foi colonizado por ingleses e franceses, o Canadá é um país com duas línguas oficiais: o inglês e o francês. Devido ao histórico colonial, é formado, majoritariamente, pelas etnias inglesa e francesa; mas, além dessas, vivem nele pessoas das etnias escocesa, irlandesa, alemã, italiana, chinesa e nativos da América do Norte, entre outras. Essa diversidade é resultado da política de imigração do país, que faz com que quase 22% da população seja de imigrantes internacionais (2015). Quebec é a província francesa do Canadá, e a maioria da população do país é urbana. As grandes cidades estão localizadas no Centro-Sul e no Sudeste do país, regiões próximas aos Grandes Lagos e ao Vale do Rio São Lourenço. O Canadá tem uma das mais baixas densidades demográficas do mundo, apenas 4 hab./km² (2017), configurando-se como um país pouco populoso e pouco povoado.

CARTOGRAFIA

Canadá: densidade demográfica – 2012

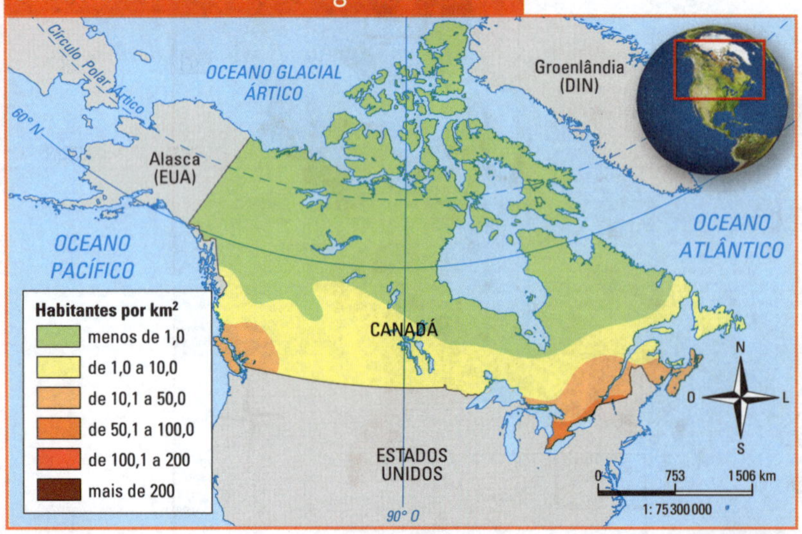

© DAE/Mario Yoshida

Fonte: Vera Caldini e Leda Ísola. *Atlas geográfico Saraiva*. 4. ed. São Paulo: Saraiva, 2013. p. 178.

1. Qual é a porção menos povoada do território canadense?
2. Compare esse mapa com o mapa da página 104 e identifique duas cidades que têm grande densidade demográfica.

Indicadores sociais e econômicos

Os Estados Unidos, integrante dos países do Norte na regionalização Norte-Sul do mundo, têm bons indicadores sociais e econômicos. Estão entre as dez primeiras nações do planeta, com elevado Índice de Desenvolvimento Humano (IDH) e índice de Gini de 41,1 (2016). Esses índices mostram que, em linhas gerais, a população tem boas condições de vida; no entanto, encontra-se no segundo grupo de países com maior desigualdade, como você pode observar no mapa a seguir.

Mapa-múndi: coeficiente de Gini - 2016

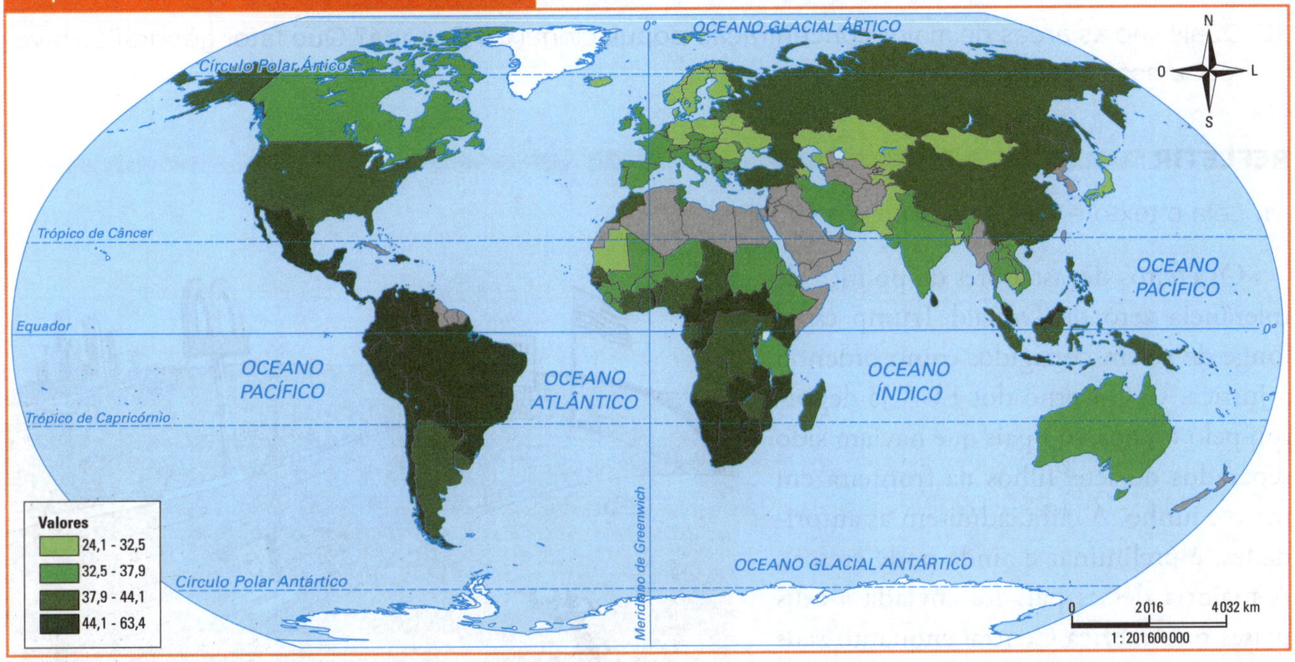

Fonte: United Nations Development Programme. Human Development Reports. *Income inequality, Gini coefficient*. Disponível em: <http://hdr.undp.org/en/indicators/67106#>. Acesso em: ago. 2018.

O Canadá tem o padrão socioeconômico mais elevado do continente americano. E, assim como os Estados Unidos, integra os países do Norte na regionalização Norte-Sul do mundo. Apresenta um dos dez mais elevados IDHs do mundo e índice de Gini de 33,7, que você pode observar no mapa acima (dados de 2016). Esses índices mostram que, em linhas gerais, a população tem boas condições de vida e o país apresenta menos desigualdade que seu vizinho do sul.

O perfil etário estadunidense mostra que a maioria da população está na faixa de 25 a 54 anos, totalizando 39,45%. O crescimento populacional anual é de apenas 0,7% (2017). No Canadá, o perfil etário indica que a maioria da população também está na faixa de 25 a 54 anos (39,99%), e o crescimento populacional anual é de 1,2% (2014). Veja, na tabela a seguir, alguns indicadores socioeconômicos dos dois países que compõem a América Anglo-Saxônica.

América Anglo-Saxônica: indicadores socioeconômicos

	Estados Unidos	Canadá
Mortalidade infantil (2016)	5,6/1 000	4,3/1 000
Taxa de desemprego (2017)	4,36%	6,34%
Renda *per capita* (2016)	US$ 56.054	US$ 43.206
Expectativa de vida (2015)	79,1 anos	82 anos
Taxa de fecundidade (2016)	1,8 filho por mulher	1,6 filho por mulher

A tabela apresenta indicadores socioeconômicos dos países da América Anglo-Saxônica.

Fontes: World Bank Open Data. Disponível em: <https://data.worldbank.org/>; IBGE Países. Disponível em: <https://paises.ibge.gov.br>. Acessos em: jan. 2019.

ATIVIDADES

NO CADERNO

SISTEMATIZAR

1. De que forma as características demográficas e os indicadores socioeconômicos dos Estados Unidos se relacionam às oportunidades de trabalho no país?

2. Como são denominados os maiores aglomerados urbanos dos países? Em quais regiões dos Estados Unidos estão localizados?

3. Quais são as áreas de maior concentração populacional do Canadá? Que fator geográfico favoreceu essa concentração?

REFLETIR

1. Leia o texto e analise a charge a seguir.

Os efeitos devastadores da política de tolerância zero de Donald Trump estão longe de serem corrigidos como ordenou a Justiça. O Governo dos EUA já deportou pelo menos 463 pais que haviam sido separados de seus filhos na fronteira em maio e junho. A cifra, admitem as autoridades, é preliminar e ainda pode crescer. A maioria desses pais foi enviada a seus países na América Central enquanto seus filhos, com idades entre 5 e 17 anos, permanecem sob custódia federal nos EUA, a milhares de quilômetros dos seus familiares. O Governo não explicou como ou quando esses menores serão reagrupados.

[...]

Chappatte, in NZZ am Sonntag, Zürich

Pablo de Llano. EUA deportam centenas de imigrantes para a América Central sem seus filhos. *El País*, 24 jul. 2018. Disponível em: <https://brasil.elpais.com/brasil/2018/07/24/internacional/1532455783_311190. html>. Acesso em: jan. 2019.

- Pesquise a crise de imigração na fronteira entre México e Estados Unidos, agravada pelo atual governo norte-americano. Discuta com os colegas e escreva um pequeno texto sobre o assunto, posicionando-se sobre a política dos EUA para imigrantes.

DESAFIO

1. Agora que você já conhece alguns indicadores socioeconômicos dos Estados Unidos, vamos compará-los com a realidade brasileira.
   Forme dupla com um colega e, juntos, pesquisem informações sobre os mesmos indicadores sociais e econômicos (mortalidade infantil, analfabetismo, renda *per capita*, expectativa de vida e taxa de fecundidade) do Brasil, registrando-as no caderno.
   Depois, façam uma análise comparativa entre os dados dos EUA e os do Brasil e escrevam um texto sobre as duas realidades, indicando sugestões para a melhoria dos indicadores brasileiros.

CAPÍTULO

2 Economia

No capítulo anterior, você estudou densidade demográfica e indicadores sociais e econômicos da América Anglo-Saxônica. Neste capítulo, vai estudar a indústria e a agricultura no início do século XXI nessa região.

Estados Unidos

Considerada uma das mais influentes do mundo, a economia dos Estados Unidos alcançou em 2016 o Produto Interno Bruto (PIB) de 18 trilhões de dólares, sendo responsável por mais de um quarto do PIB mundial.

O país pertence ao G7, grupo dos sete países mais ricos e industrializados do planeta. Além de ser sede de diversas transnacionais, é líder de investimentos em bolsas de valores, e sua moeda, o dólar, é adotada como padrão em transações financeiras internacionais.

As exportações dos Estados Unidos somaram cerca de 1,5 trilhão de dólares em 2017. O país é o maior exportador de produtos agrícolas do mundo, responsável por, aproximadamente, 10% da economia global.

Michael Nagle/Bloomberg/Getty Images

↑ Corretora trabalha no pregão da Bolsa de Valores de Nova York, Estados Unidos, 2018.

Canadá, México, China e Japão são os grandes compradores, e os principais produtos exportados são: gêneros agrícolas (soja, frutas e milho), bens de capital (aeronaves, autopeças, computadores e equipamentos de telecomunicações) e bens de consumo (automóveis e medicamentos).

No entanto, suas importações atingiram mais de 2 trilhões de dólares em 2017. Os parceiros que mais exportam para os Estados Unidos são China, México, Canadá, Japão e Alemanha, especialmente no que se refere a produtos agrícolas, bens de capital (computadores e autopeças) e bens de consumo (automóveis, roupas, medicamentos e brinquedos).

Com base nesses dados, percebe-se a relevância da China para as relações comerciais com os Estados Unidos, bem como seu poder de concorrência na economia global. Nos últimos anos houve um acirramento da disputa comercial entre os dois países, especialmente no governo de Donald Trump – presidente americano eleito em 2016 –, o que vem resultando em uma série de negociações.

Relações comerciais entre Brasil e Estados Unidos

Se, por um lado, o Brasil não aparece como um dos principais exportadores e importadores comerciais dos norte-americanos, por outro, nosso país é um dos principais parceiros: cerca de 12,5% das exportações brasileiras vão para os Estados Unidos e mais de 16% das importações vêm de lá (2017).

Paulo Fridman/Pulsar Imagens

Em 2017, os principais produtos importados pelos Estados Unidos das indústrias brasileiras foram aviões. Linha de montagem de aeronave em São José dos Campos (SP), 2015.

Alguns produtos essenciais para ambos os países são o algodão, o carvão mineral, o alumínio e o aço. O Brasil é um grande comprador do carvão mineral norte-americano, e os Estados Unidos são um dos mais importantes clientes do aço e alumínio brasileiros.

A indústria e a agricultura

Um dos fatores que contribuíram para o desenvolvimento industrial dos Estados Unidos é sua grande riqueza em recursos minerais e energéticos, como petróleo, carvão, gás natural, minério de ferro, cobre e bauxita.

São o quinto maior produtor mundial de petróleo cru (com quase 9 milhões de barris por dia), o décimo primeiro em reservas de petróleo (cerca de 36 bilhões de barris) e o terceiro maior produtor mundial de refinados, com mais de 20 milhões de barris por dia, além de ocupar o segundo lugar no maior consumo desses produtos, com cerca de 19,7 milhões de barris por dia.

O país também tem a maior reserva de carvão do mundo – 27% do total –, produz cerca de 4 trilhões de kW/h por ano e é o segundo maior consumidor mundial de energia elétrica.

Estados Unidos: recursos minerais e indústria - 2010

© DAE/Sonia Vaz

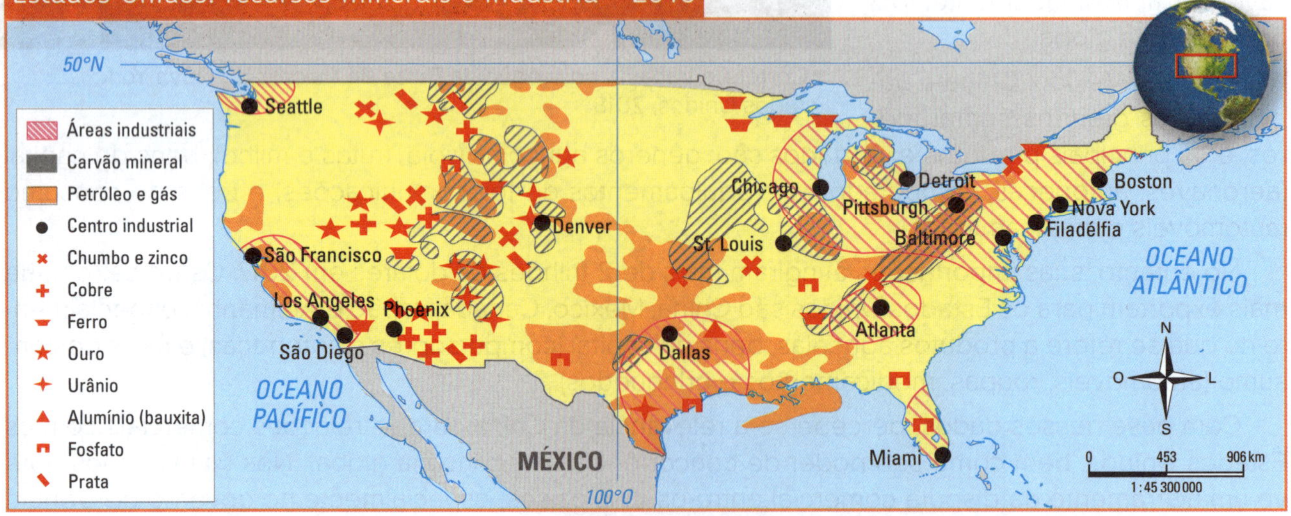

Fonte: Graça M. L. Ferreira. *Atlas geográfico: espaço mundial*. 3. ed. São Paulo: Moderna, 2010. p. 72-75.

A indústria norte-americana é altamente diversificada e desenvolvida. Destacam-se no setor os ramos petroquímico, siderúrgico, automobilístico, aeroespacial, químico, madeireiro, de telecomunicações, eletrônicos, bens de consumo, alimentos processados e mineração.

As indústrias tradicionais estão concentradas no Nordeste e na área dos Grandes Lagos, região conhecida como *manufacturing belt* (cinturão industrial). Nela se concentram setores como o automobilístico, eletroeletrônico, alimentício, siderúrgico, aeronáutico e naval.

Nas últimas décadas, as regiões Sul e Oeste se transformaram no mais novo foco de industrialização do país por apresentarem menores custos de produção e maiores incentivos fiscais do governo. Essa área é conhecida como *sun belt* (cinturão do sol), porque tem clima predominantemente quente e ensolarado, e nela se destacam as indústrias aeroespacial e petroquímica.

Na Costa Oeste há o Vale do Silício, na Califórnia, onde se concentram empresas de tecnologia de ponta, ligadas a microeletrônica, informática e robótica, além de intensa atividade de pesquisa.

Ron_Thomas/iStockphoto.com

↑Plantação de milho. Iowa, Estados Unidos, 2015.

Jason Doiy/iStockphoto.com

↑Empresa do Vale do Silício. Califórnia, Estados Unidos, 2016.

Belts agropecuários

O país aprimorou o sistema de cultivo em cinturões agrícolas, conhecidos como *belts*. São áreas, principalmente na Planície Central, especializadas em monoculturas, que formam o "celeiro agrícola" norte-americano.

Os principais *belts* são o cinturão do algodão (*cotton belt*), o do leite (*dairy belt*), o do trigo (*wheat belt*), o do milho (*corn belt*), o da pecuária (*ranching belt*) e o da fruticultura (*fruit belt*).

Estados Unidos: sistema de cultivo em *belts*

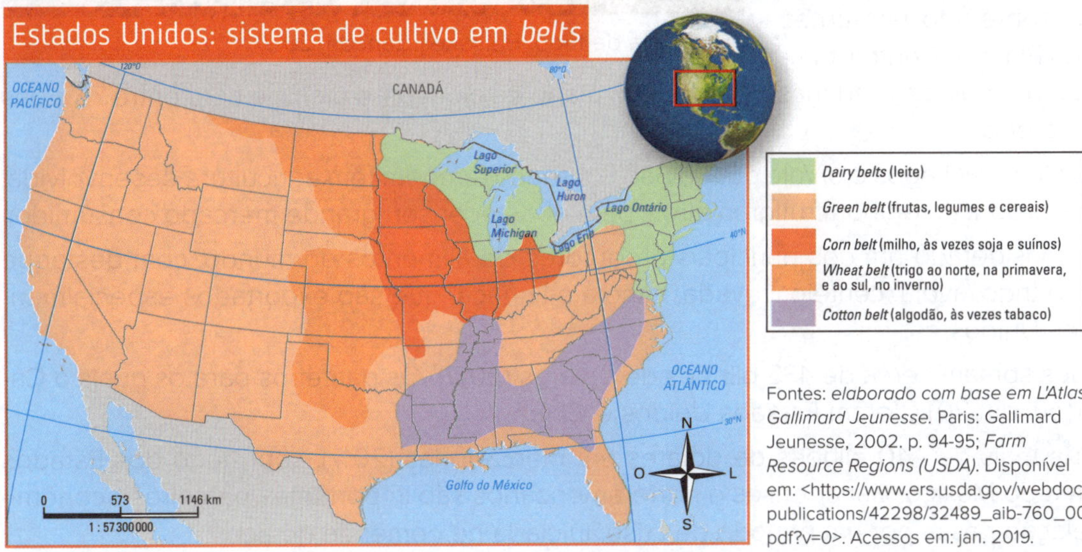

© DAE/Alessandro Passos da Costa

Fontes: *elaborado com base em L'Atlas Gallimard Jeunesse*. Paris: Gallimard Jeunesse, 2002. p. 94-95; *Farm Resource Regions (USDA)*. Disponível em: <https://www.ers.usda.gov/webdocs/publications/42298/32489_aib-760_002.pdf?v=0>. Acessos em: jan. 2019.

Canadá: economia

Considerado um dos países mais desenvolvidos do mundo, com PIB de 1,5 trilhão de dólares, o Canadá também integra o G7. Cerca de 70% do valor da produção industrial canadense é proveniente das províncias de Quebec e Ontário. Os destaques são os setores madeireiro (papel e celulose), siderúrgico e eletrônico, equipamentos de transporte e aviação, telecomunicações e informática.

Andriy Blokhin/Shutterstock.com

↑ Indústria de papel e celulose. Quebec, Canadá, 2017.

As indústrias do país – com destaque para a siderurgia, a metalurgia e a indústria de papel e celulose – estão localizadas, especialmente, na Região dos Grandes Lagos e nos arredores de Vancouver, na costa oeste.

A atividade industrial é favorecida pelos valiosos recursos minerais do subsolo canadense, como cobre, zinco e ferro, além de uma grande disponibilidade de recursos energéticos, como petróleo, gás natural e hidroeletricidade. É o nono maior produtor mundial de petróleo cru (com mais 3,6 milhões de barris por dia) e o terceiro país do mundo em reservas de petróleo (cerca de 169,7 bilhões de barris).

O país é um grande exportador de riquezas minerais, configurando-se como o terceiro maior exportador de minérios do mundo, com destaque para o alumínio, o zinco, o ferro e o chumbo.

Alamy/Fotoarena

↑ Colheita de trigo. Beiseker, Canadá, 2017.

A intensa exploração de madeira da Floresta Boreal oferece matéria-prima à indústria de papel e celulose, muito desenvolvida no país, além de abastecer cerca de metade da demanda de papel-jornal de todo o mundo.

Outra atividade econômica importante do Canadá é a agricultura mecanizada, realizada sobretudo nas áreas úmidas e férteis da Planície Central, também conhecida como *prairies* (pradarias). Com relevo plano e solo fértil, a planície concentra 75% das áreas de cultivo do país.

A Região dos Grandes Lagos e o Vale do Rio São Lourenço também têm agricultura desenvolvida, principalmente na produção de hortifrutigranjeiros, para abastecer seu grande mercado consumidor.

O Canadá é considerado um dos principais produtores de alimentos do mundo, com destaque para cereais como trigo, aveia, centeio, cevada, canola e linhaça, que são exportados especialmente para os Estados Unidos.

As exportações somam cerca de 433 bilhões de dólares (2017). Os parceiros para os quais o Canadá mais exportou, em 2017, foram Estados Unidos e China.

O país importa mais de 440 bilhões de dólares em mercadorias (2017), sobretudo dos Estados Unidos, da China e do México. Canadenses e norte-americanos são importantes parceiros econômicos, mas essa relação passa por um período de crise, iniciada no comércio de aço.

Nafta

Estados Unidos e Canadá são participantes de diversas organizações internacionais. Entre elas está o acordo de livre-comércio denominado Nafta (sigla para *North America Free Trade Agreement* – ou Acordo de Livre Comércio da América do Norte).

Esse acordo se originou em 1988, com Estados Unidos e Canadá. Em 1991, os dois países assinaram o Acordo de Liberalização Econômica, formalizando sua relação comercial. O México aderiu a ele em 1992, e o Nafta entrou em vigor em 1994, estabelecendo o prazo de 15 anos para a eliminação de todas as barreiras alfandegárias entre seus signatários.

Em mais de duas décadas, o Nafta aprofundou as relações comerciais entre os membros, mas trouxe insatisfações de trabalhadores, empresas, políticos e especialistas. Por isso, líderes mundiais vêm tentando redefinir as relações comerciais no âmbito internacional. Em 2018, os governos dos Estados participantes do Nafta iniciaram discussões para reformar o acordo.

AQUI TEM MAIS

Paul J Richards/AFP Photo

↑O então presidente dos Estados Unidos, Bill Clinton, assina o acordo do Nafta em 1993.

Longe de ter criado novas oportunidades para as empresas norte-americanas e tê-las levado a contratar, o Nafta favoreceu as deslocalizações industriais e a abertura de filiais no estrangeiro, particularmente no México, onde a mão de obra é barata. No setor agrícola, inúmeras empresas norte-americanas especializadas na transformação de produtos alimentícios também se mudaram para o país ao sul. [...]

O Nafta não apenas diminuiu o número de empregos nos Estados Unidos, como também afetou sua qualidade. Os trabalhadores da indústria demitidos foram para o setor já saturado dos serviços (hotelaria, manutenção, restauração etc.), no qual o salário é menor e as condições são mais precárias. Esse afluxo de novos trabalhadores pressionou os salários para baixo. [...]

[...] O acordo também teve efeitos desastrosos no México. Podendo exportar sem qualquer entrave, os Estados Unidos inundaram o país de milho subsidiado oriundo da agricultura intensiva, gerando uma queda do preço que desestabilizou a economia rural. Milhões de campesinos expulsos do campo migraram para procurar emprego em **maquiladoras**, pressionando para baixo o salário pago por elas, ou tentaram atravessar a fronteira e se estabelecer nos Estados Unidos. [...]

Lori Wallach. Os vinte anos do Nafta e as miragens do livre-comércio. *Le Monde Diplomatique Brasil*, ed. 95, 8 jun. 2015. Disponível em: <https://diplomatique.org.br/os-vinte-anos-do-nafta-e-as-miragens-do-livre-comercio>. Acesso em: jan. 2019.

GLOSSÁRIO

Maquiladora: fábrica transnacional localizada em território mexicano, na fronteira com os Estados Unidos, que monta produtos para a exportação isentos de taxas aduaneiras.

1. Cite alguns impactos do Nafta para os empregos nos Estados Unidos e no México.

ATIVIDADES

NO CADERNO

SISTEMATIZAR

1. Anote no caderno as afirmações verdadeiras sobre os Estados Unidos.

a) A economia dos EUA alcançou em 2016 o Produto Interno Bruto (PIB) de 18 trilhões de dólares, sendo responsável por mais de um quarto do PIB mundial.

b) O país é o terceiro maior exportador de produtos agrícolas do mundo, responsável por, aproximadamente, 4% da economia global.

c) Os principais produtos exportados pelos Estados Unidos são: gêneros agrícolas (soja, frutas e milho), bens de capital (aeronaves, autopeças, computadores e equipamentos de telecomunicações) e bens de consumo (automóveis e medicamentos).

d) As importações dos EUA atingiram mais de 4 trilhões de dólares em 2017.

2. Explique o que caracteriza as relações comerciais entre Brasil e Estados Unidos.

3. Quais são os principais fatores do desenvolvimento industrial dos Estados Unidos?

4. O que são os *belts* agropecuários e quais são os principais?

5. Anote no caderno as afirmações verdadeiras sobre o Canadá.

a) Apesar de ser um dos países mais desenvolvidos do mundo, com PIB de 1,5 trilhão de dólares, o Canadá não integra o G7.

b) Os destaques da produção industrial canadense são os setores madeireiro (papel e celulose), siderúrgico e eletrônico, equipamentos de transporte e aviação, telecomunicações e informática.

c) As indústrias do país estão localizadas, especialmente, na Região dos Grandes Lagos e nos arredores de Vancouver, na costa oeste.

d) O Canadá carece de recursos minerais em seu subsolo.

6. Explique o que é o Nafta.

REFLETIR

1. Leia o texto.

Embora o presidente dos EUA, Donald Trump, tenha dito que começará as negociações com o Canadá imediatamente, após fechar acordo com o México, ele também afirmou sua vontade de terminar com o acordo [que] existe do Tratado Norte-Americano de Livre Comércio (Nafta).

"Terminarei o acordo existente e entrarei neste acordo", disse o presidente no Salão Oval, chamando-o de "grande dia para o comércio". "Provavelmente o nome Nafta será descartado", acrescentou. Ao confirmar o acordo com o México, Trump o descreveu como "um dos maiores acordos comerciais já feitos".

No entanto, o presidente americano disse que "veremos" se o Canadá ainda pode fazer parte do pacto comercial, deixando em aberto a possibilidade de acordos separados.

Época Negócios, 27 de agosto de 2018. Disponível em: <https://epocanegocios.globo.com/Mundo/noticia/2018/08/epoca-negocios-trump-diz-querer-terminar-nafta-e-criar-novo-acordo-incluindo-canada.html>. Acesso em: set. 2018.

- Colete informações em jornais, revistas e na internet sobre o desdobramento das conversas entre os governos norte-americano e canadense referentes a alterações no Nafta. Em seguida, faça um resumo dos pontos mais importantes.

CAPÍTULO

3 Política externa

No capítulo anterior, você estudou a indústria e a agricultura na América Anglo-Saxônica. Neste capítulo, vai estudar algumas características da política externa dos Estados Unidos e do Canadá.

As relações internacionais

Entre os países da América Anglo-Saxônica, o Canadá mantém estreitos laços políticos com os Estados Unidos, além de relações com o Reino Unido e, em menor escala, com a França. Também mantém relações diplomáticas com outros países, atuando de forma conjunta na proposição de alternativas para resolver problemas globais.

Os Estados Unidos, embora estabelecidos como país desde 1776 – ano de sua independência –, passaram a ter fortes relações internacionais a partir do século XX, ganhando força para se tornar uma superpotência mundial. Novas áreas foram sucessivamente anexadas a seu território após a independência, sendo a área atual do país nove vezes maior do que a inicial.

O expansionismo estadunidense incluiu negociações para a compra de territórios, guerras e anexações de terras indígenas à custa do extermínio de muitos desses povos. O **Destino Manifesto** (década 1840) fundamentava a ideologia de que os Estados Unidos foram predestinados por Deus para colonizar e ocupar as terras do oeste e do sul até os limites do Oceano Pacífico, servindo de suporte a essa política expansionista. Essa doutrina foi usada, por um longo período, para justificar a matança de indígenas.

O imperialismo

A projeção dos Estados Unidos foi crescendo ao longo do século XX, conforme o país exercia sua força política, econômica e militar. Seu governo desenvolveu uma poderosa Marinha de guerra, com a instalação de bases estrategicamente posicionadas em todos os oceanos.

América Central: expansionismo estadunidense

Fonte: *Atlas geográfico escolar*. 7. ed. Rio de Janeiro: IBGE, 2016. p. 39.

Na América Central, por exemplo, os Estados Unidos começaram a aumentar seu domínio por meio de intervenções militares. Observe no mapa da página anterior o retrato do expansionismo estadunidense nessa parte do continente americano, resultado de uma política de domínio e controle, para evitar influência econômica e política de outras forças mundiais, principalmente da Europa.

usis/Leemage/AFP Photo

Ataque estadunidense a Merzig, Alemanha, em 1944.

O poder político e econômico dos Estados Unidos concretizou-se após a Segunda Guerra Mundial, quando o país conquistou mercados que antes pertenciam às potências europeias. A própria entrada do país no conflito, em apoio aos Aliados (Reino Unido, França e União Soviética), contra os países do Eixo (Alemanha, Itália e Japão), tinha um motivo estratégico.

Os Estados Unidos estavam em situação mais favorável que a dos Aliados, pois entraram no combate apenas em 1941, sofreram menos perdas de soldados do que outros países envolvidos e, principalmente, seu território não foi afetado pelo conflito, já que os combates mais importantes e violentos da guerra ocorreram na Europa. Dessa forma, o país conseguiu aumentar sua produtividade industrial e acumulou capital durante esse período.

Seu poder político fora do continente americano teve início com o Plano Marshall, que estabelecia ajuda financeira aos países da Europa Ocidental prejudicados pela Segunda Guerra. Devido aos altos investimentos, essas nações passaram a ser dependentes e aliadas da política estadunidense. Em seguida, iniciou-se a Guerra Fria, que atraiu mais aliados e aumentou a influência norte-americana no mundo.

Na América Latina, os Estados Unidos ampliaram sua influência nesse período apoiando golpes militares na região, que eram vistos como forma de afastar possíveis influências da União Soviética no continente.

Relações entre EUA e Brasil

A história das relações bilaterais entre Brasil e Estados Unidos tem início em 1824, quando os norte-americanos foram os primeiros a reconhecer a independência de nosso país, ocorrida em 1822. No entanto, foi apenas a partir da Segunda Guerra Mundial que o Brasil estreitou relações com os EUA.

A adesão brasileira aos Aliados veio por meio de negociação promovida pelo então presidente do Brasil, Getúlio Vargas, com os Estados Unidos. Como resultado, nosso país recebeu bases navais e aéreas dos norte-americanos e forneceu a eles matérias-primas, como a borracha. Em contrapartida, o Brasil recebeu recursos financeiros que foram investidos na atividade industrial.

Desse momento em diante os dois países permaneceram alinhados, embora em alguns momentos o Brasil tente traçar um caminho mais independente, com foco nas relações Sul-Sul, ou seja, com países da América Latina e África, por exemplo. Hoje, Brasil e Estados Unidos mantêm acordos e diálogos sobre comércio, investimentos, energia, meio ambiente, educação, tecnologia, direitos humanos, segurança, entre outros.

Potência militar estadunidense

Com o fim da União Soviética, os Estados Unidos deixaram de ter oponentes que pudessem ameaçá-los diretamente. Assim, desde então, são a maior potência militar do planeta, com forte indústria bélica.

Estados Unidos: expansão militar - 2010

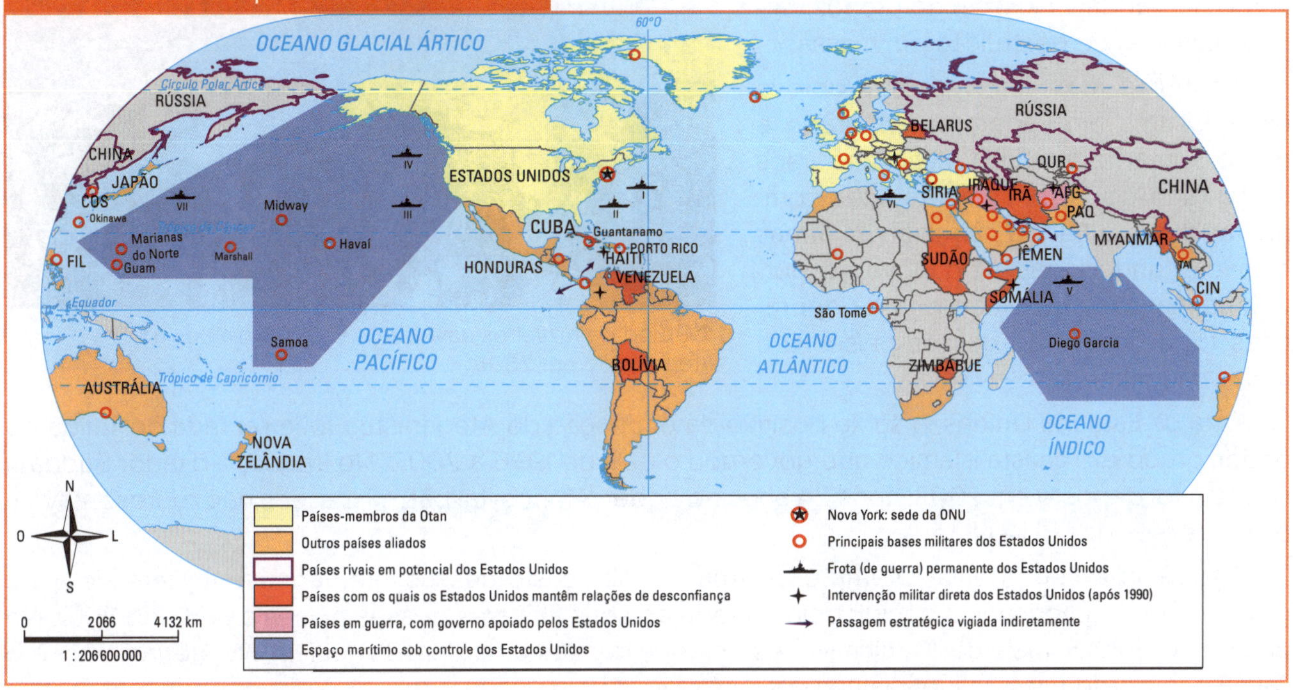

© DAE/Mario Yoshida

Fonte: Graça M. L. Ferreira. *Atlas geográfico: espaço mundial.* 3. ed. São Paulo: Moderna, 2010. p. 73.

A partir da segunda metade do século XX, o Oriente Médio também recebeu notável atenção dos Estados Unidos. Essa porção territorial da Ásia é rica em petróleo e, na posição de maior consumidor do mundo dessa fonte energética, os EUA passaram a atuar direta e indiretamente nesse território.

Contudo, nessa região há países que oferecem resistência ao expansionismo estadunidense. O apoio histórico dos Estados Unidos ao Estado de Israel, desde sua criação em 1948, aumentou a oposição das nações árabes à política estadunidense.

Lidando com o terror

Desde a Guerra Fria, os EUA têm adotado uma política de intervenção e ocupação militar em países que possam lhe oferecer perigo. Essa política se acentuou após o atentado terrorista de 11 setembro de 2001, no qual as torres gêmeas do World Trade Center, em Nova York, e o prédio do Pentágono, em Washington, foram atingidos por aviões comerciais comandados por terroristas islâmicos, matando 3 278 pessoas. Esses prédios representavam, respectivamente, os poderes econômico e militar do país.

Spencer Platt/Getty Images

↑ O atentado terrorista de 11 de setembro de 2001 nos Estados Unidos – a maior potência política, econômica e militar do mundo – foi considerado o maior da história. Nova York, EUA, 2001.

Os Estados Unidos começaram uma caça aos grupos terroristas, que, de alguma forma, ameaçavam os interesses norte-americanos. Assim, o Afeganistão foi ocupado em 2001, quando o então presidente norte-americano, George W. Bush, autorizou a operação para capturar o saudita Osama bin Laden, líder da **Al Qaeda**, acusado de planejar o atentado de 11 de setembro. O Iraque foi ocupado em 2003, quando os Estados Unidos acusaram o governo de Saddam Hussein de produzir armas químicas de destruição em massa.

GLOSSÁRIO

Al Qaeda: organização terrorista formada por militares fundamentalistas árabes islâmicos.

Jim Hollander/AFP Photo

↑Grupo de fuzileiros navais dos Estados Unidos no Afeganistão em 2001.

Nenhuma das intervenções obteve êxito. Osama bin Laden foi capturado e morto somente em 2011, dez anos após o atentado de 2001. Também ficou comprovado que o Iraque não tinha as armas químicas anunciadas pelo governo norte-americano. O resultado dessas operações foi a destruição desses países e a morte de milhares de civis.

Para os Estados Unidos, o saldo positivo da ocupação do Afeganistão foi a retirada do Talibã do poder, grupo extremista islâmico que governou o país de 1996 a 2002. No Iraque, o ditador Saddam Hussein foi deposto em 2003, após 24 anos no poder. Ambos, talibãs e Hussein, não representavam os interesses dos EUA na região.

A desaprovação popular interna e externa e o alto custo dessas intervenções militares levou o governo norte-americano a decidir pela retirada de seus militares desses países a partir de 2010. No entanto, em 2015, mais de 10 mil militares estadunidenses ainda permaneciam no Afeganistão, e o Talibã não perdera sua influência no país.

Os Estados Unidos têm rivalizado com o Irã e a Coreia do Norte, nações suspeitas de desenvolver programas nucleares para fins bélicos. Esses países são vistos pelo governo estadunidense e pelas Nações Unidas como uma ameaça, com a justificativa de que podem fabricar bombas atômicas.

Em uma iniciativa de aliviar as tensões com os iranianos, os Estados Unidos e mais cinco potências (Alemanha, China, França, Reino Unido e Rússia) firmaram um acordo, em julho de 2015, que previa a diminuição das atividades nucleares do Irã – dessa forma, o país asiático não teria potencial para produzir armas nucleares. Em troca, essas potências retirariam as sanções econômicas dos iranianos.

No entanto, em 2018, o presidente Donald Trump retirou os Estados Unidos do acordo e retomou as sanções econômicas aos iranianos, alegando que as medidas do acordo e a fiscalização sobre o Irã eram insuficientes para impedir o país asiático de produzir armas nucleares.

Desde 2014, os Estados Unidos enfrentam ainda outro inimigo: o Estado Islâmico, grupo radical formado por ex-combatentes do antigo exército derrotado de Saddam Hussein, que propaga o terror por meio da dizimação de minorias religiosas e étnicas, como os xiitas e os curdos do norte do Iraque, além de assassinar reféns e jornalistas estrangeiros.

Gleb Garanic/Reuters/Fotoarena

→ Soldados estadunidenses levantam a bandeira de seu país em um posto de controle de Bagdá, Iraque, 2003.

AQUI TEM MAIS

Relação dos Estados Unidos com a Coreia do Norte

Com a Coreia do Norte, a relação tem sido delicada. Os norte-coreanos já chegaram a fazer alguns testes com mísseis, e os estadunidenses realizaram manobras militares na Coreia do Sul. No entanto, para surpresa da comunidade internacional, após meses de negociações, os dois líderes assinaram um acordo em 2018 no qual a Coreia do Norte se comprometia a iniciar o desmonte de seu programa nuclear.

Especialistas afirmam que o início das negociações foi facilitado pelo descontentamento da China, o mais importante aliado da Coreia do Norte, com os testes dos mísseis. A China desempenha um papel importante na política externa por ser um dos países mais populosos do mundo, ter vasto território, economia forte, poder militar e armas nucleares. A disputa por mercados e recursos naturais pode ditar os rumos das relações políticas e estratégicas entre os dois países.

Leia a notícia a seguir.

Kim e Trump assinam acordo para desnuclearização das Coreias; EUA oferecem "garantias de segurança"

Kevin Lim/Getty Images

↑ O líder norte-coreano, Kim Jong-un, cumprimenta o presidente dos Estados Unidos, Donald Trump, em Sentosa, Cingapura, 2018.

Em uma coletiva realizada após o encontro, Trump afirmou que os EUA vão parar os exercícios militares na Coreia do Sul. "O que vamos fazer é parar os 'jogos de guerra' e vamos economizar bastante dinheiro com isso."

O documento selado [...] após uma histórica cúpula de mais de quatro horas entre o presidente dos EUA e o líder norte-coreano afirma que os dois países se comprometem em cooperar para desenvolver novas relações e para a "promoção da paz, prosperidade e segurança".

[...] Apesar dos compromissos, o texto é vago, e não informa o formato ou o prazo em que a desnuclearização será feita nem detalha quais seriam as "garantias de segurança" dos EUA à Coreia do Norte.

[...] Esta foi a primeira vez em que um presidente norte-americano em exercício se encontra com um líder norte-coreano. Antes de Trump, Bill Clinton viajou à Coreia do Norte, mas já havia deixado a Casa Branca quando isso aconteceu.

Tanto o pai quanto o avô de Kim, líderes da Coreia do Norte antes dele, chegaram a iniciar negociações para abandonar as ambições nucleares do país, em troca de assistência econômica. Todos os acordos no entanto acabaram fracassando.

UOL, 12 jun. 2018. Disponível em: <https://noticias.uol.com.br/internacional/ultimas-noticias/2018/06/12/donald-trump-e-kim-kong-un-assinam-acordo-de-cooperacao-mas-nao-divulgam-detalhes.htm>. Acesso em: jan. 2019.

1. Pesquise qual é a situação da relação entre a Coreia do Norte e os Estados Unidos atualmente. O acordo entre os países foi cumprido? Quais foram os impactos desse acordo?

ATIVIDADES

NO CADERNO

SISTEMATIZAR

1. Qual foi a primeira área de influência na qual os Estados Unidos exerceram seu poder na política externa? Explique com base nas teorias que apoiaram o projeto expansionista do país.

2. Quais foram os resultados da política intervencionista dos Estados Unidos no Oriente Médio desde 2001? Discuta o principal objetivo dos norte-americanos na região.

3. Além de ter grande influência econômica, os Estados Unidos exercem forte poder militar no mundo. Essa frase está correta? Justifique sua resposta.

4. Que fator tem levado os Estados Unidos a rivalizar, na política internacional, com o Irã e a Coreia do Norte? E qual é a situação atual das relações dos Estados Unidos com os dois países?

REFLETIR

1. Observe a imagem e responda:

Duke

- Escreva um comentário sobre a crítica feita na charge e o que ela representa.

DESAFIO

1. Você percebe a influência do imperialismo norte-americano em seu dia a dia? Em grupos, com os colegas, façam um levantamento de elementos da cultura estadunidense que vocês consomem, por exemplo, música, aplicativos, programas de televisão, jogos de *video game*, conteúdo da internet etc. Depois, redijam um texto sobre como esses elementos perpetuam o domínio desse país pelo mundo.

CAPÍTULO

4 Ambiente e recursos naturais

No capítulo anterior, você estudou características da política externa da América Anglo-Saxônica, especialmente relacionadas ao poder político e militar estadunidense. Neste capítulo, vai estudar os principais recursos minerais e alguns dos embates ambientais sofridos pelas potências norte-americanas.

Ambiente e desenvolvimento econômico

Em qualquer área de nosso planeta, as características ambientais determinam os recursos naturais de uma área, que podem ser explorados ou não, de acordo com as necessidades e condições técnicas de um grupo em certa época.

Os Estados Unidos e o Canadá detêm importantes jazidas minerais e recursos hídricos que são intensamente explorados. O aproveitamento desses recursos, voltado ao desenvolvimento econômico e à satisfação das necessidades da população, acaba gerando pressões ambientais, que retornam para seus habitantes por meio de crises hídricas e poluição da água, do ar e do solo.

Recursos minerais e energéticos e impacto ambiental

No Tema 3 foram estudados o relevo, a vegetação, a hidrografia e o clima do continente americano. Agora vamos retomar alguns desses conhecimentos, especificamente sobre a América Anglo-Saxônica, para compreender melhor os impactos ambientais sofridos pela região.

Para iniciar, observe o mapa a seguir.

América Anglo-Saxônica: recursos minerais e energéticos – 2013

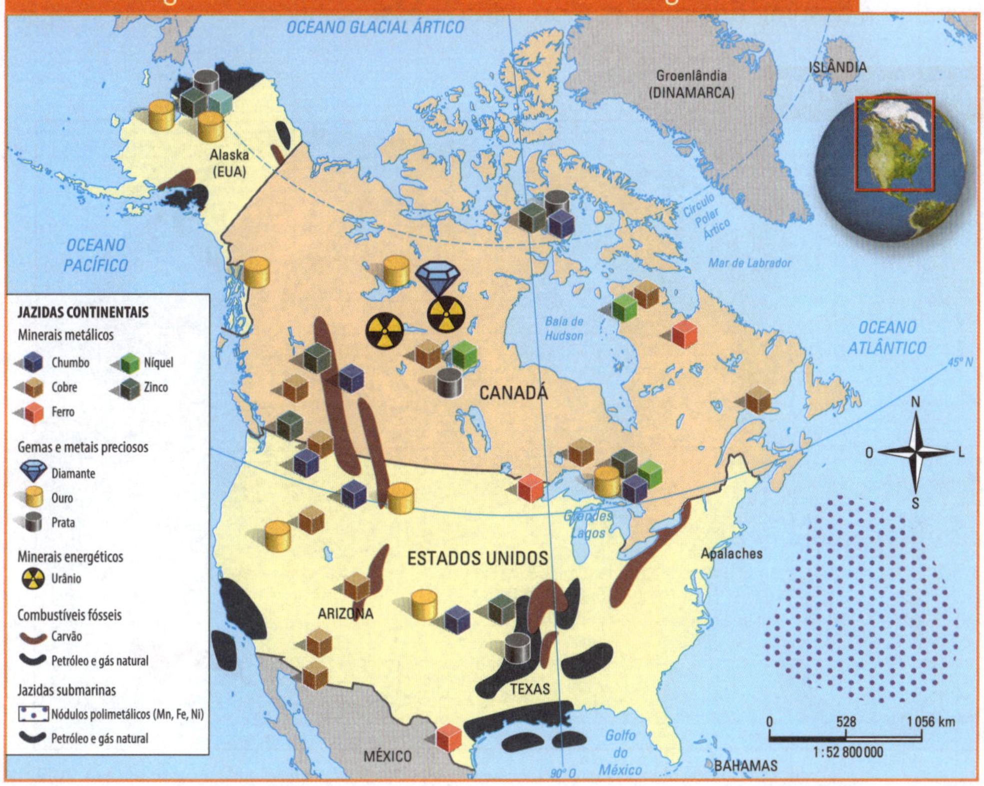

© DAE/Tarcísio Garbellini

Fonte: Vera Caldini e Leda Ísola. *Atlas geográfico Saraiva*. 4. ed. São Paulo: Saraiva, 2013. p. 186.

Como você pôde observar no mapa da página anterior, a América Anglo-Saxônica tem recursos minerais em abundância, como ouro, cobre, chumbo, zinco, minerais de terras raras (usados na informática) e minério de ferro, que são encontrados principalmente nas áreas montanhosas e nos planaltos desgastados da costa leste.

Larry MacDougal/AP/Glow Images

↑Exploração em jazida de carvão mineral. Sheerness, Canadá, 2016.

Nas áreas da planície central estão as maiores jazidas de petróleo e gás natural; já o carvão está mais igualmente distribuído pelo território. Estados Unidos e Canadá estão entre os três maiores produtores de carvão mineral do mundo, ao lado da Austrália.

Questões que envolvem gestão, exploração e industrialização de minerais são fundamentais para esses países, que consomem grandes quantidades desses recursos e dependem deles para abastecer suas atividades econômicas.

No entanto, a extração excessiva de recursos naturais provoca uma série de impactos ambientais, como danos irreversíveis ao solo e ao relevo pela atividade mineradora.

Além disso, o uso de máquinas para extração, transporte e transformação desses recursos gera emissão de gases que provocam o efeito estufa. Nas últimas décadas, a comunidade internacional tem aumentado a pressão para que as maiores economias do mundo, como Estados Unidos e Canadá, diminuam o consumo de combustíveis fósseis.

Em 2016, o governo canadense anunciou que até 2030 o país não deve mais utilizar carvão mineral para a produção de eletricidade. O governo dos Estados Unidos, desde o início da administração do presidente Trump, recusa-se a assumir qualquer compromisso nesse sentido.

Mapa-múndi: emissão de CO_2 - 2013

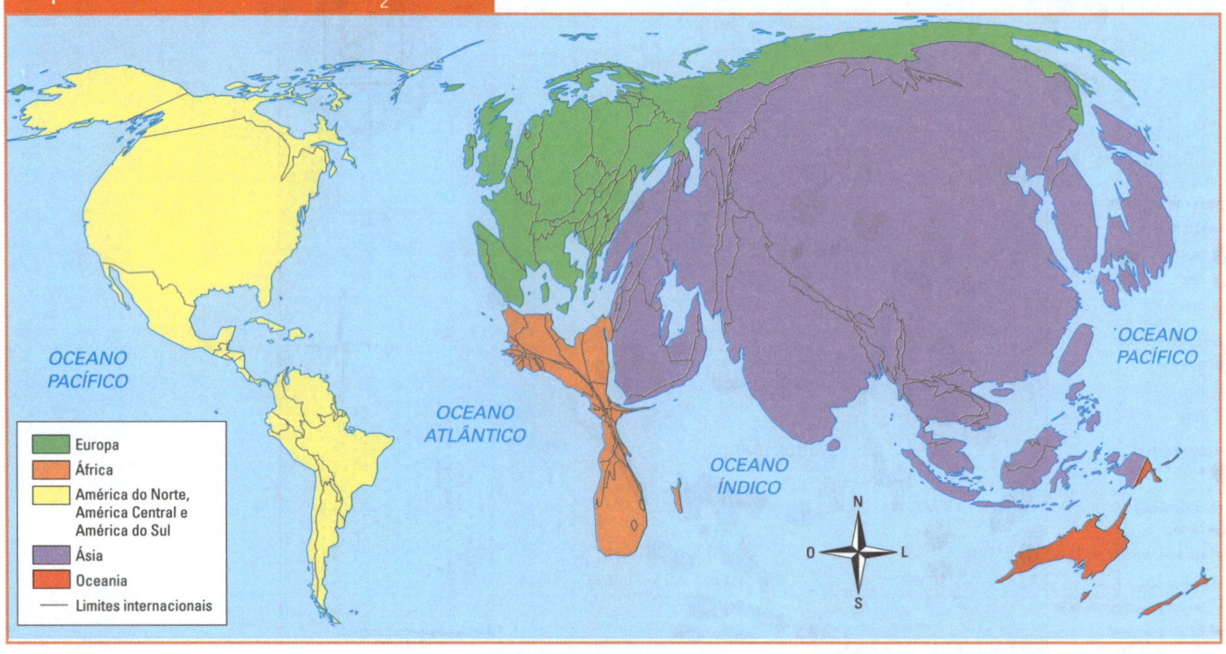

© DAE/Sonia Vaz

Fonte: The Carbon Map. Disponível em: <www.carbonmap.org/#Emissions>. Acesso em: jan. 2019.

CARTOGRAFIA

Observe a sequência de mapas.

EUA: cobertura vegetal original - 1620

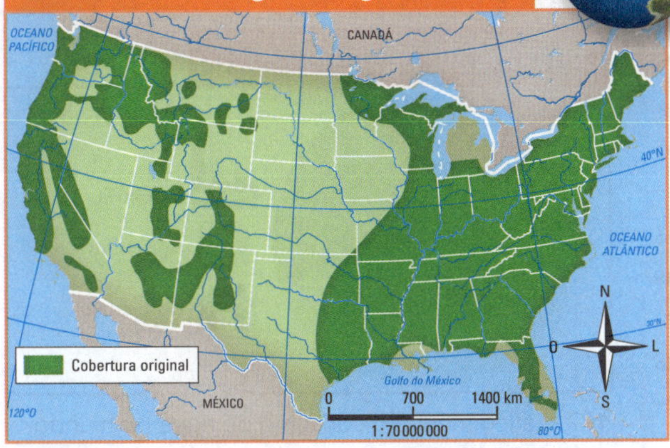

Fonte: Global Change: the sustainability challenge – University of Michigan. Disponível em: <https://globalchange.umich.edu/globalchange2/>. Acesso em: jan. 2019.

EUA: cobertura vegetal original - 1850

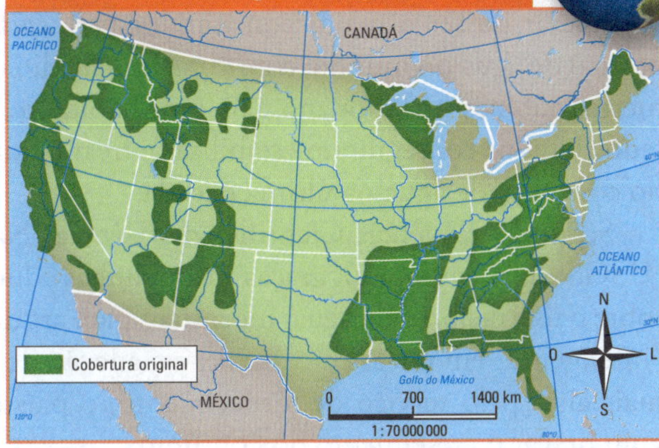

Fonte: Global Change: the sustainability challenge – University of Michigan. Disponível em: <https://globalchange.umich.edu/globalchange2/>. Acesso em: jan. 2019.

Mapas: © DAE/Alessandro Passos da Costa

EUA: cobertura vegetal original - 1990

Fonte: Global Change: the sustainability challenge – University of Michigan. Disponível em: <https://globalchange.umich.edu/globalchange2/>. Acesso em: jan. 2019.

1. Identifique nos mapas as áreas onde ocorreram desmatamentos nos Estados Unidos, relacionando a forma de ocupação do território com as atividades econômicas desenvolvidas.
2. Como esse desmatamento relaciona-se com os problemas ambientais da atualidade?

DIÁLOGO

Estados Unidos freiam crescimento de consumo de água na última década

Apesar de ser o maior consumidor *per capita* (por pessoa) de água do mundo, com consumo médio de 215 metros cúbicos (m^3) por ano para cada habitante, os Estados Unidos conseguiram estabilizar e frear o aumento no consumo de água na última década.

Segundo a Agência Científica de Ciências Naturais (USGS, sigla em inglês), graças a campanhas educativas sobre o uso racional da água, incentivos para arquitetura "inteligente" em novas construções e a adoção de tarifas mais altas pelo serviço de fornecimento, o país conseguiu brecar o crescimento do consumo.

[...] Atualmente, os estados e as grandes cidades norte-americanas têm investido em regulação, políticas de restrição de uso e num trabalho de conscientização para uso da água.

Consumo de água no mundo

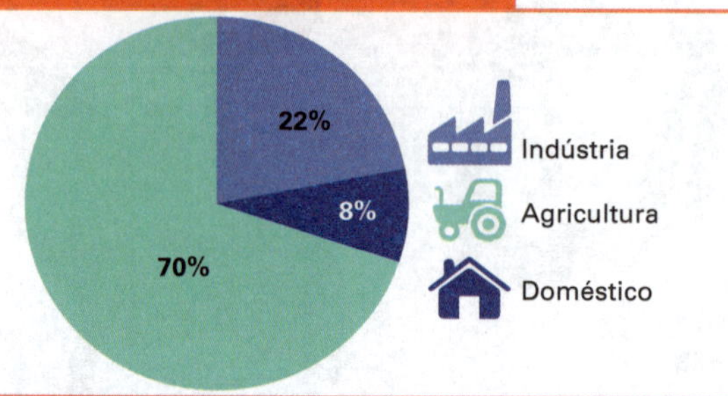

O gráfico mostra o consumo de água no mundo dividido entre agricultura, indústria e doméstico.

Fonte: Ministério do Meio Ambiente (MMA). Água. Disponível em: <www.mma.gov.br/estruturas/sedr_proecotur/_publicacao/140_publicacao09062009025910.pdf>. Acesso em: jan. 2019.

[...] A água das chuvas também é coletada nas casas para irrigação. Edifícios "inteligentes" são projetados para gastar menos e reaproveitar o recurso, com captação da água das chuvas, por exemplo.

O governo investiu massivamente em campanhas publicitárias sobre o uso consciente, com vídeos e reportagens publicados na internet e disponibilizou um portal institucional só para tratar de água.

[...] Para Brian McCallum da USGS, o estado da Califórnia é um exemplo de sucesso na luta para contornar a crise gerada pela falta d'água.

O hidrólogo, que esteve em São Paulo há duas semanas para uma reunião sobre estiagem, disse que vê semelhanças entre o Brasil e os Estados Unidos no modo de consumo da água. "Brasil e Estados Unidos têm dimensões e população semelhantes. Ser grande e ter abundância de recursos alimenta uma ideia falsa de que os recursos são ilimitados", destaca. "São Paulo está vivendo hoje o que São Francisco viveu anos atrás", conclui.

No *ranking* mundial de consumo de água, em números absolutos, os Estados Unidos aparecem em terceiro lugar, depois da China e da Índia. Em quarto lugar, aparece o Brasil.

McCallum acredita que a conscientização tem papel fundamental no médio e longo prazos. Para ele, no curto prazo, a adoção de altos preços nas tarifas [é] o modo mais fácil de "ensinar" a população a poupar.

Leandra Felipe. Estados Unidos freiam crescimento de consumo de água na última década. *Agência Brasil*, 20 mar. 1025. Disponível em: <http://agenciabrasil.ebc.com.br/geral/noticia/2015-03/estados-unidos-freiam-crescimento-de-consumo-de-agua-na-ultima-decada>. Acesso em: jan. 2019.

1. De acordo com o texto, quais são as razões para o sucesso dos Estados Unidos em conseguir "frear" o consumo de água? Explique.
2. Analisando o gráfico e considerando tudo que estudou a respeito da América Anglo-Saxônica até aqui, como você relaciona o consumo à escassez de água nos países que a compõem?

ATIVIDADES

NO CADERNO

SISTEMATIZAR

1. Mencione os dois principais minérios da América Anglo-Saxônica, citando suas principais áreas de ocorrência.
2. Por que os Estados Unidos e o Canadá estão entre os maiores emissores de gases de efeito estufa?
3. Por que há pressão ambiental em razão do aproveitamento dos recursos minerais nos Estados Unidos e no Canadá?
4. Explique por que questões que envolvem gestão, exploração e industrialização de minerais são importantes para os países anglo-saxões.
5. Que críticas são feitas à extração excessiva de recursos naturais?

REFLETIR

1. Leia o texto a seguir e faça o que se pede.

A nova energia dos Estados Unidos

A existência de um enorme parque industrial somada à imensa frota de veículos e de seu significativo contingente populacional faz dos Estados Unidos um dos maiores consumidores de combustíveis fósseis do mundo. Diariamente há a extração de milhões de barris de petróleo, tornando-o um dos maiores produtores do recurso. Como a quantia é insuficiente, se faz necessária a importação, tornando o país vulnerável às oscilações de preço do mercado energético mundial. No entanto, tal dependência pode estar com os dias contatos. A provável emancipação virá de um recurso de origem sedimentar até então pouco utilizado para fins energéticos: o xisto. [...]

Tal rocha pode fornecer o *oil shale* (óleo de xisto, em inglês). Tal material é extraído do xisto betuminoso. Ao submeter o material rochoso à ação de elevadas temperaturas, obtém-se um óleo cuja composição se assemelha à do petróleo. A partir de então, é possível produzir derivados, tais como óleo combustível, gás liquefeito, óleo diesel, nafta e gasolina. Somente no ano de 2012, cerca de 24% da produção de óleo dos Estados Unidos foi proveniente do *oil shale*.

Além dele, há outra novidade energética não convencional: por meio de recursos tecnológicos especiais, é possível extrair dos interstícios dessa rocha o *shale gas* (gás de xisto, em inglês). Essa nova fonte já proporciona um novo impulso ao setor energético do país. Há cerca de 10 anos, o xisto era responsável por cerca de 1% do fornecimento de gás. Hoje, ele responde por aproximadamente 30% das necessidades internas do país. Segundo alguns estudos, o uso desse recurso energético diminui parcialmente a emissão de gases de efeito estufa feito pelo país.

[...]

Axé Silva. Revolução do xisto afetará a política internacional. *Mundo – Geografia e Política Internacional*, São Paulo: Pangea, ano 21, n. 3, p. 5, maio 2013.

a) Diante desse novo cenário energético, reflita sobre as possíveis consequências energéticas e econômicas do uso de xisto em maior escala e desenvolva um pequeno texto a respeito disso.

b) Faça uma pesquisa a fim de descobrir quais são as técnicas utilizadas para obter óleo e gás de xisto e a principal crítica dos ambientalistas sobre o uso dessas técnicas.

FIQUE POR DENTRO

A falha de Santo André

A falha de Santo André, que atravessa de norte a sul os estados da Califórnia, nos Estados Unidos, e da Baixa Califórnia, no México, é a ruptura geológica mais instável e perigosa do subcontinente. Causa de terremotos devastadores, resultado da fricção entre as placas Norte-Americana e do Pacífico, Santo André é uma falha de abertura horizontal, típica do limite transformante entre placas tectônicas.

O MOVIMENTO RELATIVO ENTRE AS BORDAS DA FALHA

As bordas de uma falha não costumam formar linhas nem ângulos retos, já que mudam de direção ao longo da superfície e têm um ângulo de inclinação vertical chamado mergulhante.
Por outro lado, os tipos de falhas tectônicas dependem de como foram produzidas e do deslocamento relativo das placas. Quando forças tectônicas comprimem a casca horizontalmente, uma ruptura fará com que uma porção do território se levante por cima da outra borda.
Uma distensão, ao contrário, fará com que uma das bordas da falha desça pela inclinação de mergulho e fique sob a outra borda.

566 KM
é a distância em que se moveram as bordas opostas da falha uma em relação à outra, ao longo de sua história.

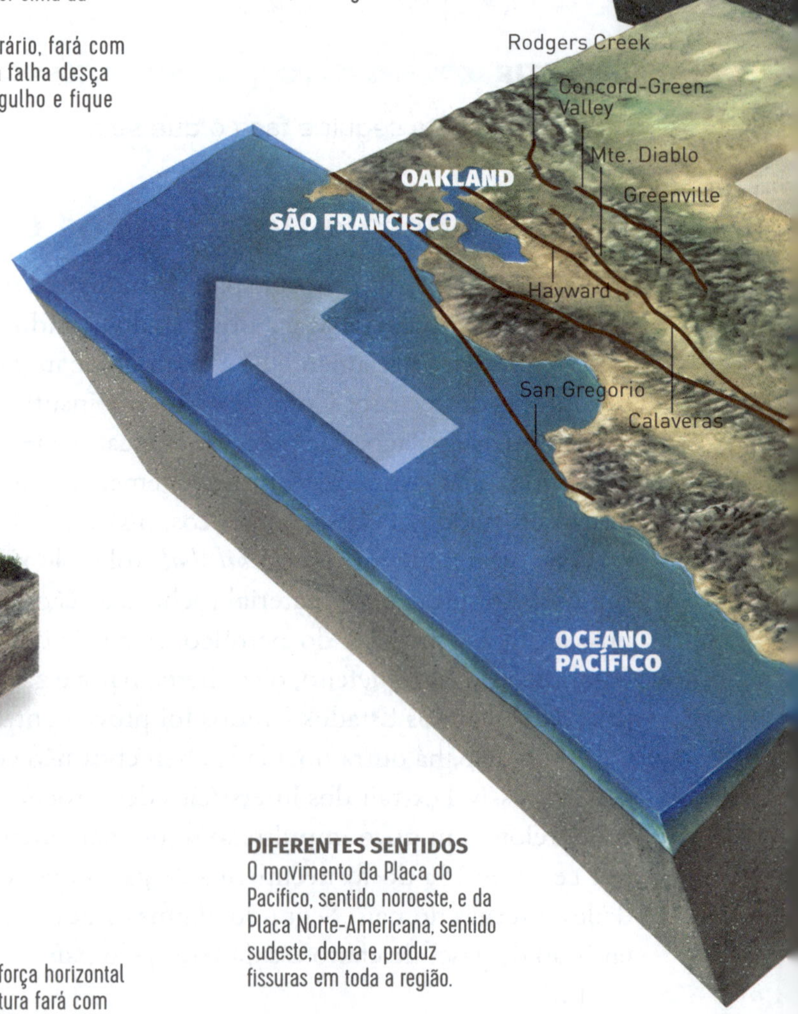

1

FALHA NORMAL
É gerada pela tensão horizontal.
O movimento é predominantemente vertical em relação ao plano da falha, o qual tem um ângulo de 60° em relação ao horizontal. Produz-se quando o bloco do teto se desloca para baixo em relação ao bloco do muro.

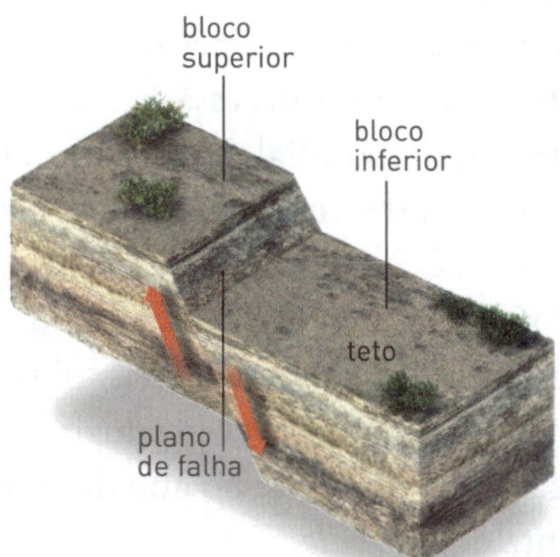

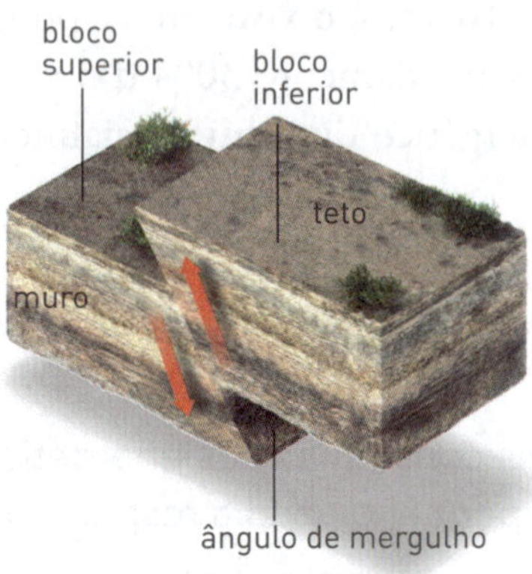

2

FALHA INVERSA
É produzida quando uma força horizontal comprime o terreno. A fratura fará com que o teto deslize, colocando-se por cima do muro.

DIFERENTES SENTIDOS
O movimento da Placa do Pacífico, sentido noroeste, e da Placa Norte-Americana, sentido sudeste, dobra e produz fissuras em toda a região.

QUEBRA HORIZONTAL
É produzida quando o movimento das placas se dá ao longo da superfície terrestre, de forma paralela, na direção da fratura e não do mergulho. Essas falhas não estão formadas por apenas uma fratura, mas por um sistema de falhas menores, oblíquas ao eixo central e mais ou menos paralelas.

DESVIO TECTÔNICO DE CANAIS

A falha corrente gera, por atrito e rachaduras, falhas transversais, e ao mesmo tempo as modifica com seu deslocamento. Em ambas as bordas da falha de Santo André, encontram-se canais que foram transformados, apresentando relevos de três formas características: o canal com deslocamento tectônico, o desviado e o de aproximação oblíqua.

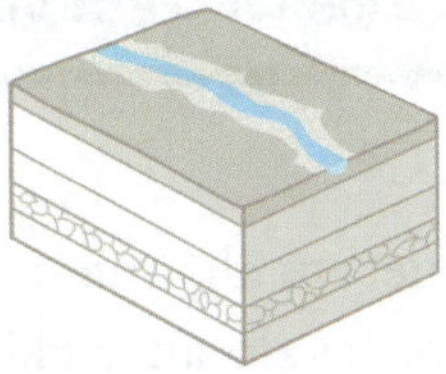

1 CANAL DESVIADO
Como consequência da ruptura, o curso se desvia.

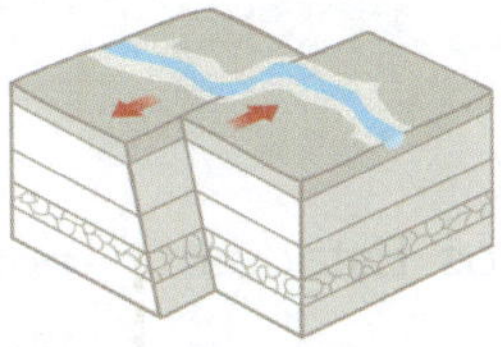

2 CANAL DESLOCADO
O canal parece estar quebrado em relação ao seu eixo de falha.

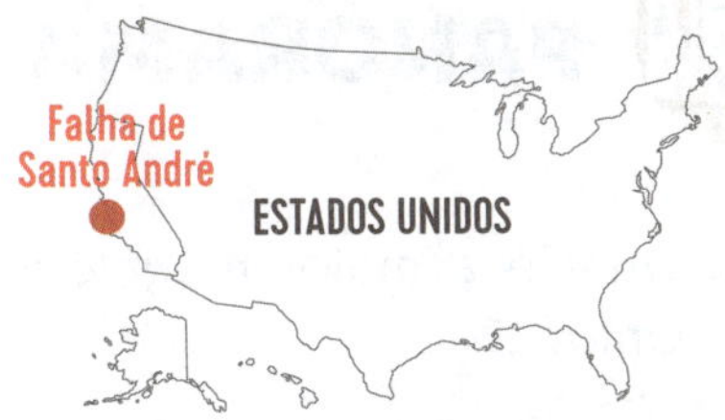

Extensão da Califórnia	**1240 km**
Extensão da falha	**1300 km**
Largura máxima da falha	**100 km**

140 ANOS

É o intervalo médio entre as maiores rupturas que se produziram ao longo da falha. Pode variar entre 20 e 300 anos.

ENTRE DUAS PLACAS

A falha de Santo André, de deslocamento horizontal, forma um limite de falha transformante entre duas placas: a do Pacífico e a Norte-Americana.
Tem complexas ramificações, com uma extensão total de 1300 km.

RACHADURA FATAL

No oeste dos Estados Unidos, a falha de Santo André é uma coluna vertebral de um conjunto de falhas. Por meio dos estudos realizados nessa região, comprovou-se que as bordas das placas estão em contato permanente, e quando a rocha sólida não pode suportar a tensão, rompe-se e acontece um terremoto. O que se registrou em 1906 destruiu a cidade de São Francisco e foi considerado o pior desastre natural da história da região.

PASSADO E FUTURO

Há aproximadamente 30 milhões de anos, a Península da Califórnia encontrava-se a oeste da costa mexicana. Dentro de 30 milhões de anos é possível que seja uma ilha situada à frente da costa do Canadá.

1. O que é a falha de Santo André?
2. Qual é o tipo de abertura e movimento entre os limites das placas tectônicas que formaram a falha de Santo André?

Fontes: Wilson Teixeira et al. (Org.). *Decifrando a Terra*. 2. ed. São Paulo: Companhia Editora Nacional, 2009. p. 78 - 107. Antônio Teixeira Guerra; Antonio José Teixeira Guerra. *Novo dicionário geológico-geomorfológico*. 9. ed. Rio de Janeiro: Bertrand Brasil, 2011. p. 265-267. Georg Robert Sadowski. *Sobre a geologia estrutural de cinturões de cisalhamento continentais*. Tese apresentada ao curso de Livre-docência do Departamento de Geologia Geral do Instituto de Geociências da Universidade de São Paulo. São Paulo, 1983.

PANORAMA

FAÇA AS ATIVIDADES A SEGUIR E REVEJA O QUE VOCÊ APRENDEU.

NO CADERNO

1. Qual é a maior megalópole dos Estados Unidos?
2. Estabeleça uma relação entre os indicadores socioeconômicos e a qualidade de vida nos Estados Unidos.
3. O que são o *manufacturing belt* e o *sun belt*?
4. Explique como funciona a agricultura de *belts* nos Estados Unidos.
5. Relate o atentado terrorista de 11 de setembro de 2001 nos Estados Unidos.
6. Por que podemos dizer que a população canadense está mal distribuída pelo território? Quais são as áreas com grande e pequena concentração populacional e quais fatores explicam essa distribuição desigual?
7. Justifique esta afirmação: as intervenções militares dos Estados Unidos no Afeganistão e no Iraque no século XXI não obtiveram muito êxito.
8. Justifique a importância da Região dos Grandes Lagos e do Vale do Rio São Lourenço para a economia canadense.
9. Por que a fronteira entre Estados Unidos e México é fortemente fiscalizada?
10. O que são as maquiladoras mexicanas?
11. Quais são os principais motivos para as empresas transnacionais se instalarem no México?
12. Leia o texto e responda à questão.

Os americanos criaram a agricultura mais produtiva do mundo

Os americanos têm o hábito de dar apelidos a seus estados. Nova York é o Empire State, uma referência à pujança da economia e à riqueza da região. O Alasca é o estado do sol da meia-noite, porque, em algumas cidades, não escurece em certas épocas do ano. Há também o estado do ouro (Califórnia), da prata (Nevada) e do granito (New Hampshire) e um punhado de outros com apelidos incompreensíveis para quem não é de lá.

Nebraska, mais conhecido como a casa do investidor Warren Buffett, adota oficialmente, desde 1945, o nome Cornhusker State – algo como estado "debulhador de milho". Basta dirigir por um punhado de minutos por suas estradas para entender por que o Nebraska se orgulha tanto de algo tão prosaico. A região leste do estado é um grande, imenso, milharal.

Ao lado de Iowa, Illinois e Ohio, entre outros, Nebraska faz parte do cinturão do milho, uma região do Meio-Oeste tomada por fazendas e que é responsável por quase 40% da produção mundial. Seus moradores são obcecados pelo clima. Boletins sobre a expectativa de chuvas, a evolução da temperatura e o deslocamento de frentes de ar ocupam uma parte considerável do noticiário local – e, neste ano, têm sido acompanhados ainda mais de perto.

[...]

Giuliana Napolitano. Os americanos criaram a agricultura mais produtiva do mundo. *Exame*, 13 nov. 2013. Disponível em: <http://exame.abril.com.br/revista-exame/edicoes/1053/noticias/o-apogeu-da-agricultura>. Acesso em: jan. 2019.

- Por que os moradores de Nebraska são "obcecados pelo clima"?

13. Por que, nas últimas décadas, as regiões Sul e Oeste se transformaram no mais novo foco de industrialização norte-americana?
14. Como se caracteriza a agricultura do Canadá?
15. Como se caracterizam as exportações e as importações canadenses?
16. O que o Nafta já realizou em prol dos países-membros?
17. Quais são os recursos minerais mais abundantes da América Anglo-Saxônica e onde são encontrados?

18. Em grupo, façam uma pesquisa sobre o Vale do Silício, na Costa Oeste americana. A pesquisa deve conter informações sobre por que essa região, e não outra nos Estados Unidos ou no planeta, tornou-se o local em que mais são desenvolvidos produtos de tecnologia de ponta e mais se criam empresas inovadoras.

19. Mencione razões para a existência de imigração ilegal nos Estados Unidos. Apresente argumentos que justifiquem o interesse da ida para o país e os motivos do governo estadunidense de promover regras rigorosas para a entrada de imigrantes.

20. Durante o governo Bush (2001-2009) foi adotada nos Estados Unidos uma política contra o terrorismo. Você considera a intervenção armada a melhor forma de combatê-lo? Faça um texto a respeito.

21. Leia o texto a seguir.

Os terroristas são mestres no controle da mente. Eles matam pouquíssimas pessoas, mas ainda assim conseguem aterrorizar bilhões e sacudir enormes estruturas políticas, como a União Europeia ou os Estados Unidos. Desde 11 de setembro de 2001, todo ano terroristas têm matado cerca de cinquenta pessoas na União Europeia, dez nos Estados Unidos, sete na China e até 25 mil no mundo todo (principalmente no Iraque, no Afeganistão, no Paquistão, na Nigéria e na Síria). Em contraste, a cada ano acidentes de trânsito matam cerca de 80 mil europeus, 40 mil americanos, 270 mil chineses e 1,25 milhão no total. Diabetes e níveis elevados de açúcar matam até 3,5 milhões de pessoas por ano, e a poluição do ar, cerca de 7 milhões. Então por que temer o terrorismo mais do que o açúcar, e por que os governos perdem eleições por causa de ataques terroristas esporádicos, mas não por causa da poluição crônica do ar?

Como indica o significado literal da palavra, o terrorismo é uma estratégia militar que espera mudar a situação política pelo medo, mais do que por danos materiais. [...] Por isso os terroristas se parecem com uma mosca tentando destruir uma loja de porcelanas. A mosca é tão fraca que não consegue mover uma única xícara de chá. Então como é que pode destruir a loja inteira?

Yuval Noah Harari. *21 lições para o século 21*. Trad. Paulo Geiger. São Paulo: Companhia das Letras, 2018. p. 201-203.

Com base no que você sabe do terrorismo e no que aprendeu da relação dos Estados Unidos com essa forma de interferência na geopolítica mundial, responda:

a) Quais foram os efeitos práticos da caçada aos terroristas empreendida pelos EUA após o 11 de setembro?

b) Por que se diz que uma empreitada de caça aos terroristas pode encobrir interesses comerciais, políticos e estratégicos? Explique.

c) Aproveitando a metáfora da mosca, que o autor usa para ilustrar a ação de um terrorista, responda com suas palavras à pergunta da última frase do texto: Como, sendo tão fraca, a mosca consegue destruir a loja inteira?

DICAS

LEIA

Extremamente alto, incrivelmente perto, de Jonathan Safran Foer (Rocco). O livro conta a história de Oskar, um garoto de 9 anos de idade que perde o pai na tragédia do 11 de setembro nos Estados Unidos. Guiada pelo peso dessa grande tragédia histórica, a narrativa suscita uma reflexão sobre a imprevisibilidade do amanhã.

ASSISTA

Sob a mesma lua, Estados Unidos, México, 2007. Direção: Patricia Riggen. O filme conta a história de Rosário, imigrante mexicana que, movida pela esperança de oferecer um futuro melhor a sua família, trabalha ilegalmente nos EUA.

Nanook, o esquimó, Estados Unidos, 1922. Direção: Robert Flaherty. O antropólogo Robert Flaherty, com sua câmera rudimentar, decide filmar a vida e os costumes dos inuítes de Port Huron, perto da Baía de Hudson, no Canadá.

↓ Festividade de mulheres indígenas quéchuas. Pujili, Equador, 2017.

TEMA 5

América Latina: sociedade

NESTE TEMA

VOCÊ VAI ESTUDAR:

- os habitantes nativos dos países da América Latina;
- as diferenças sociais e econômicas nessa porção do continente;
- composição e distribuição da população, urbanização e aspectos econômicos dos países da América Latina;
- conflitos e movimentos sociais latino-americanos.

A América Latina é formada por países que apresentam enorme variedade cultural e diversidade de paisagens. Parte dessa cultura advém dos povos indígenas nativos do continente, que resistem mesmo após anos de colonização.

1. Você conhece a etnia das indígenas retratadas na fotografia?
2. Que aspectos da cultura desse povo chamaram sua atenção?
3. De que forma podemos valorizar esses grupos humanos?

CAPÍTULO

1 Os povos nativos

No capítulo anterior, você estudou os principais recursos minerais da América Anglo-Saxônica e algumas questões ambientais. Neste capítulo, você vai estudar os povos nativos americanos, como os maias, incas, astecas e tupinambás.

A ocupação do continente

Muito antes de os europeus chegarem às terras que passariam a ser denominadas de América, no final do século XV, várias sociedades já haviam se formado no continente e estavam espalhadas de norte a sul, em territórios mais ou menos estabelecidos.

Esses povos adaptaram-se aos mais diferentes recursos e paisagens, desde o altiplano andino ao sul do continente, passando pela densa Floresta Amazônica, atravessando a América Central e a América do Norte – entre formações vulcânicas, planícies e terrenos alagadiços até as terras geladas do extremo norte.

Como você já viu no Tema 1, as teorias dizem que os seres humanos chegaram à América provavelmente atravessando o Estreito de Bering e viajando em pequenas embarcações pelo Oceano Pacífico.

Os povos nativos da América viviam em comunidades com diferentes níveis de organização, explorando os rios e as matas de onde se estabeleciam para obter alimentos. Muitos viviam da caça, pesca, coleta de frutos e vegetais e de atividades consideradas agrícolas.

Alguns povos destacaram-se por sua estrutura social, política e econômica, como os maias, os astecas e os incas. Eles também dominavam conhecimentos de Arquitetura, Matemática, Medicina, Astronomia, além de técnicas de fundição de ouro e prata.

Nas terras que hoje correspondem ao Brasil também havia grupos estruturados e organizados, como os tupis-guaranis e os jês.

Museu de Antropologia, México. Foto: Bridgeman Images/Easypix

Calcula-se que dezenas de milhões de nativos viviam em terras americanas quando ocorreu a chegada dos exploradores europeus. Todos esses povos sofreram graves consequências com a colonização europeia a partir do século XVI. Muitos foram escravizados e dizimados, o que levou à extinção de diversas culturas.

← Afrescos do templo Bonampak, um dos mais importantes sítios arqueológicos da cultura maia, mostra procissão de músicos. Chiapas, México, século IX.

CARTOGRAFIA

Observe no mapa ao lado as áreas onde viviam alguns dos povos nativos da América. Esses povos ocupavam as terras americanas antes da chegada dos exploradores europeus.

Faça o que se pede.

1. Comente a quantidade de povos nativos e sua distribuição pelo continente americano.
2. Com base no que se vê no mapa, é possível afirmar que os "europeus descobriram a América"?
3. Localize no mapa as áreas em que viviam os grupos astecas, maias e incas.
4. Que grupos indígenas se destacavam na área em que se consolidou o território brasileiro?

América: povos nativos

© DAE/Alessandro Passos da Costa

Fonte: José Jobson de A. Arruda. *Atlas histórico básico*. 17. ed. São Paulo: Ática, 2011. p. 21.

Maias, astecas e incas

Os **maias** viveram na América Central, na Península de Iucatã e no sul do México, expandindo seu território por cerca de 325 mil km^2. Estudiosos acreditam que a civilização maia surgiu por volta de 1000 a.C. e se manteve até o século XVI.

Claire Tuner/Shutterstock.com

↑ Pirâmide Chichén Itzá, construída pela civilização maia. Tinum, México, 2018.

A base econômica dos maias era a agricultura, principalmente de milho, feijão, abóbora e pimentas. Eles desenvolveram técnicas agrícolas e sistemas de irrigação para os cultivos adaptando-se ao clima e à rede hidrográfica local. O armazenamento de água e as técnicas de drenagem possibilitaram aos maias ocupar os mais diversos tipos de terreno – dos manguezais da costa do Pacífico e do Atlântico às regiões montanhosas da atual Guatemala; das densas florestas tropicais da Península de Iucatã às regiões secas e cobertas de vegetação rasteira ao norte da península.

A construção de templos e palácios, como os da cidade de Chichén Itzá, situada no México, atestam o desenvolvimento de conhecimentos arquitetônicos, matemáticos e astronômicos, além de serem registros do poder e da religião maia da época.

Parte da cultura pré-colombiana maia foi preservada por seus descendentes indígenas atuais, como a língua nativa, algumas crenças e a visão de mundo.

Os **astecas**, também conhecidos como mexicas, habitavam a região central do atual México. Vindos de terras ao norte, estabeleceram-se em uma região alagadiça e fundaram a cidade de Tenochtitlán.

Sua base econômica também era a agricultura, em especial o cultivo de milho. Estenderam à força seus domínios sobre vários povos da região. Com técnicas aprimoradas, fizeram obras de drenagem que impressionaram os espanhóis no século XVI, além de grandes pirâmides, entre elas, o Templo Mayor, exatamente no centro da cidade de Tenochtitlán, que, no processo de conquista e colonização espanhola, serviu de base para a construção da atual cidade do México.

Fabrício Rezende/iStockphoto.com

↑Ruínas do templo asteca Mayor, destruído pelos espanhóis em 1521. Cidade do México, México, 2016.

Os astecas construíram amplos templos, ruas pavimentadas e vários arcos de pedra. Conheciam Astronomia e adotavam um calendário de 365 dias, elaborado com base no ano solar. A sociedade asteca era dividida em escravos, comerciantes, artesãos, sacerdotes e militares. Tinham uma organização política com sistema tributário e governo representado por um monarca eleito por um conselho.

A situação política instável, em razão das relações de domínio de outros povos por meio de guerras e tributos, fez com que os povos subjugados enxergassem nos colonizadores espanhóis uma possibilidade de rivalizar com os astecas e recuperar sua autonomia. Essa aliança facilitou o processo de conquista para os espanhóis, mas a liberdade buscada por tais povos nativos jamais se concretizou.

Museu Britânico, Londres. Foto: Bridgeman Images/Easypix

→ Theodore de Bry. *Captura dos astecas pelos colonizadores espanhóis*, c. 1550. Ilustração de livro (gravura).

Os **incas** habitavam a região que hoje corresponde ao Equador, Peru, norte do Chile, oeste da Bolívia e noroeste da Argentina. Viviam na Cordilheira dos Andes, em ambientes montanhosos, onde construíram estradas e cidades cujas edificações eram feitas de blocos de pedra encaixados. Praticavam a agricultura, principalmente de batata, milho e outras espécies adaptadas ao solo e ao clima, além de produzirem obras de irrigação e técnica de plantio em terraços.

Os impérios inca, asteca e maia, altamente organizados, foram alvo da conquista espanhola, que subtraiu toda a riqueza desses povos, como ouro, prata, pedras preciosas, esculturas e utensílios feitos de metais nobres.

Mesmo oferecendo resistência à chegada dos exércitos conquistadores, as civilizações pré-colombianas foram praticamente dizimadas por armas poderosas, as quais desconheciam. Desse choque, restaram ruínas de grandiosos templos, palácios e cidades, mas principalmente heranças culturais cultivadas por seus descendentes até os dias de hoje.

Polhansen/iStockphoto.com

↑ Cidade inca de Machu Picchu, Peru, 2016.

Grupos nativos do Brasil

Nas terras que se tornariam o Brasil havia cerca de 1400 povos que habitavam a região antes da chegada dos europeus (portugueses). Esses nativos, que passaram a ser chamados de indígenas, organizavam-se em diversos grupos linguísticos, com diferentes culturas. A quantidade desses nativos variava entre 5 e 8 milhões de pessoas.

Assim como os maias, astecas e incas, os povos indígenas viviam em sociedades organizadas, com hierarquia de comando, extraindo da natureza os alimentos e utensílios necessários para sua sobrevivência.

Ao entrar em contato com os colonizadores europeus, os nativos das terras brasileiras também sofreram dominação, que culminou em escravidão e extermínio. Os tupinambás do litoral foram as primeiras vítimas desse domínio, mas outros grupos indígenas também experimentaram esse tipo de violência. Além da superioridade tecnológica, como o uso de arma de fogo, os europeus colonizadores instigavam a discórdia entre grupos indígenas, mediante chantagem e suborno.

Fabio Colombini

↑ Cacique ensinando crianças na tribo indígena kalapalo. Parque Indígena do Xingu (MT), 2018.

Hoje o Brasil tem pouco mais de 800 mil indígenas, de acordo com o Censo 2010. Segundo o IBGE, a maioria vive nas regiões Centro-Oeste e Norte. É um número bem reduzido, em comparação aos milhões que habitavam as terras brasileiras antes da chegada dos europeus. Apesar da diminuição gigantesca dessa população, dados do IBGE indicam que há décadas ocorre uma curva de aumento dos indígenas no país.

Atualmente, muitos indígenas vivem em condição de pobreza e encontram-se envolvidos em conflitos pela terra. Parte deles luta pelo respeito às suas tradições e por direitos, a exemplo da implementação de políticas públicas, como a demarcação de terras e o ensino da cultura e da história dos povos indígenas nas escolas.

Paula Rodrigues/Folhapress

Indígenas da tribo guarani protestam contra anulação de novas demarcações territoriais da aldeia Jaraguá pelo Ministério da Justiça. São Paulo (SP), 2017.

CURIOSO É...

Você sabia que os indígenas que habitaram o atual território brasileiro na Pré-História construíam enormes barreiras feitas de cascas de moluscos em baías, praias e na foz de rios?

Esses importantes resquícios arqueológicos espalhados pela costa brasileira recebem o nome de **sambaquis**, que na língua tupi significa "amontoado de conchas".

O que realmente motivava os indígenas a construir os sambaquis não é conhecido. Acredita-se que estes funcionavam como uma espécie de depósito, já que neles é possível encontrar restos de alimentos, ferramentas e objetos usados no dia a dia dos indígenas. Além disso, há também ossos de mamíferos e esqueletos, sugerindo que também funcionavam como uma espécie de cemitério. Provavelmente, devido às suas dimensões, essas montanhas pré-históricas eram monumentos que também serviam para a identificação dos grupos que habitavam determinada região.

Os sambaquis são valiosas fontes de estudos para os pesquisadores. Analisando-os, os arqueólogos conseguem obter informações sobre os hábitos das populações pré-históricas que habitavam o litoral brasileiro. Com base na idade das construções e na natureza dos materiais encontrados, pode-se concluir que muitos povos eram sedentários e dependiam da coleta e da pesca para sobreviver.

Apesar disso, fazer afirmações acerca dos hábitos dos povos primitivos que habitaram o atual território brasileiro continua sendo um desafio, já que muitos sambaquis foram destruídos ou se apresentam em mau estado de conservação.

Rogério Reis/Pulsar Imagens

Sambaquis em Laguna (SC), 2017.

DIÁLOGO

Daniel Munduruku, pertencente ao grupo étnico munduruku, fez doutorado em Educação e pós-doutorado em Literatura; é autor de 52 livros.

Juan Guerra/Estadão/AE

↑ Daniel Munduruku durante entrega da Ordem do Mérito Cultural. São Paulo (SP), 2013.

– Peço licença para entrar no território de vocês. Eu venho questionar esse olhar quadrado que o ocidente desenvolveu e que exclui olhares circulares.

[...]

– Quando leem minha biografia, dizem que não sou mais índio, que já sou "civilizado". Eu não sou índio e não existem índios no Brasil. Essa palavra não diz o que eu sou, diz o que as pessoas acham que eu sou. Essa palavra não revela minha identidade, revela a imagem que as pessoas têm e que muitas vezes é negativa.

Segundo o escritor, há dois conceitos no imaginário da sociedade brasileira intrínsecos a esta palavra: o olhar romântico, do "índio" que vive no meio do mato, e o aspecto ideológico que considera que "índios são preguiçosos e atrasam o progresso". Esse imaginário, fruto do pensamento ocidental e colonizador, criou um achatamento da riqueza cultural brasileira, explicou Daniel.

– Quando a gente chama alguém de índio, não ofende só uma pessoa, ofende culturas que existem há milhares de anos. Esse olhar linear empobrece nossa experiência de humanidade. A gente defende um sistema de vida que tem dado certo há 3 mil anos – afirmou.

Um dos 307 povos indígenas do país, o povo Munduruku vive no Pará, Amazonas e Mato Grosso. Segundo Daniel, há cerca de 15 mil pessoas da etnia Munduruku no Brasil.

– No dia 19 de abril, a gente comemora um equívoco, porque se esconde a diversidade de povos que existem no Brasil. Cada povo cria seu modo de estar no mundo a partir da cultura, que é alimentada pela língua que ele fala. E cada povo tem suas tradições, sua crença, cultura, política e economia. Nós aprendemos que só existe a língua portuguesa por aqui né. Mas no Brasil existem 307 línguas muito antigas e diferentes entre si. E a língua é uma leitura de mundo. Quando a gente generaliza e diz que "o índio chama casa de oca", imediatamente a gente está esquecendo que oca é apenas um jeito de falar. E essas línguas são tão diferentes entre si quanto o português é diferente do chinês. Se um Kaingang fala a língua dele, eu não sei para onde vai, porque é de um tronco linguístico diferente. Aí vocês podem entender porque o povo tupi (que é o meu caso, o povo Munduruku é tupi) se organiza de um jeito e porque o povo Kaingang, que é do tronco Macro-Je, se organiza de outro jeito.

[...]

Thaís Seganfredo. Daniel Munduruku: "Eu não sou índio, não existem índios no Brasil". *Nonoda*. Disponível em: <www.nonada.com.br/2017/11/daniel-munduruku-eu-nao-sou-indio-nao-existem-indios-no-brasil/>. Acesso em: set. 2018.

1. Organize-se em grupo e, juntos, pesquisem a localização geográfica, os dados populacionais, os costumes e a atual situação socioeconômica de diferentes grupos indígenas residentes no território brasileiro. Sintetizem as informações pesquisadas em um cartaz com textos, imagens, gravuras, tabelas, mapas etc. e o compartilhem com o restante da turma.

ATIVIDADES

NO CADERNO

SISTEMATIZAR

1. Que regiões ocuparam, respectivamente, os maias, os astecas e os incas?
2. Cite o nome de dois grandes grupos étnicos que ocuparam e ainda ocupam o território brasileiro.
3. Qual era a população indígena estimada antes da chegada dos colonizadores portugueses às terras que seriam chamadas de Brasil, e qual é a população indígena segundo o último censo do IBGE?
4. Explique como os recursos naturais eram usados pelos povos nativos americanos em diferentes paisagens naturais.
5. O que são os sambaquis e onde estão localizados?

REFLETIR

1. Explique a frase a seguir.

> Todos os povos nativos da América sofreram graves consequências provocadas pela colonização europeia a partir do século XVI.

2. Com base na observação da fotografia abaixo, faça uma análise de quais tipos de sociedades existia na América antes da chegada dos europeus.

Leoadalis/iStockphoto.com

↑ Vista aérea de Machu Picchu, Peru, 2013.

DESAFIO

1. Como você estudou, grandes civilizações desenvolveram-se no continente americano, como a maia, a asteca, a tupinambá, a inca, entre outras. Esses povos apresentavam uma sociedade organizada, hierarquia política e riqueza cultural.
Forme um grupo com alguns colegas. Juntos, escolham uma área de conhecimento (Astronomia, Medicina, Arquitetura, Agricultura ou Matemática) de uma dessas civilizações e pesquisem detalhes, informações e curiosidades da área escolhida. Apresentem à turma o resultado da pesquisa, além de gravuras e fotografias que ilustrem o trabalho de vocês.

CAPÍTULO 2

Aspectos sociais e econômicos

No capítulo anterior, você estudou os povos nativos americanos, como os maias, incas, astecas e tupinambás. Neste capítulo, você vai estudar os principais problemas comuns às grandes cidades latino-americanas: moradia, mobilidade, acesso à agua e desemprego.

Indicadores sociais

Os países da América Latina apresentam diferenças em sua origem e colonização, o que resulta em indicadores sociais e econômicos diversos.

Observe os indicadores do quadro a seguir. Eles informam diferentes aspectos socioeconômicos de alguns países e realidades a serem superadas.

	Indicadores socioeconômicos		
	Saúde Expectativa de vida ao nascer (2015)	**Educação** Média de anos de escolaridade (2015)	**Renda *per capita*** Em US$, por paridade do poder de compra (2015)
Bolívia	68,7 anos	8,2	6,155
Brasil	74,7 anos	7,8	14,145
Cuba	79,6 anos	11,8	7,455
Noruega	81,7 anos	17,7	67,614
Canadá	82,2 anos	16,3	42,582

↑ A tabela mostra três indicadores socioeconômicos dos seguintes países: Bolívia, Brasil, Cuba, Noruega e Canadá.

Fonte: Relatório do Desenvolvimento Humano 2016. Disponível em: <www.br.undp.org/content/brazil/pt/home/idh0/relatorios-de-desenvolvimento-humano/rdhs-globais.html#2016>. Acesso em: set. 2018.

No que se refere à economia e aos aspectos sociais, a realidade da América Latina é bastante insatisfatória, mesmo se considerarmos os grandes avanços realizados nas últimas décadas. Os dados do quadro demonstram a pluralidade e os problemas dos países latinos, se comparados aos de países desenvolvidos.

Luciana Whitaker/Pulsar Imagens

→ Escola Rural em Caraí (MG), 2018.

Diferenças sociais e econômicas

Centros urbanos

A grande maioria dos países latinos encontra-se em situação de dependência econômica em relação às maiores economias do mundo – como EUA, China e União Europeia. São países que, em geral, dependem da exportação de produtos primários e não têm altos índices de industrialização. Suas economias geralmente não estão entre as que mais crescem no cenário mundial e, quando o crescimento é favorável, não conseguem usar a riqueza gerada para solucionar a desigualdade econômica e social.

Além disso, setores essenciais de atendimento à população, como saúde, educação, além da oferta de emprego, estão concentrados nos grandes centros urbanos, provocando uma migração massiva em direção a esses espaços, lançando novos desafios para os governos locais nas áreas do transporte, da segurança pública, da moradia e do abastecimento de água e energia, entre outras.

A América Latina é atualmente a região mais urbanizada do mundo, com cerca de 450 milhões de pessoas (80% da população) vivendo em cidades. Entre os maiores centros urbanos do mundo estão a Cidade do México e a de São Paulo.

Fabrício Rezende/iStockphoto.com

↑Cidade do México, México, 2016.

Os centros urbanos da América Latina caracterizam-se pela segregação espacial e pela desigualdade, ou seja, é possível notar a existência de bairros que possibilitam aos seus moradores o acesso satisfatório a serviços básicos (hospitais, escolas, creches, iluminação, segurança, serviço de água e esgoto, coleta de lixo, transporte público eficiente, entre outros) em detrimento de outros bairros, geralmente localizados em áreas periféricas.

Mauricio Simonetti/Pulsar Imagens

↑Rua Oscar Freire, localizada em bairro nobre de São Paulo (SP), 2013.

Daniel Cymbalista/Pulsar Imagens

↑Moradias em bairro periférico de São Paulo (SP), 2017.

Nesse contexto, a violência urbana é um dos problemas que mais preocupam a população dos grandes centros urbanos. Segundo a ONU, em 2015 foram estimados 468 mil homicídios no mundo, e a América Latina concentrou algumas das maiores taxas de homicídio para cada 100 mil habitantes.

Moradia, mobilidade urbana e acesso à água

O deslocamento de grandes contingentes populacionais do campo ou de outras cidades menores em direção aos grandes centros urbanos, a falta de planejamento regional e urbano, além da atuação do mercado imobiliário, colocam a questão da habitação entre os grandes problemas dos centros urbanos da América Latina. Aproximadamente 111 milhões, dos 588 milhões de habitantes da região, moram em favelas.

Ronaldo de Oliveira/CB/D.A Press

↑Bairro habitacional conhecido como Favela Sol Nascente. Brasília (DF), 2013.

Segundo o IBGE, as favelas e os alagados, entre outras formas de habitação precária, conhecidas como grotões, invasões, baixadas, ressacas, mocambos, palafitas etc., estão agrupados de forma genérica no conceito de **aglomerados subnormais**, isto é, áreas de assentamentos irregulares nas quais existem, no mínimo, 51 unidades habitacionais carentes de serviços públicos essenciais e que ocupem terrenos de propriedade alheia (pública ou particular).

DIÁLOGO

O que é a favela, afinal?

Cesar Diniz/Pulsar Imagens

↑Meninos jogam futebol em campo de terra em favela. Bom Jesus da Lapa (BA), 2014.

Acreditamos que uma definição de favela não deve ser construída em torno do que ela não possui em relação ao modelo dominante de cidade. Pelo contrário, elas devem ser reconhecidas em sua especificidade socioterritorial e servirem de referência para a elaboração de políticas públicas apropriadas a esses territórios. Este reconhecimento já vem sendo realizado, em parte, por meio do Estatuto da Cidade, que define as favelas como áreas de especial interesse, que necessitam de uma regulação própria baseada em sua materialidade historicamente dada. É da concretude da sua morfologia que se estabelecem as referências possíveis do que é compreendido como moradia digna, dotada das condições necessárias para o bem-estar e o bem-viver. Enfim, uma morada onde grupos que se aproximam por valores, práticas, vivências, memórias e posição social, construam sua identidade com força de realização de suas vidas.

Jailson de Souza e Silva. Rio de Janeiro: *Observatório de Favelas*, 2009. p. 22. Disponível em: <http://observatoriodefavelas.org.br/wp-content/uploads/2013/09/o-que-%C3%A9-favela-afinal.pdf.>. Acesso em: ago. 2018.

1. Pesquise o Estatuto da Cidade, seus princípios e instrumentos.
2. Compare a definição de favela do IBGE com a do texto acima. Quais são as principais diferenças entre elas?

Entre as maiores favelas da América Latina estão a Favela do Sol Nascente (DF), a favela da Rocinha (RJ), Cité Soleil, em Porto Príncipe, capital do Haiti, e a impressionante cidade de Nezahualcóyotl, ou apenas Ciudad Neza, nos limites da cidade do México e com um adensamento de mais de 1,2 milhão de habitantes.

Westend61/Alamy/Fotoarena

↑Favela Cité Soleil, em Porto Príncipe, Haiti, 2017.

Segundo a ONU, a população urbana mundial vai duplicar até 2050, e as taxas de crescimento urbano devem diminuir na América Latina, o que não significa dizer que os desafios serão menores no que se refere à garantia de direitos das populações que habitam os densos centros urbanos e às estratégias de planejamento por parte dos governantes locais. Estima-se que, em 2050, 89% da população da região estará vivendo em cidades.

Outra questão inerente aos grandes centros é a mobilidade urbana. Parte da população precisa percorrer longas distâncias entre sua moradia e o posto de trabalho. As más condições do transporte público e os frequentes congestionamentos diários nas ruas e avenidas das grandes cidades agravam o problema.

DarthArt/iStockphoto.com

↑Trânsito em Santiago, Chile, 2015.

De acordo com os estudos do Banco Mundial, a América Latina é a região com maior quantidade de água doce do planeta, com destaque para Brasil, Colômbia e Peru. No entanto, cerca de 34 milhões de pessoas têm algum comprometimento no acesso à água potável.

No Brasil, segundo dados do Ministério das Cidades para o ano de 2011, 36 milhões de brasileiros não tinham acesso à água tratada e menos da metade da população, 48,1%, tinha acesso à coleta adequada de esgoto.

Nos últimos anos, a cidade de São Paulo – a maior cidade do Brasil e uma das duas megacidades da América Latina – sofreu um conturbado período de secas com o esvaziamento de seus reservatórios, no qual as populações mais atingidas foram as de favelas, cortiços e bairros periféricos da cidade. Entre os motivos para essa crise hídrica figuraram a ineficiência da administração do governo local, o desperdício de água de domicílios e da indústria, e os baixos índices pluviométricos.

A cidade de La Paz, capital da Bolívia, sofre com recorrentes crises hídricas e, em 2016, enfrentou a pior crise dos últimos 25 anos. O desabastecimento afetou mais de 340 mil pessoas.

Economia e emprego

Alguns países da América Latina tiveram um crescimento industrial de destaque nos últimos anos, o que se refletiu em melhorias socioeconômicas para a população. Eles são conhecidos como países de economia emergente ou em desenvolvimento.

Os países emergentes, como o Brasil, o México e a Argentina, apresentam industrialização tardia, com predomínio da tecnologia clássica e modernização em alguns setores.

O Brasil é o único país da região que, desde o início do século XXI, faz parte do bloco das maiores economias emergentes do mundo, o chamado Brics (Brasil, Rússia, Índia, China e África do Sul). Recentemente, com a desaceleração do crescimento econômico do Brics, desponta no cenário internacional o chamado Mint (México, Indonésia, Nigéria e Turquia), que têm em comum as superpopulações e a promessa de gigantescos mercados de trabalho para as próximas décadas.

Em relação ao mercado de trabalho, a instabilidade política ainda faz com que as taxas de desemprego oscilem de acordo com momentos de calmaria e de tensão nos cenários políticos nacional e continental, bem como em função da concorrência dos lugares que disputam a atração dos investidores e da dinâmica do mercado mundial.

América Latina: taxa de desemprego - 2006-2016

O gráfico mostra o percentual de desemprego na América Latina entre 2006 e 2016.

Fonte: OIT. Panorama Laboral 2016. América Latina e Caribe. Disponível em: <www.ilo.org/americas/publicaciones/panorama-laboral/WCMS_537803/lang--es/index.htm>. Acesso em: fev. 2019.

Como a maioria dos países latino-americanos tem economia pouco diversificada e baseada na produção e comercialização de *commodities* – mercadorias produzidas em larga escala, geralmente de origem mineral ou agropecuária, como petróleo, minério de ferro, soja ou proteína animal –, que têm seus preços definidos no mercado internacional, qualquer oscilação ou crise econômica os afeta diretamente.

A última década registrou altas taxas de desemprego em toda a região, especialmente no Brasil, que, em 2018, tinha uma das maiores taxas de desemprego entre todos os países da América Latina e Caribe.

Apesar de consideráveis avanços, ainda hoje um dos grandes desafios para a América Latina é a qualificação da mão de obra, o que exige investimentos nas áreas da educação e da pesquisa e desenvolvimento tecnológico.

Fila de desempregados em busca de oportunidades de trabalho. Florianópolis (SC), 2016.

ATIVIDADES

NO CADERNO

SISTEMATIZAR

1. Que fatores históricos, políticos e econômicos fazem com que os países da América Latina tenham um desenvolvimento econômico relativamente baixo?
2. No que se refere ao processo de urbanização de muitos países da América Latina, comente a seguinte afirmação: A América Latina é uma região urbanizada, no entanto sem planejamento urbano.
3. Quais processos contribuem para que os grandes centros abriguem populações tão numerosas?
4. Do ponto de vista do planejamento urbano, cite três grandes desafios para os maiores centros urbanos latinos.

REFLETIR

1. Faça um texto sobre as relações econômicas entre os países latinos e as maiores economias do mundo.
2. Observe os dados abaixo sobre o Chile e escreva sobre a diferença entre crescimento econômico e desenvolvimento social

IDH (2014)	Gini (2015)
0,832	0,505

Fontes: PNUD Brasil. Disponível em: <www.br.undp.org/content/brazil/pt/home/idh0/rankings/idh-global.html>; *O Globo*. Disponível em: <https://oglobo.globo.com/economia/brasil-o-10-pais-mais-desigual-do-mundo-21094828>. Acessos em: fev. 2019.

DESAFIO

1. Leia o trecho a seguir e faça a atividade proposta.

O desemprego na América Latina e no Caribe aumentou pelo terceiro ano consecutivo e afeta mais de 26 milhões de pessoas em 2017, de acordo com um novo relatório divulgado nesta segunda-feira 18 pela Organização Internacional do Trabalho (OIT). Apesar desta realidade preocupante, o estudo destaca que há sinais positivos no mercado de trabalho e prevê uma melhora dos indicadores no próximo ano.

[...]

No caso das mulheres, a boa notícia é que, pela primeira vez desde o início da produção anual do *Panorama Laboral*, a participação das mulheres no mercado de trabalho superou 50%, chegando a 50,2%. Isso significa que mais de 100 milhões de mulheres fazem parte da população economicamente ativa.

Apesar desta evolução positiva, a desigualdade de gênero é persistente. [...]

Após três anos de alta, desemprego na América Latina deve cair em 2018. *Carta Capital*, 18 dez. 2017. Disponível em: <www.cartacapital.com.br/economia/oit-apos-tres-anos-de-aumento-desemprego-deve-cair-em-2018-na-al>. Acesso em: ago. 2018.

a) Em grupo, pesquise a participação das mulheres no mercado de trabalho no Brasil e em outros países da América Latina, principalmente no que se refere à diferença de salário em razão do gênero.

b) Proponha soluções que podem ser tomadas pelo governo desses países para resolver essa questão.

CAPÍTULO

3 Aspectos populacionais

No capítulo anterior, você estudou os principais problemas comuns às grandes cidades latino-americanas. Neste capítulo, você vai estudar os principais aspectos populacionais e os movimentos migratórios relacionados aos países latino-americanos.

Distribuição da população

A América Latina é composta de países localizados na América do Sul, América Central e América do Norte. Na zona latino-americana, alguns territórios não são independentes, pertencendo a diferentes nações, como a Guiana Francesa (França), Ilhas Cayman e Ilhas Virgens Britânicas (Reino Unido), e Porto Rico (território não incorporado aos Estados Unidos).

De todos os países latino-americanos, apenas uma parte se comunica por meio das línguas latinas: espanhol, português e francês. Alguns falam inglês (Bahamas, Barbados e Jamaica, por exemplo) e um o holandês (Suriname). Muitos possuem idiomas nativos e tradicionais.

América Latina: densidade demográfica

Fonte: Graça M. L. Ferreira. *Atlas geográfico: espaço mundial*. São Paulo: Moderna, 2010. p. 70.

Como é possível observar no mapa, no território latino-americano a população está distribuída de forma irregular. As áreas mais habitadas são os litorais dos oceanos Pacífico e Atlântico, que concentram a maioria das capitais e das grandes e médias cidades.

Como as faixas litorâneas foram a “porta de entrada” para os colonizadores europeus a partir do século XVI, a concentração humana nessas áreas é uma consequência histórica.

As áreas de baixa densidade demográfica correspondem, em geral, à localização dos principais obstáculos naturais ao povoamento. Na América do Sul, essas áreas são a Floresta Amazônica, ao norte; a Cordilheira dos Andes, a oeste; e o deserto semiárido frio da Patagônia, ao sul.

Aspectos demográficos

A população da América Latina cresceu significativamente a partir de meados do século XX. Em 1950, os latino-americanos e caribenhos somavam aproximadamente 179 milhões de pessoas. Na década de 1980, a região já contava com cerca de 385 milhões de pessoas. O rápido crescimento populacional é explicado pela transição demográfica, processo já estudado no Tema 1.

Fotos593/Shutterstock.com

↑Pessoas caminham em Quito, Equador, 2017.

O aumento da expectativa de vida e a diminuição das taxas de mortalidade são decorrentes de progressos médico-sanitários que ocorreram nos países latino-americanos. A melhoria na qualidade de vida da população, com a ampliação dos serviços de saúde (campanhas de vacinação, desenvolvimento tecnológico na área farmacêutica, construção de hospitais) e o tratamento de água e esgoto, aumentou a longevidade dos povos da América Latina. Observe no gráfico a seguir o crescimento populacional dos países latino-americanos entre 1950 e 2020.

América Latina: crescimento populacional 1950-2020

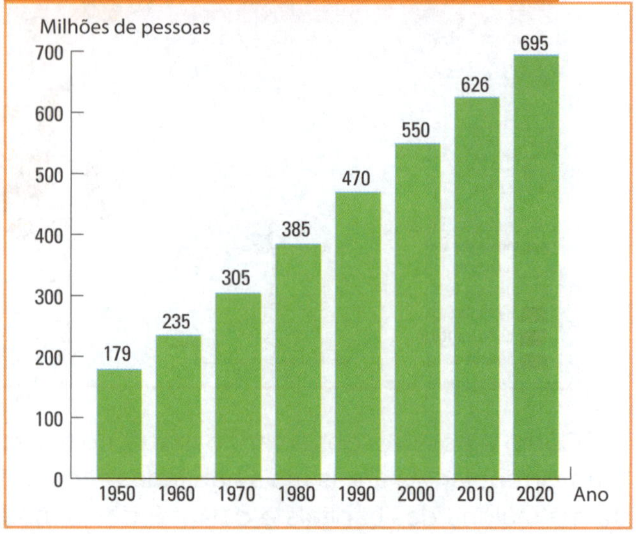

→ O gráfico mostra o crescimento populacional na América Latina entre 1950 e 2020.

Fonte: Cepal. Anuário estadístico de América Latina y el Caribe. Disponível em: <www.cepal.org/es/publicaciones/ae>. Acesso em: fev. 2019.

Apesar dos avanços econômicos e sociais conquistados, de forma geral, pela América Latina ao longo dos últimos anos, a população ainda apresenta características típicas de países em desenvolvimento. Observe as pirâmides etárias a seguir. As bases tendem a ser largas, indicando altos índices de natalidade. O topo estreito resulta de elevadas taxas de mortalidade e baixos índices de expectativa de vida. É preciso notar, também, que entre os países latino-americanos existe bastante disparidade em relação aos índices populacionais. Compare as pirâmides etárias da Argentina, da Bolívia e de Cuba. O que você consegue deduzir?

Pirâmides etárias - 2017

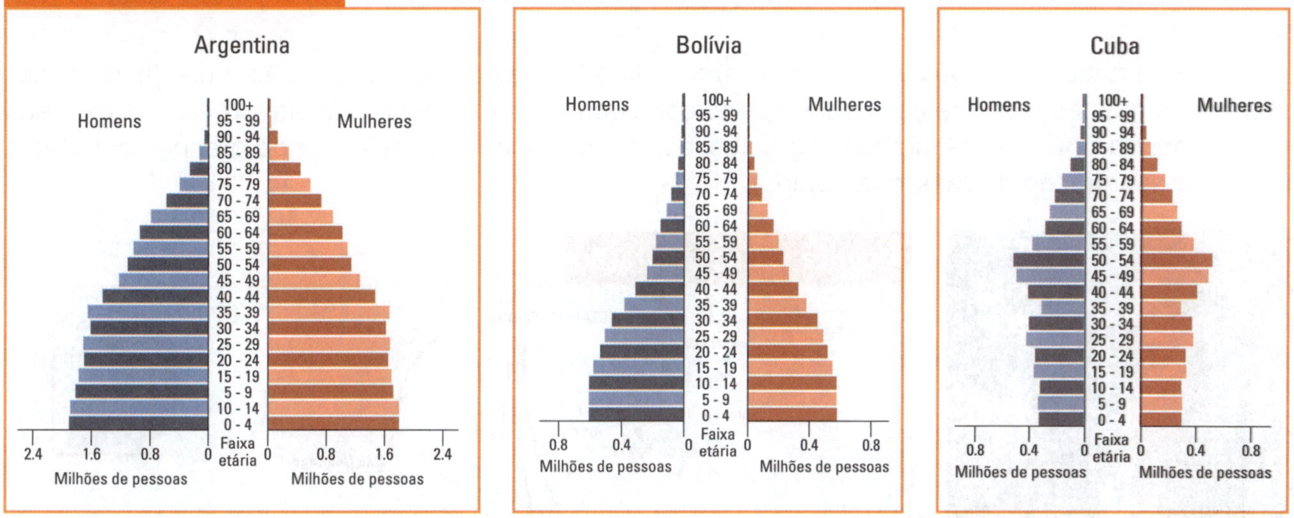

Gráficos: Tarcisio Garbellini

Fonte: United Census Bureau. Disponível em: <www.census.gov/data -tools/demo/ idb/informationGateway.php>. Acesso em: fev. 2019.

↑As imagens permitem a comparação das pirâmides etárias da Argentina, da Bolívia e de Cuba em 2017.

Migração

De acordo com dados da *International Organization for Migration* (IOM), em 2018, a principal característica dos fluxos migratórios da América era a emigração de latino-americanos e caribenhos para a América do Norte. A emigração de populações da América Latina aumentou consideravelmente nos últimos anos, ao passo que o percentual de imigrantes de outros continentes que vivem na América Latina permaneceu estável. Houve uma diminuição do número de europeus e aumento do de norte-americanos vivendo na América Latina.

Sherry Smith/iStockphoto.com

↑Muro que separa a fronteira entre San Diego, nos Estados Unidos, e Tijuana, no México. Fotografia de 2017.

O México é o país latino-americano com maior número de pessoas vivendo fora do país. Mais de 12,5 milhões de mexicanos vivem no exterior, segundo dados de 2015 da IOM. O destino da maior parte dos mexicanos é os Estados Unidos. Muitos mexicanos fazem a tentativa de emigração de forma ilegal, com o objetivo de conseguir melhores condições de vida.

A fronteira entre os Estados Unidos e o México é muito fiscalizada, o que dificulta a entrada ilegal de mexicanos e outros grupos latino-americanos de diferentes nacionalidades. Parte dessa fronteira é separada por muros e cercas, como na região de Tijuana.

No que se refere a migrações intrarregionais, há importante corrente migratória de nicaraguenses, panamenhos e pessoas de outras nacionalidades centro-americanas que se deslocam em busca de oportunidades de trabalho na Costa Rica.

As migrações também se intensificaram de Honduras, Guatemala e El Salvador para Belize. Na região caribenha, uma das principais correntes migratórias é de haitianos com destino à República Dominicana.

Os países sul-americanos também apresentam número expressivo de habitantes vivendo no exterior. Internamente, a Argentina é o principal destino dos vizinhos Paraguai e Bolívia. Das migrações inter-regionais (fora da América Latina), os principais destinos dos sul-americanos são Estados Unidos e Espanha.

Observe o mapa a seguir. Note que as áreas classificadas como de repulsão, ou seja, de maior saída de migrantes, estão relacionadas a condições econômicas e sociais desfavoráveis. Já as áreas de atração, ou seja, de destino dos migrantes, estão relacionadas à presença de grandes cidades e de alta concentração de poder de compra.

Nilton Fukuda/Estadão Conteúdo

↑A crise econômica, política e social na Venezuela provocou a saída de muitas pessoas do país. Atualmente, o Brasil tem sido um de seus principais destinos. Na fotografia, imigrantes venezuelanos na cidade fronteiriça de Pacaraima (RR), 2018.

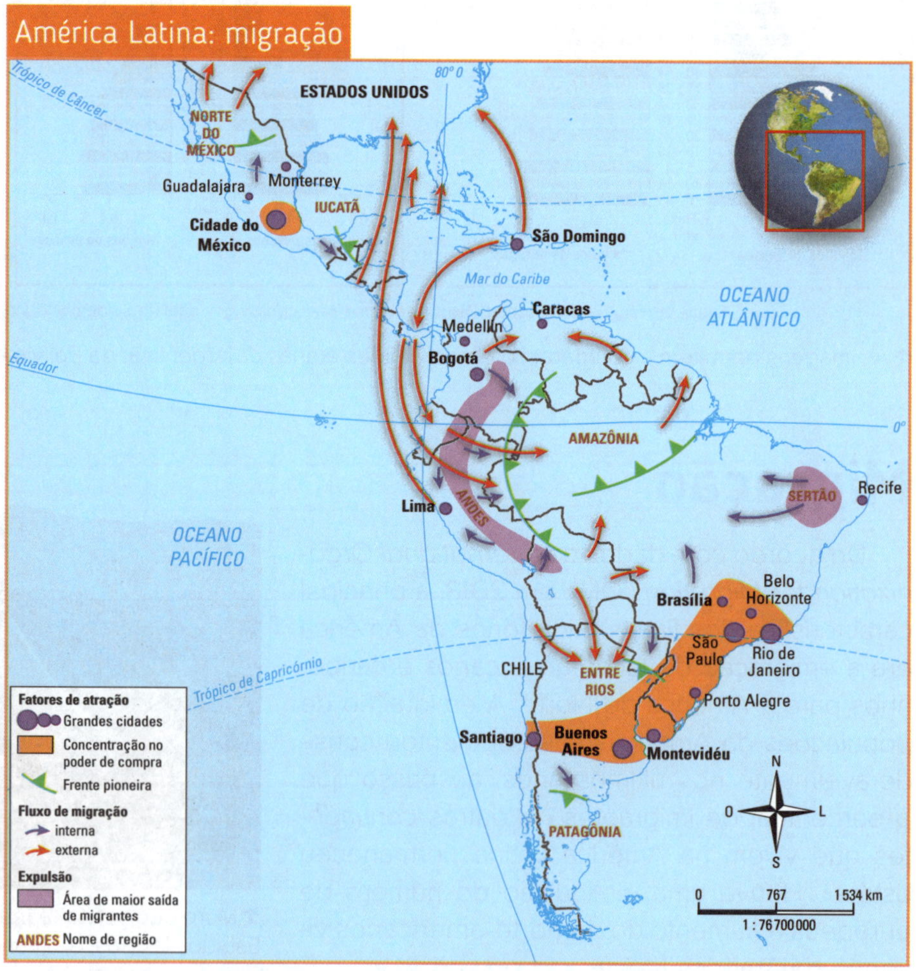

© DAE/Tarcísio Garbellini

Fonte: Vera Caldini e Leda Ísola. *Atlas geográfico Saraiva*. 4. ed. São Paulo: Saraiva, 2013. p. 108.

Os países com maior quantidade de emigrantes são Colômbia, Brasil e Equador. Contudo, nos últimos anos, a melhoria das condições econômicas da região tem contribuído para a migração de retorno dos sul-americanos a seus países. Cubanos, haitianos e dominicanos também têm migrado com mais frequência para a América do Sul. A emigração e os pedidos de asilo de venezuelanos cresceram significativamente a partir de 2015, devido à instabilidade econômica e política do país.

FORMAÇÃO CIDADÃ

A xenofobia – termo originado na Psicologia para designar a aversão ao desconhecido, ao não semelhante –, no contexto geográfico, refere-se ao preconceito, à discriminação e à violência contra estrangeiros. Esse fenômeno, tradicional em países considerados desenvolvidos, como os Estados Unidos e alguns da Europa, está relacionado aos movimentos migratórios, aos ideais nacionalistas e à crise econômica.

1. Faça uma breve pesquisa e responda: De que maneira a migração, o nacionalismo e a crise econômica estão relacionados com os movimentos xenófobos? O que você pensa a respeito desse comportamento e de que forma ele pode ser combatido? Comente-o.

Tixtis/Dreamstime.com

↑ Ativistas protestam contra a imigração em Milão, Itália, 2017.

AQUI TEM MAIS

Racismo contra latinos nos EUA invade vídeos da internet

As demonstrações de racismo contra os imigrantes latinos nos Estados Unidos alcançaram as principais páginas de vídeos da internet, com centenas de gravações que denunciam a "invasão ilegal" do país.

O anonimato oferecido pela rede e, especialmente, a facilidade com que se pode colocar um vídeo em *sites* muito visitados transformaram-se em uma arma de propaganda nas mãos dos grupos contrários à imigração.

Centenas de vídeos que denunciam "a reconquista de antigos territórios iniciada pelos mexicanos em solo americano" podem ser encontrados facilmente em *sites* [...].

Os latinos concentram a ira de alguns americanos, que veem na imigração ilegal a causa de todos os males que o país sofre, e que, como mostra a maioria dos vídeos, exigem uma ação governamental mais efetiva na fronteira com o México, para evitar que os imigrantes ilegais realizem "uma invasão". [...]

David Valenzuela. Racismo contra latinos nos EUA invade vídeos da internet. *Folha de S.Paulo*, São Paulo, 7 abr. 2007. Disponível em: <www1.folha.uol.com.br/folha/mundo/ult94u106232.shtml>. Acesso em: set. 2018.

1. Por que os mexicanos e demais latinos migram para os Estados Unidos?
2. Que informação do texto revela que ocorre discriminação de mexicanos e outros latinos nos Estados Unidos?
3. Você concorda que o anonimato da internet pode ser uma arma a favor do comportamento discriminatório e preconceituoso? Como solucionar esse problema?

ATIVIDADES

NO CADERNO

SISTEMATIZAR

1. Explique quais foram as principais causas do rápido crescimento populacional dos países latino-americanos entre 1950 e 1980.
2. Por que a pirâmide etária de alguns países da América Latina tem formato de base larga e topo estreito?
3. De modo geral, quais são as principais causas dos intensos fluxos migratórios dos povos latino-americanos para a América do Norte e para a Europa?
4. Que territórios da América Latina não são independentes e pertencem à diferentes nações?
5. Explique de que forma a população latino-americana está distribuída no território do continente.
6. O que explica a concentração humana nas faixas litorâneas do continente latino-americano e as áreas de mais baixa densidade corresponderem à localização dos principais obstáculos naturais a povoamento?
7. O que explica o crescimento significativo da população latino-americana a partir de meados do século XX?
8. Qual é a principal característica dos fluxos migratórios da América?

REFLETIR

1. Leia o texto a seguir e responda à questão.

Brasileiros de Pacaraima expulsam venezuelanos após ataque

Moradores revoltados da cidade de fronteira brasileira Pacaraima protestaram e expulsaram imigrantes venezuelanos neste sábado, depois que um dono de restaurante local foi esfaqueado e espancado, disseram moradores e autoridades do governo.

As manifestações forçaram centenas de venezuelanos a fugirem pela fronteira a pé e os moradores incendiaram os pertences que deixaram para trás e bloquearam o único cruzamento entre os dois países, mostraram imagens de vídeo divulgadas pelo governo de Roraima.

A explosão de raiva foi desencadeada pelo roubo e espancamento de um residente em sua casa na noite de sexta-feira, informou a delegada da Polícia Civil e secretária de Estado da Segurança Pública, Giuliana Castro, por telefone.

Depois de cruzar o país, os venezuelanos atacaram um grupo de 30 brasileiros que fazia compras na fronteira e precisavam ser levados para um abrigo, disse a secretária. O Ministério da Informação da Venezuela não respondeu imediatamente a um pedido de informação.

Anthony Boadle. Brasileiros de Pacaraima expulsam venezuelanos após ataque. *Terra*, 18 ago. 2018. Disponível em: <www.terra.com.br/noticias/brasil/moradores-de-pacaraima-expulsam-imigrantes-venezuelanos,b21d8438498a77f41f1f0dc96553115fxmdg8n2f.html>. Acesso em: set. 2018.

- Com base no que você estudou no capítulo e em seus conhecimentos sobre o assunto, que solução você acha que deve ser dada ao impasse entre os imigrantes venezuelanos e a população de Pacaraima, em Roraima?

CAPÍTULO 4

Conflitos e movimentos sociais

No capítulo anterior, você estudou os principais aspectos populacionais relacionados aos países latino-americanos. Neste capítulo, você vai estudar a atuação de alguns dos movimentos sociais na América Latina e analisar áreas de tensão e conflito nas fronteiras da região.

Conflitos históricos

Para entendermos os conflitos e movimentos sociais latino-americanos, precisamos relembrar como se deram os processos de colonização e suas consequências para esses países.

Como mensurar de que forma os séculos de dominação contribuíram para a dificuldade do enfrentamento de tantas questões, cuja superação seria muito importante para o desenvolvimento dos países da América Latina? E as escolhas e práticas políticas de cada nação? E a interferência externa dos países mais ricos e poderosos do mundo, que mantiveram e mantêm interesses políticos e econômicos nos países latino-americanos?

Esse complexo conjunto de fatos são questões de especial relevância para entendermos os conflitos que se desenrolam na América Latina e a atuação dos movimentos sociais em vários países.

Alice Vergueiro/Folhapress

↑Marcha da Consciência Negra. São Paulo (SP), 2016.

A luta indígena

Segundo a Comissão Econômica para a América Latina e o Caribe (Cepal), em 2010 viviam na América Latina cerca de 45 milhões de indígenas agrupados em 843 comunidades, o que equivalia a aproximadamente 8% da população total da região.

Entre os países latinos, a Bolívia tem a maior proporção de população indígena, seguida pela Guatemala, Peru e México. Segundo o Banco Mundial, em 2016, um em cada quatro indígenas latino-americanos ainda vivia em situação de pobreza.

No que se refere ao acesso à terra, relativos avanços foram conquistados, mas por toda a região ainda ocorrem conflitos motivados pela demarcação e pelo controle de terras indígenas em detrimento dos anseios exploratórios.

Ueslei Marcelino/Reuters/Fotoarena

↑ Indígenas brasileiros protestam contra a violação de seus direitos. Brasília (DF), 2017.

Fotoholica Press/LightRocket/Getty Images

→ Indígenas peruanas fazem marcha anti-imperialista contra a Cúpula das Américas. Lima, Peru, 2012.

AQUI TEM MAIS

Em 2013, na primeira reunião da Conferência Regional sobre População e Desenvolvimento da América Latina e do Caribe, os governos da região decidiram:

> Respeitar e garantir os direitos territoriais dos povos indígenas, inclusive os povos em isolamento voluntário e contato inicial, prestando particular atenção aos desafios que representam as indústrias extrativas e outros grandes investimentos globais, a mobilidade e os deslocamentos forçados, e desenvolver políticas que garantam a consulta prévia, livre e informada nos assuntos que os afetam, em conformidade com o estabelecido na Declaração das Nações Unidas sobre os Direitos dos Povos Indígenas.

Os povos indígenas da América Latina. *Cepal*. Disponível em: <https://repositorio.cepal.org/bitstream/handle/11362/37773/1/S1420764_pt.pdf>. Acesso em: ago. 2018.

1. Com base na leitura e interpretação do trecho, responda: De modo geral, quais questões relacionadas aos direitos indígenas foram acordadas entre os governos na reunião?

Os movimentos no campo

O primeiro país latino a realizar uma grande **reforma agrária** foi o México, a partir de 1910, durante o movimento conhecido como Revolução Mexicana, liderada por Emiliano Zapata. Durante o processo, milhares de latifúndios que se concentravam nas mãos de poucos foram ocupados e divididos, beneficiando parte da população empobrecida no campo. A reforma agrária é feita pelo Estado e tem por objetivo redistribuir propriedades rurais por meio da compra ou desapropriação de terras de grandes latifundiários (cuja maior parte aproveitável não é utilizada) e distribuição de lotes para famílias camponesas.

No início dos anos 1950, movimentos indígenas na Bolívia ocuparam diversos latifúndios. No entanto, o subsídio aos produtos agrícolas importados e a falta de manutenção da política de reforma agrária fizeram com que a **estrutura fundiária** boliviana (ou seja, o modo pelo qual as propriedades agrárias estão distribuídas e organizadas nesse país) se desequilibrasse novamente a favor dos grandes proprietários. Desse processo, a população indígena boliviana herdou o direito ao voto, à educação e a títulos de propriedade de terras.

Em Cuba, o governo liderado por Fidel Castro conseguiu implantar o processo de reforma agrária, buscando mais igualdade na estrutura fundiária e soberania alimentar na ilha. **Soberania alimentar** diz respeito ao direito dos povos de decidir seu próprio sistema alimentar e produtivo, acima das exigências do mercado e das empresas. No entanto, com o embargo econômico imposto pelos EUA e com o fim da URSS, o governo cubano começou a passar por dificuldades estruturais, o que refletiu em todos os setores da economia, inclusive na produção agrícola.

Apesar das experiências mais ou menos bem-sucedidas em alguns países ao longo de parte do século XX, os contextos econômicos regionais e mundial e as decisões políticas locais contribuíram para que as desigualdades no campo se agravassem. Nesse contexto, o empobrecimento da população rural da América Latina atingiu índices altíssimos no final do século passado. Veja o quadro a seguir.

América Latina: índice de pobreza no meio rural – 1997

Países	População rural em condições de pobreza (% sobre a população rural total)	População rural em condições de extrema pobreza (% sobre a população rural total)
Brasil	75,5	36,5
Chile	57,1	32,6
Colômbia	66,6	38,1
Costa Rica	51,1	29,2
El Salvador	42,8	21,4
Honduras	44,4	25,4
México	78,0	44,6

↑ A tabela mostra os índices de pobreza na América Latina, em porcentagem, em 1997.

Fontes: Cepal (1997);
Sérgio Pereira Leite e Rodrigo Vieira de Ávila. Reforma agrária e desenvolvimento na América Latina: rompendo com o reducionismo das abordagens economicistas. *RER*, Rio de Janeiro, v. 45, n. 3, p. 777-805, jul./set. 2007. Disponível em: <www.scielo.br/scielo.php?script=sci_arttext&pid=S0103-20032007000300010>. Acesso em: ago. 2018.

Nesse contexto de crise no ambiente rural do final do século XX, surgiu a Via Campesina, uma organização internacional de camponeses que levantava as bandeiras da reforma agrária, da soberania alimentar das populações, da equidade de gênero na movimentação política e do fim da violência no campo contra os pequenos produtores.

Em 1994, foi fundado em Chiapas, no sul do México, o Exército Zapatista de Libertação Nacional (EZLN), formado principalmente por camponeses de origem indígena. Seu nome é uma homenagem ao revolucionário mexicano Emiliano Zapata (1879-1919), que lutou pela reforma agrária no país. Entre várias pautas do EZLN, destacam-se a luta pela terra e a valorização das culturas indígenas locais.

Recentemente, os índices de pobreza rural na região caíram, se comparados aos do final do século XX. Entretanto, a ONU alerta para o fato de que o ritmo dessa diminuição estancou em alguns países. Na Costa Rica, em El Salvador, no México e no Paraguai, por exemplo, ocorreu uma retomada da pobreza rural. Segundo a Cepal, em 2015, 54% das pessoas que moravam no campo nos países latino-americanos ainda eram consideradas pobres.

Atualmente, os movimentos camponeses na América Latina lutam não somente por uma reforma que equilibre a estrutura fundiária dos países e garanta aos pequenos trabalhadores rurais o direito à terra e ao trabalho, mas também por questões ambientais e pela qualidade na produção dos alimentos.

O Brasil destaca-se no que diz respeito à luta pela melhor distribuição de terras no meio rural. Ao longo da história, movimentos como as Ligas Camponesas e o Movimento dos Trabalhadores Rurais Sem Terra (MST) lutam pela reforma agrária e por melhorias nas condições do trabalhador rural. O Instituto Nacional de Colonização e Reforma Agrária (Incra) é o Órgão Federal responsável por tratar do assunto.

Cesar Diniz/Pulsar Imagens

↑ Trabalhadores do campo em marcha da Jornada Nacional de Luta. São Miguel do Oeste (SC), 2015.

João Prudente/Pulsar Imagens

↑ Plantação de mamão em assentamento do MST. Conceição da Barra (ES), 2014.

Fronteiras e áreas de risco

Como você já estudou no capítulo anterior, o deslocamento de pessoas entre os países latino-americanos e entre estes e os países fora da região – especialmente os EUA, por meio da fronteira com o México – é uma questão que preocupa governantes locais e organizações internacionais há tempos.

Segundo a ONU, o número total de mortos na travessia da fronteira entre o México e os EUA vem subindo nos últimos anos, apesar de, no mesmo período, o número de prisões de imigrantes ilegais ter caído. Observe o quadro a seguir.

Estados Unidos e México: imigrantes mortos na fronteira – 2014-2017

Ano	Mortes
2017	414
2016	399
2015	339
2014	306

↑ A tabela mostra o número total de imigrantes mortos na fronteira entre Estados Unidos e México entre 2014 e 2017.

Fonte: Missing Migrants. Disponível em: <https://missingmigrants.iom.int/region/americas?region=1422>. Acesso em: ago. 2018.

GLOSSÁRIO

Narcotráfico: comércio ilegal de drogas tóxicas (ou narcóticos) em grandes quantidades.

Essa situação faz com que a região fronteiriça desperte a atenção das autoridades de ambos os países e de toda a comunidade internacional. Ainda segundo a ONU, o número de mortes registradas na região da fronteira entre Estados Unidos e México representa 65% do total registrado nas Américas, tornando-a a mais letal do continente.

Mais ao sul, a Colômbia é uma área de risco que também preocupa as autoridades locais e a comunidade internacional. As tensões entre o governo colombiano, as Forças Armadas Revolucionárias da Colômbia (Farc) e o **narcotráfico** produziram uma onda de violência e medo no país, provocando o maior movimento de deslocados internos do mundo.

↓ Jovens mexicanos às margens do Rio Grande após serem pegos pela patrulha de fronteira tentando entrar ilegalmente nos Estados Unidos. La Grulla, Estados Unidos, 2015.

Vichinterlang/iStockphoto.com

DIÁLOGO

ONU critica apreensão de crianças separadas dos pais nos EUA

Centenas de crianças da América Central foram detidas na fronteira sul dos Estados Unidos e separadas dos pais desde outubro do ano passado. A denúncia foi feita [...] pelo Alto Comissariado das Nações Unidas para os Direitos Humanos (Acnudh). [...]

"O interesse das crianças sempre tem que estar em primeiro lugar. A maioria destas famílias saiu da Guatemala, de Honduras e de El Salvador fugindo de situações de insegurança crescente e deveria ser protegida. Pedimos aos Estados Unidos para pararem imediatamente com a separação das famílias", disse, em entrevista coletiva, a porta-voz da organização, Ravina Shamdasani.

Ela explicou que, em janeiro de 2017, quando Donald Trump assumiu a presidência, os Estados Unidos começaram a aplicar a política de "tolerância zero" com os imigrantes irregulares. Atualmente, adultos são detidos e presos e crianças ficam retidas em centros de internamento para refugiados. "Não tem nada de normal em deter uma criança, sempre constitui uma violação dos seus direitos", enfatizou.

Uma vez que os pais cumpram a sentença, os filhos às vezes são deportados com eles e às vezes permanecem, em função do caso, explicitou a porta-voz.

"A separação de crianças dos pais é uma violação séria dos direitos dos menores. O governo dos Estados Unidos é o único no mundo que não ratificou a Convenção sobre os Direitos da Criança, mas isso não os exime de zelar e cumprir esses direitos", acrescentou a porta-voz.

Ravina Shamdasani explicou que os direitos das crianças sempre devem ser prioridade e estar acima de qualquer política migratória e aproveitou para pedir à administração americana que "pare de criminalizar os imigrantes", e comece a ajudá-los. Ela sustentou que o governo deve encontrar soluções administrativas para os imigrantes ilegais e buscar alternativas à custódia das crianças.

ACNUR

Por sua vez, o porta-voz da Alto Comissariado das Nações Unidas para os Refugiados (Acnur), William Spindler, acrescentou que proteger a unidade da família é um direito fundamental dos refugiados.

"A unidade da família é sagrada e sempre deveria ser preservada pelo interesse das crianças e da sociedade como um todo", defendeu.

Ele lembrou que Honduras, Guatemala e El Salvador experimentam altos níveis de violência e que as crianças frequentemente são alvo e alertou que a detenção deveria ser "a última opção" sempre. Segundo ele, estes imigrantes irregulares devem ter o direito de ser ouvidos e solicitar proteção internacional.

[...]

Agência Brasil, 5 jun. 2018. Disponível em: <http://agenciabrasil.ebc.com.br/internacional/noticia/2018-06/onu-critica-apreensao-de-criancas-separadas-dos-pais-nos-eua>. Acesso em: ago. 2018.

Denis Balibouse/Reuters/Fotoarena

↑ Sede do Acnur em Genebra, Suíça, 2018.

1. Segundo os porta-vozes da ONU, que direitos estão sendo violados no caso relatado acima?
2. Em sua opinião, quais são o papel e a importância da ONU no caso em questão?

ATIVIDADES

NO CADERNO

SISTEMATIZAR

1. Quais são as raízes históricas dos principais problemas enfrentados pelos países latino-americanos na atualidade?

2. No final dos anos 1990, a população que vivia no campo, nos países da América Latina, passava por uma situação de extrema dificuldade. Diante desse quadro, surgiram grupos organizados que lutavam por melhores condições sociais no campo. Entre eles, destacam-se movimentos de trabalhadores rurais e das populações indígenas.
   a) Que dificuldades eram essas?
   b) Em sua opinião, essas dificuldades foram superadas ou ainda persistem?
   c) Cite dois movimentos sociais que surgiram ou que atuaram na América no contexto citado acima.
   d) Quais são as características dos movimentos citados?

3. Qual é a região de fronteira mais problemática para os imigrantes na América Latina? Comente-a.

4. Contextualize a situação dos indígenas na América Latina atual. Quantos são? Como e onde vivem?

5. Por que os movimentos indígenas na Bolívia, no início dos anos 1950, não tiveram êxito?

6. Como se deu o processo de reforma agrária em Cuba?

7. Quais são os objetivos dos movimentos camponeses na América Latina?

REFLETIR

1. Antônio Berni (1905-1981) foi um artista argentino conhecido por fazer parte da arte político-social da América Latina. Muitos de seus trabalhos foram baseados nas culturas indígenas e no retrato da pobreza proletária e camponesa. Veja a obra a seguir.

Antonio Berni/Coleção particular, Buenos Aires, Argentina

Antonio Berni. *Manifestación*, 1934. Óleo sobre serapilheira, 180 cm × 250 cm.

- De acordo com o que você estudou neste capítulo, como você interpreta essa obra? O que chama sua atenção?

FIQUE POR DENTRO

Povos indígenas na América Latina

A América Latina é caracterizada pela imensa diversidade de culturas indígenas. Todas elas passaram por uma história muito comum, com a chegada dos colonizadores europeus, o que mudou a forma de organização da maioria desses povos. Conheça agora um pouco melhor a situação atual dos povos indígenas da América Latina.

MÉXICO

O México, terceiro país em população indígena do continente, conta hoje com cerca de 16 milhões de indígenas, número muito abaixo dos 37 milhões que habitavam o país quando chegaram os colonizadores espanhóis.

BOLÍVIA

Além do espanhol, idioma oficial desde a colonização, é bastante comum ouvir os bolivianos se comunicarem em *quéchua* ou *aimará*, a depender da região do país, entre outros idiomas. Em razão de sua geografia, os povos bolivianos tanto podem ser encontrados em região de floresta tropical (no caso, a Floresta Amazônica) quanto em áreas de clima de montanha, devido à presença marcante da Cordilheira dos Andes.

BRASIL

A diversidade dos povos indígenas no Brasil é bem grande. A população de alguns passa dos 40 mil, como os guarani-kaiowás ou os tikunas, enquanto outros, como os jaricunas ou os kokuiregatejês, não somam dez indivíduos!

País	Porcentagem indígena na população	Povos indígenas (2014)
Argentina	*2,4%*	*32*
Bolívia	*62,2%*	*39*
Brasil	*0,5%*	*305*
Colômbia	*3,4%*	*102*
Chile	*11,0%**	*9*
Costa Rica	*2,4%*	*8*
El Salvador	*0,2%*	*3*
Equador	*7,0%*	*34*
Guatemala	*41,0%*	*24*
Honduras	*7,0%*	*7*
México	*15,1%*	*78*
Nicarágua	*8,9%*	*9*
Panamá	*12,3%*	*8*
Paraguai	*1,8%*	*24*
Peru	*24,0%*	*85*
Uruguai	*2,4%*	*2*
Venezuela	*2,7%*	*57*

Total: 44 791 456 indígenas, 8,3% da população do continente, 826 grupos.

*O governo do Chile não considera oficial esse número, levantado do Censo de 2012 realizado pela Cepal.

DESIGUALDADES

Em alguns países a taxa de pobreza dos indígenas é bem superior à pobreza da população não indígena. Veja no gráfico quantas vezes essa taxa é maior em relação ao restante da população.

A pobreza é maior entre os indígenas quando comparada com o restante da população.

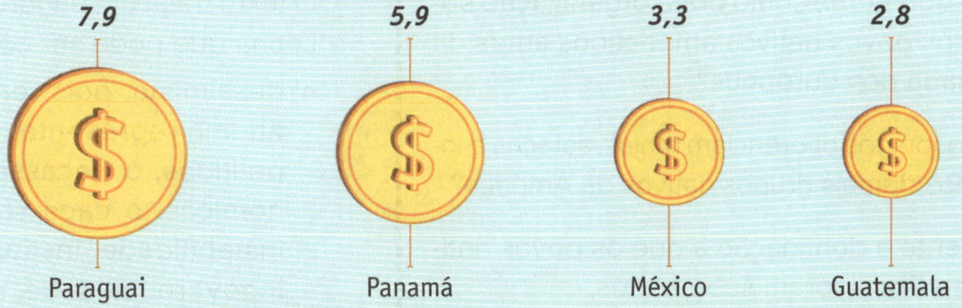

Danilo Bandeira

SOBRE OS CONFLITOS SOCIOAMBIENTAIS

Os povos indígenas enfrentam inúmeros problemas para garantir seus territórios e permanecer neles. Por isso, muitas vezes estão envolvidos em conflitos. São seis as principais causas:

- Proteção inadequada ou ausente dos direitos indígenas sobre seus territórios.
- Conflito que envolve locais sagrados.
- Avaliação inadequada ou ausente de como projetos de extrativismo afetam as populações indígenas.
- Falta de orientação dos governos aos povos indígenas antes da autorização de projetos de extrativismo.
- Exclusão dos povos indígenas da riqueza gerada na exploração de seus territórios.
- Criminalização de indígenas que protestam contra esses projetos.

PRESENÇA DA POPULAÇÃO INDÍGENA NAS ZONAS URBANAS

Por causa dos conflitos em seus territórios, da dificuldade de acesso a serviços básicos, como saúde, e das trocas culturais e transformações históricas, muitos indígenas se mudam para as grandes metrópoles.

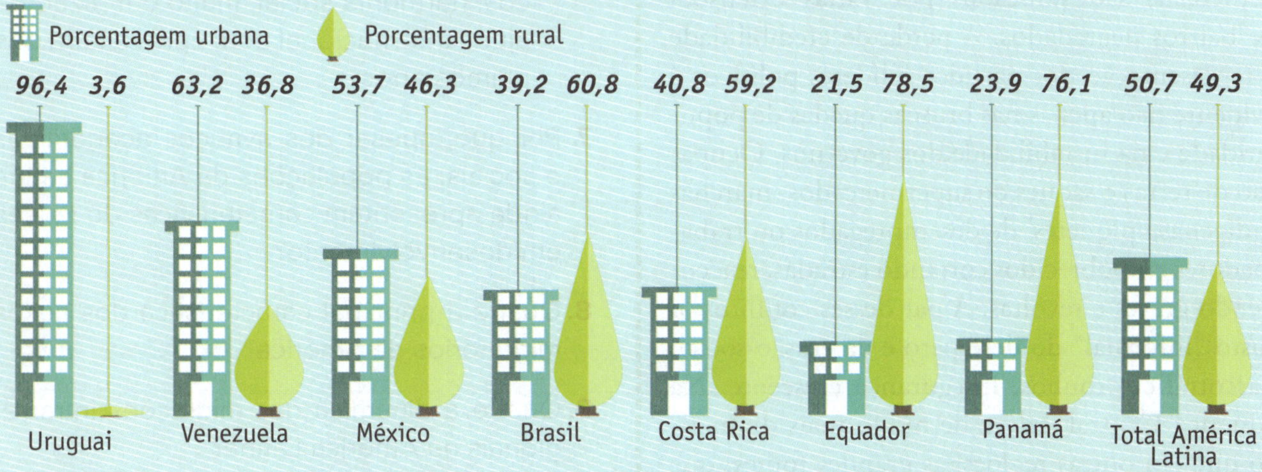

1. A América Latina caracteriza-se por uma população formada por diversos grupos indígenas. De acordo com o gráfico da página 158, quais são os países da América Latina cuja população tem as maiores porcentagens de indígenas? Em quais há maior diversidade de culturas?
2. Atualmente quais são os principais problemas enfrentados pelos povos indígenas com relação à criação e à manutenção de seus territórios e à preservação de suas culturas?

Fontes: Comisión Económica para América Latina. *Los pueblos indígenas en América Latina – Avances en el último decenio y retos pendientes para la garantía de sus derechos*. Santiago: Organização das Nações Unidas, 2014; Organização das Nações Unidas. *State of the world's indigenous peoples*. Nova York: United Nations Publications, 2009.

PANORAMA

FAÇA AS ATIVIDADES A SEGUIR E REVEJA O QUE VOCÊ APRENDEU.

NO CADERNO

1. De modo geral, como era a organização social dos povos nativos americanos antes da chegada dos europeus?

2. Que aspectos diferenciam maias, astecas e incas dos demais grupos nativos da América?

3. Comente a dominação a que os povos nativos do Brasil foram submetidos.

4. Quais são as regiões com maior e menor concentração populacional na América Latina? Quais são os principais fatores que explicam a distribuição populacional na região?

5. O ritmo de crescimento da população dos países da América Latina tem sido mais lento nos últimos anos. Essa afirmação está correta? Comente-a.

6. Leia o texto a seguir.

A inegável modernização de zonas prósperas do México, Caracas, Bogotá, São Paulo, Buenos Aires e Santiago do Chile não basta para disfarçar a ampla pauperização das periferias. Os enclaves de torres corporativas e sofisticados centros comerciais são sufocados por várias extensões de bairros degradados. A perda de credibilidade e representação dos partidos e líderes políticos é evidente não apenas nas bruscas quedas de popularidade e na instabilidade dos governos. Ocupação de terras e saques de supermercados, marchas indígenas, 'piquetes' de desempregados ou trabalhadores empobrecidos cortando estradas, reacendendo greves e revoltas. A par desses conflitos, o rosto "informal" do desespero e da erosão social: narcotráfico, roubos, insegurança crescente. Na América Central, talvez de modo mais dramático que em outras regiões, as grandes fomes, que evidenciam o fracasso das políticas econômicas, e o desperdício das eventuais ajudas internacionais de emergência renovam o ciclo de violência e ingovernabilidade.

Néstor García Canclini. *Latino-americanos à procura de um lugar neste século*. Tradução de Sérgio Molina. São Paulo: Iluminuras, 2008. p. 52.

O texto traça um panorama atual da América Latina que pode ser considerado:

a) pessimista, pois realça a pouca ou nenhuma representatividade dos partidos políticos, o fracasso das medidas econômicas, o caos social nas cidades, a instabilidade institucional, beirando a ingovernabilidade, ainda que faça referência a ilhas de prosperidade em localidades pontuais.

b) otimista, pois evidencia a prosperidade das principais cidades latino-americanas, não obstante alguns problemas pontuais, próprio de um continente com a maioria de países emergentes.

c) nem pessimista nem otimista, pois é evidente que em um continente tão vasto haverá modelos bem-sucedidos e modelos que fracassaram, não se podendo falar de maneira homogênea de seus problemas, pois, além de tudo, as sociedades são muito diferentes entre si.

d) otimista, pois mostra o êxito das políticas econômicas, a credibilidade dos políticos, harmonia social, muito em razão da ajuda internacional bem aproveitada dos últimos anos.

7. Por que, apesar dos avanços econômicos e sociais, as populações da América Latina ainda apresentam características de países em desenvolvimento?

8. Qual é a principal característica dos fluxos migratórios da América?

9. Qual é a dinâmica das migrações intrarregionais na América Latina?

10. Explique como, em geral, é feita uma reforma agrária e como foi a reforma agrária realizada por Emiliano Zapata no México.

11. Conceitue estrutura fundiária e soberania alimentar.

12. O que é o EZLN e o que ele defende?

13. Por que o deslocamento de pessoas entre os países latino-americanos e entre estes e os países fora da região preocupa os governantes locais e organizações internacionais?

14. Por que a região ao sul da Colômbia preocupa as autoridades latino-americanas?

15. Leia o texto a seguir.

No momento da descoberta, a América apresentava uma grande heterogeneidade etnográfica. A escala civilizatória era muito variada, desde as sociedades organizadas política e economicamente com um forte e bem estruturado aparelho estatal, até as tribos de pescadores. Essas diferenciações são importantes na medida em que as consequências da conquista não foram, logicamente, as mesmas para todos os povos, embora os conquistadores não fizessem caso dessas diferenças no tratamento com os índios.

Astecas, maias, incas e chibchas, altas civilizações cobriam as três quartas partes do continente colonizado pelos espanhóis, de tal forma que a catástrofe abateu-se sobre sociedades organizadas e de longa tradição cultural, e não apenas sobre tribos dispersas que desapareceram rapidamente.

Atualmente, está fora de dúvida o nível de desenvolvimento alcançado por essas sociedades. Os próprios cronistas hispânicos, horrorizados com a idolatria, os sacrifícios humanos e a sodomia, elogiaram a ordem, a disciplina, a religiosidade, a educação dos jovens, a sabedoria dos legisladores, a limpeza das cidades, as construções, o comércio, a vida urbana tão boa ou melhor que na Espanha.

Héctor Hernan Bruit. *Bartolomé de Las Casas e a simulação dos vencidos: ensaio sobre a conquista hispânica da América.* Campinas: Editora da Unicamp; São Paulo: Iluminuras, 1995. p. 42-43.

- Com base no texto, nas informações do capítulo e nos seus conhecimentos, escreva uma dissertação, de mais ou menos 20 linhas, estabelecendo uma relação entre a realidade atual da América Latina e os acontecimentos da época da conquista hispânica, no século XV.

16. Leia a seguir o trecho de uma entrevista concedida ao jornal *El País* pela ensaísta e crítica literária argentina Beatriz Sarlo. Depois, responda às questões.

Por que, hoje, a América Latina ainda desperta certo sentimento de ingenuidade, assim como fazia nos politizados anos [19]50 e [19]60?

Não sei a quem a América Latina ainda desperte hoje um sentimento de ingenuidade, como você diz. Talvez a algum tipo de turista europeu e jovem, em busca daquilo que sabem que já não existe em lugar algum e que supõe que pode encontrar aqui. Mas não, seguramente, a um latino-americano. Quem lê jornais diários ou *sites* de notícias não pode se confundir. Quem visitar hoje El Alto, na Bolívia, por exemplo, seria insensível se não visse a modernidade globalizada, onde a música dos jovens é o pop coreano. [...]

Camila Moraes e Beatriz Sarlo: "A América Latina hoje não inspira ingenuidade em ninguém". *El País*, 1º jul. 2015. Disponível em: <https://brasil.elpais.com/brasil/2015/06/24/cultura/1435178879_648535.html>. Acesso em: out. 2018.

a) Em sua opinião, qual é o motivo da nostalgia embutida na pergunta da repórter, ao associar o sentimento de ingenuidade à América Latina dos anos 1950 e 1960?

b) A que aspecto da etapa da globalização Sarlo faz menção ao usar a expressão "modernidade globalizada"?

c) O que se apreende da expectativa da pergunta da repórter e da resposta da ensaísta?

DICAS

ASSISTA

Diários de motocicleta, Brasil, EUA, Argentina, Peru e Chile, 2004. Direção: Walter Salles, 126 min. O filme narra a viagem de Alberto Granado e Ernesto Guevara de la Serna (Che Guevara) pela América Latina.

Mercedes Sosa – A voz da América Latina, Argentina, 2013. Direção: Rodrigo Vila, 110 min. Documentário sobre a cantora argentina Mercedes Sosa, artista de extrema importância na história política e cultural da América Latina.

LEIA

Frida Kahlo, uma biografia, de Maria Hesse (L&PM). A mexicana Frida Kahlo é hoje uma das artistas mais populares do mundo todo. Seus quadros atingem valores recordes, e seu rosto é reconhecido em todo o planeta. Sua curta vida, entretanto, foi fascinante e cheia de acontecimentos.

Jmsilva/iStockphoto.com

↓ Refinaria de petróleo na Venezuela, 2015.

TEMA 6

América Latina: economia

NESTE TEMA

VOCÊ VAI ESTUDAR:

- a economia dos países latino-americanos;
- os principais recursos naturais e fontes de energia;
- especificidades econômicas dos países andinos e platinos;
- a economia do México, dos países da América Central e do Brasil.

Mesmo sendo considerada economicamente subdesenvolvida, a América Latina caracteriza-se por ser grande exportadora de produtos agrícolas e minerais. O setor primário, portanto, é muito importante para a economia de seus países e emprega parcela significativa da população regional.

1. Você conhece a atividade extrativa retratada na fotografia? Sabe da importância dela na economia da Venezuela?
2. Que outras atividades econômicas você acredita serem importantes na América Latina?

CAPÍTULO 1

Aspectos econômicos e recursos naturais

No capítulo anterior, você estudou a atuação dos movimentos sociais e alguns conflitos da América Latina. Neste capítulo, você vai estudar os principais recursos naturais disponíveis na América Latina.

Exploração de recursos

O continente americano possui, em suas terras, grande disponibilidade de recursos vegetais, animais e minerais. Essa característica possibilita a exploração e a utilização desses recursos de diversas maneiras: a estrutura geológica propicia a exploração de recursos minerais, a presença dos Oceanos Atlântico e Pacífico favorecem a atividade pesqueira, a existência de extensa e variada rede hidrográfica possibilita a geração de energia elétrica e a diversidade de climas, formas de relevo e tipos de solo favorecem as práticas agrícolas e pecuárias.

Apesar de o setor industrial ter apresentado crescimento nas últimas décadas em alguns países latino-americanos, a base da organização econômica e produtiva da maioria dos países da região é voltada para o setor primário, ou seja, baseia-se na produção e exportação de produtos agropecuários e na extração vegetal, animal e mineral.

O Brasil, a Argentina e o México possuem no setor primário uma base importante de exportação, mas são os países com maiores níveis de industrialização entre os latino-americanos e contam com bens industriais nas suas pautas de exportação.

Venezuela, Trinidad e Tobago, Equador, Chile, Bolívia, Guiana, Suriname e Jamaica destacam-se na exploração mineral. Colômbia, Uruguai, Paraguai e a maior parte dos países da América Central têm na produção agropecuária a base de suas economias.

Ivan Alvarado/Reuters/Fotoarena

↑Mina de cobre próxima à cidade de Santiago, Chile, 2014.

Agricultura e pecuária

A América Latina é a região que mais exporta carne bovina e aves no mundo. Segundo a Organização das Nações Unidas para Agricultura e Alimentação (FAO) a tendência é que a produção agropecuária dos países latino-americanos cresça significativamente até 2028.

Na década de 2020, é previsto que o uso de terras destinado ao setor agrícola aumente cerca de 11 milhões de hectares. O cultivo das oleaginosas, especialmente a soja, será o principal responsável pelo crescimento da produtividade agrícola e pela expansão de áreas cultivadas. Segundo as estimativas da FAO, a América Latina será a produtora de aproximadamente 59% dos produtos alimentícios, principalmente soja e açúcar, comercializados no mercado global até 2027.

Observe os quadros com os *rankings* dos principais países exportadores de soja e açúcar entre 2017 e 2018. Perceba que o Brasil lidera as exportações dos dois produtos no mercado internacional. Outros países da América Latina, como Argentina, Paraguai, Uruguai, Bolívia, Guatemala, México e Cuba também se destacam.

Soja: principais países exportadores – 2017-2018

País (*ranking*)	Quantidade exportada (mil toneladas métricas)	Participação no mercado internacional (%)
Brasil (1º)	64000	42,4
Estados Unidos (2º)	61235	40,6
Argentina (3º)	8000	5,3
Canadá (4º)	5800	3,8
Paraguai (5º)	5500	3,6
Ucrânia (6º)	2500	1,7
Uruguai (7º)	2400	1,6
Bolívia (8º)	400	0,3
Rússia (9º)	350	0,2
Demais países	788	0,5
Exportação total	**150973**	**100,0**

↑ A tabela apresenta os principais países exportadores de soja em 2017 e 2018.

Fonte: USDA e Secretaria de Estado de Agricultura, Pecuária e Abastecimento de Minas Gerais. Perfil do agronegócio mundial. Disponível em: <http://www.agricultura.mg.gov.br/images/Arq_Relatorios/Perfil/Mundial/perfil_mundial_out_2017.pdf>. Acesso em: fev. 2019.

Açúcar: principais países exportadores – 2017-2018

País (*ranking*)	Quantidade exportada (mil toneladas métricas)	Participação no mercado internacional (%)
Brasil (1º)	28690	48,4
Tailândia (2º)	8400	14,2
Austrália (3º)	3700	6,2
União Europeia (4º)	2200	3,7
Guatemala (5º)	2115	3,6
México (6º)	2114	3,6
Cuba (7º)	1150	1,9
Índia (8º)	1000	1,7
Ucrânia (9º)	780	1,3
Demais países	9091	15,3
Exportação total	**59240**	**100,0**

↑ A tabela apresenta os principais países exportadores de açúcar em 2017 e 2018.

Fonte: USDA e Secretaria de Estado de Agricultura, Pecuária e Abastecimento de Minas Gerais. Perfil do agronegócio mundial. Disponível em: <http://www.agricultura.mg.gov.br/images/Arq_Relatorios/Perfil/Mundial/perfil_mundial_out_2017.pdf>. Acesso em: fev. 2019.

A América Latina é também a segunda maior produtora de pescados do mundo, ficando atrás apenas da Ásia. Peru, Chile e Brasil destacam-se nessa atividade.

Com base no que você estudou sobre a América Latina, é possível identificar a existência de grandes disparidades econômicas e sociais entre os países da região. No que se refere à produção agropecuária, isso não é diferente: técnicas produtivas tradicionais convivem com práticas modernas e altamente tecnológicas. São grandes os contrastes de investimentos científicos e tecnológicos, não só entre os países, mas também entre os agropecuaristas de um mesmo país.

De modo geral, grande parte das terras estão concentradas nas mãos de poucos proprietários rurais, que são os que têm melhores condições de investir no aumento da produtividade.

Diego Giudice/Bloomberg/Getty Images

↑Plantação de soja em Ines Indart, Argentina, 2012.

Nas propriedades em que se desenvolvem as atividades agrárias tradicionais, o investimento em máquinas e insumos, por exemplo, é bastante reduzido. As técnicas são rudimentares, o plantio e a colheita são realizados manualmente ou com o uso de força animal. Em contrapartida, alguns países latino-americanos possuem propriedades com altos níveis de aproveitamento produtivo, como é o caso de Brasil, Uruguai, Argentina e México.

As propriedades mais tecnológicas geralmente possuem grande extensão territorial e são produtoras de monoculturas voltadas à exportação. Por sua vez, as pequenas e as médias propriedades, de modo geral, são as responsáveis pela produção de alimentos e abastecimento do mercado interno.

Recursos minerais

A atividade mineradora é importante fonte de recurso econômico de alguns países da América Latina. Para Venezuela, Equador, Chile e Bolívia, por exemplo, os minérios são os principais produtos de exportação. Observe no mapa ao lado a distribuição dos principais recursos minerais e energéticos dos países latino-americanos. Quais são os principais recursos minerais encontrados na Venezuela, no Equador, no Chile e na Bolívia? E no Brasil, quais são os principais recursos distribuídos pelo território nacional?

América Latina: recursos minerais e energéticos

© DAE/Tarcísio Garbellini

Fonte: Vera Caldini e Leda Ísola. *Atlas geográfico Saraiva*. 4. ed. São Paulo: Saraiva, 2013. p. 186.

Os recursos minerais exportados pelos países da América Latina destinam-se aos países industrializados da América Anglo-Saxônica, Europa e Ásia. Esse fato reforça a condição dos países latino-americanos, que são exportadores de produtos primários e dependentes de produtos industrializados e de alta tecnologia.

Se a atividade mineradora, por um lado, gera riqueza aos países da região em questão, por outro está associada a impactos ambientais, como a contaminação da água e do solo, a erosão e o desmatamento, que contribui para a extinção da fauna e flora. Esses impactos podem ser de maiores ou menores dimensões, de acordo com o planejamento, o cuidado com o manejo e a reparação ambiental.

Maiores reservas de petróleo bruto – 2017

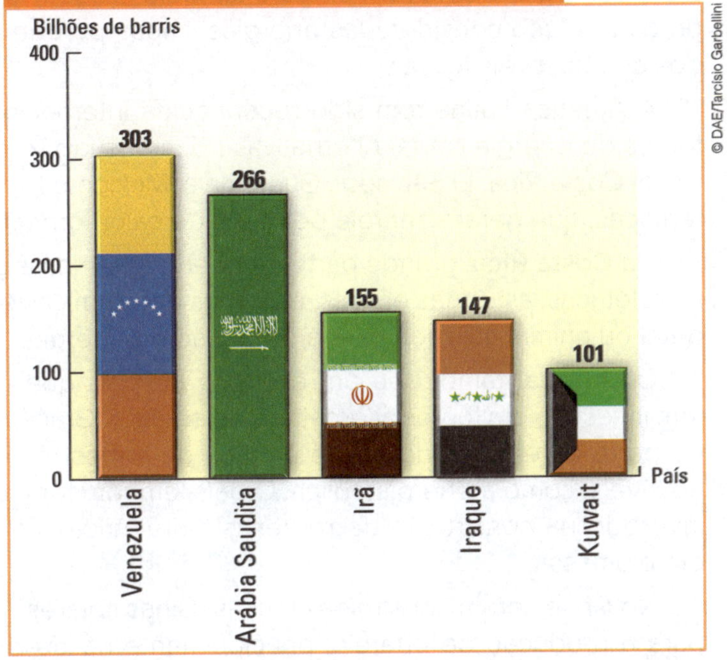

↑ O gráfico mostra as maiores reservas de petróleo do mundo por país em 2017.

Fonte: Opep. Disponível em: <www.opec.org/opec_web/en/data_graphs/330.htm>. Acesso em: fev. 2019.

Alguns países da América Latina são conhecidos mundialmente por suas reservas de petróleo e de gás natural. A Venezuela destaca-se pelas grandes reservas e produção de petróleo em seu território. O país, membro da Opep, é um dos maiores produtores mundiais e possui aproximadamente 20% das reservas de todo o mundo. O Brasil possui a segunda maior reserva de petróleo entre os países latino-americanos, mas não é membro da organização. Observe no gráfico ao lado os países que possuem as maiores reservas de petróleo do mundo.

No que se refere ao gás natural, a Venezuela também é o país com as maiores reservas latino-americanas. O Brasil está em segundo lugar e, em terceiro, o Peru.

O petróleo e o gás natural são fontes de energia não renováveis. Contudo, eles ainda são recursos naturais energéticos amplamente utilizados em todo o mundo. Para os países que possuem grandes reservas naturais, torna-se um recurso estratégico na negociação com outros países que não possuem esses recursos naturais e que o importam. Portanto, as grandes reservas latino-americanas colocam a região em destaque perante o comércio internacional.

↑ Exploração de gás natural. Lagunillas, Bolívia, 2016.

Muitas vezes, os países com grandes reservas de petróleo e gás natural têm na exportação a mais importante fonte de geração de recursos financeiros, como a Bolívia e a Venezuela. Além de sofrerem com a variação dos preços e do cenário no mercado global, os países latino-americanos têm dividido ou fornecido o processo de exploração para empresas de outros países.

Fontes de energia

Nas últimas décadas, os países latino-americanos que não possuem abundância de combustíveis fósseis como petróleo, gás natural e carvão mineral – fontes de energia não renováveis – têm investido em fontes de energia alternativas e renováveis. Além disso, há um consenso global sobre a necessidade de reduzir a emissão de gases gerados pelo uso intenso de combustíveis fósseis, já que o acúmulo desses gases na atmosfera pode contribuir para o aumento do efeito estufa. As fontes de energia renováveis, embora também causem impactos ambientais, se renovam em um período curto e são consideradas energias limpas porque poluem menos o ambiente do que a queima dos combustíveis fósseis.

A América Latina tem sido reconhecida internacionalmente pelos investimentos realizados em fontes de energia limpa. Alternativas pouco usuais têm sido exploradas por países como Argentina, Chile, Costa Rica, El Salvador, Guatemala, México e Nicarágua. É o caso da instalação de usinas geotérmicas, que geram energia por meio do calor fornecido pelo centro da terra.

Na **Costa Rica**, grande parte da energia elétrica é gerada de fontes renováveis. Destacam-se as hidrelétricas, as usinas eólicas, as usinas geotérmicas e a biomassa – matéria orgânica de origem vegetal ou animal utilizada para a produção de energia.

O **Uruguai** também é um exemplo de país que tem investido em fontes alternativas de energia. Grande parte da energia do país é provida de fontes renováveis, como a energia eólica. O país também tem investido na construção de represas hidrelétricas e em biomassa.

Miguel Rojo/AFP Photo

↑Fazenda de energia eólica em Tacuarembó, Uruguai, 2016.

No **Chile**, foram construídas muitas usinas solares para a produção de energia, principalmente no deserto do Atacama.

O **Brasil** também se destaca na geração de energia de fontes renováveis. Segundo o Anuário Estatístico de Energia Elétrica de 2017, aproximadamente 65% da produção de energia elétrica do país é originada de usinas hidrelétricas.

A Usina Binacional Itaipu – uma das maiores hidrelétricas do mundo, localizada no Rio Paraná –, pertence e é administrada pelo Paraguai e pelo Brasil. A usina é responsável por cerca de 86% da energia elétrica consumida pelo Paraguai e 15% da consumida pelo Brasil.

Fabian Andres/Reuters/Fotoarena

← Painéis de energia solar no Deserto do Atacama, Chile, 2014.

O Brasil também tem investido em biomassa, principalmente oriunda da lenha, do bagaço da cana-de-açúcar e da lixívia (água de lavagem das cinzas da queima de madeira). A geração de energia elétrica oriunda da força dos ventos (energia eólica) também tem aumentado a sua participação na geração total da energia elétrica brasileira. Observe o quadro ao lado.

Note que a energia hidráulica e o gás natural são os maiores responsáveis pela geração de energia no Brasil. A biomassa e a energia eólica são outras fontes de energia renováveis que se destacam, apesar da pouca participação geral. A quantidade de energia elétrica gerada pela energia eólica foi a que mais cresceu ao longo do período em questão, enquanto o gás natural foi a fonte que mais perdeu participação.

Brasil: geração elétrica por tipo de fonte – 2014-2016

	2014	2015	2016	Participação (%)
Total	590 542	581 228	578 898	100
Hidráulica	373 439	359 743	380 911	65,8
Gás Natural	81 073	79 490	56 485	9,8
Derivados do petróleo	31 529	25 657	12 103	2,1
Carvão	18 385	18 856	17 001	2,9
Nuclear	15 378	14 734	15 864	2,7
Biomassa	44 987	47 394	49 236	8,5
Eólica	12 210	21 626	33 489	5,8
Outras	13 540	13 728	13 809	2,4

↑ A tabela mostra a geração elétrica por tipo de fonte, em GWh (unidade de medida de potência gerada por hora), de 2014 a 2016.

Fonte: Ministério de Minas e Energia. *Anuário estatístico de energia elétrica 2017*. Disponível em: <www.epe.gov.br/pt/publicacoes-dados-abertos/publicacoes/anuario-estatistico-de-energia-eletrica>. Acesso em: fev. 2019.

DIÁLOGO

Energias renováveis são oportunidade de integração energética da América Latina

As energias renováveis, como a solar, a eólica, a hidrelétrica e a proveniente de biomassa, como o etanol e outros biocombustíveis, representam uma oportunidade de integração energética dos países latino-americanos em razão da complementaridade de suas matrizes, hoje fortemente baseadas na produção de energia hidrelétrica.

[...]

Na opinião da pesquisadora [Carina Guzowski, professora do Departamento de Economia da Universidad Nacional del Sur da Argentina], algumas das vantagens da integração energética dos países latino-americanos por meio das energias renováveis seriam a geração de economia de escala (vantagens em termos de custos obtidos pela expansão) para atrair investimentos, além do aproveitamento das complementaridades entre os recursos renováveis dos países da região.

[...]

Agência Fapesp, 21 nov. 2016. Disponível em: <http://agencia.fapesp.br/energias-renovaveis-sao-oportunidade-de-integracao-energetica-da-america-latina/24339/>. Acesso em: fev. 2019.

1. Segundo o texto, por que as energias renováveis podem ser consideradas fatores de integração da América Latina?
2. Cite algumas vantagens que a integração energética entre os países latino-americanos poderia gerar.

Projetos de cooperação energética entre os países do Mercosul

O Mercosul (Mercado Comum do Sul), do qual fazem parte Argentina, Brasil, Paraguai, Uruguai e Venezuela (em 2016 suspensa por descumprimento do Protocolo de Adesão), junto de outros países sul-americanos, possui algumas experiências de cooperação com o objetivo de produzir energia elétrica ou explorar os recursos naturais disponíveis de forma conjunta.

Já citamos o caso da hidrelétrica de Itaipu, compartilhada por Brasil e Paraguai. Mas existem outros exemplos, como a hidrelétrica de Yacyretá, compartilhada entre Argentina e Paraguai; e, também, a hidrelétrica Salto Grande, entre Argentina e Uruguai.

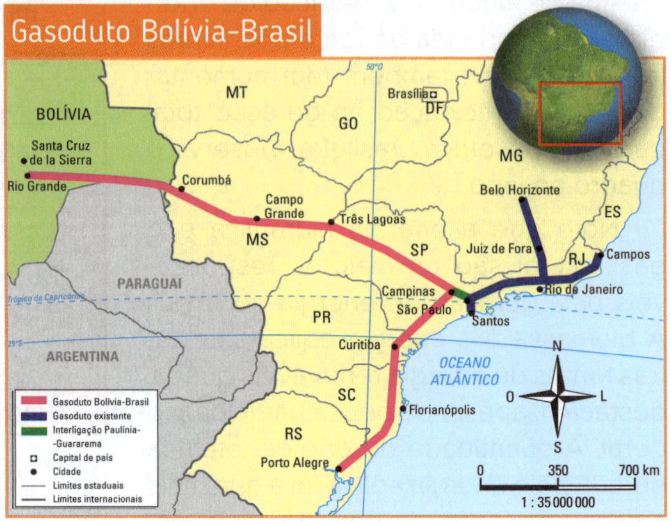

© DAE/Sonia Vaz

Fonte: Petrobras. Disponível em: <www.petrobras.com.br/pt/nossas-atividades/principais-operacoes/gasodutos/gasoduto-brasil-bolivia-trecho-norte.htm>; <www.tbg.com.br/pt_br/o-gasoduto/tracado.htm>. Acessos em: ago. 2018.

A Rodovia Interoceânica, que interliga o Brasil ao Peru, visa, entre outros objetivos, promover maior integração comercial entre os dois países e os países andinos vizinhos. Inaugurada em 2011, a estrada atravessa trechos da Floresta Amazônica, da Cordilheira dos Andes, desertos e vilarejos históricos.

Alguns gasodutos e oleodutos, tubulações que transportam gás natural e petróleo (e alguns derivados), respectivamente, interligam diferentes países sul-americanos. Um deles liga os territórios da Argentina, do Brasil, do Chile e do Uruguai, enquanto existe outro entre Bolívia e Brasil. Observe no mapa acima por quais estados brasileiros o gasoduto passa.

A Iniciativa para a Integração da Infraestrutura Regional Sul-Americana (IIRSA) foi criada em 2000 como uma proposta conjunta de todos os países da América do Sul com o objetivo de promover a integração da estrutura física desses países. Entre as principais propostas, discute-se a modernização da infraestrutura de transporte, de energia e de telecomunicações, estabelecendo ações cooperativas entre os Estados.

Atualmente, os projetos de integração e cooperação de infraestrutura têm realizado poucas operações. Os governos da América do Sul não têm buscado a integração regional, seja comercial, seja energética.

Jorge Saenz/AP Photo/Glow Images

↑ Hidrelétrica de Yacyretá, na fronteira entre Paraguai e Argentina, 2007.

ATIVIDADES

NO CADERNO

SISTEMATIZAR

1. Cite quais são as principais diferenças entre a agropecuária tradicional e a moderna desenvolvidas na América Latina.
2. Qual é a importância das atividades mineradoras nos países latino-americanos?
3. Explique a diferença entre fontes de energia renováveis e não renováveis.
4. Cite algumas das fontes de energia renováveis que são utilizadas pelos países latino-americanos.
5. Cite dois exemplos de cooperação energética entre os países sul-americanos.

REFLETIR

1. Observe os mapas a seguir e apresente suas conclusões sobre o papel dos países latino-americanos na produção mundial dos recursos retratados.

Mapa-múndi: produção de estanho - 2009

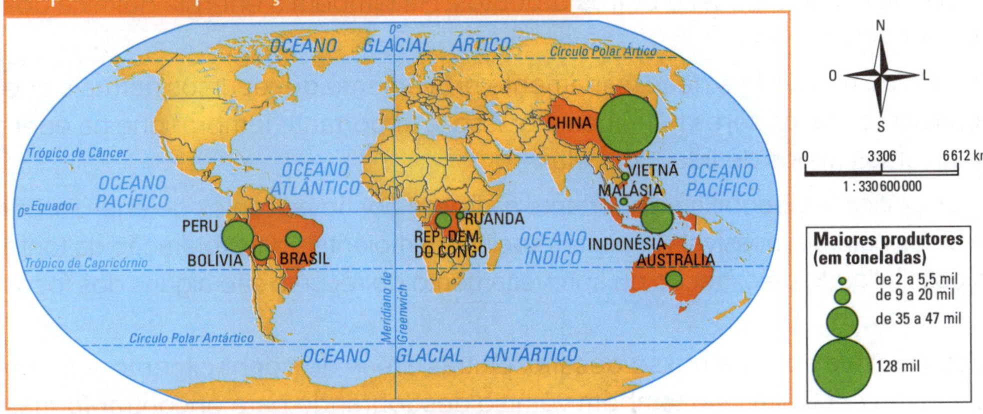

Fonte: *Atlas geográfico escolar*. 7. ed. Rio de Janeiro: IBGE, 2016. p. 67.

Mapa-múndi: produção de cobre - 2008

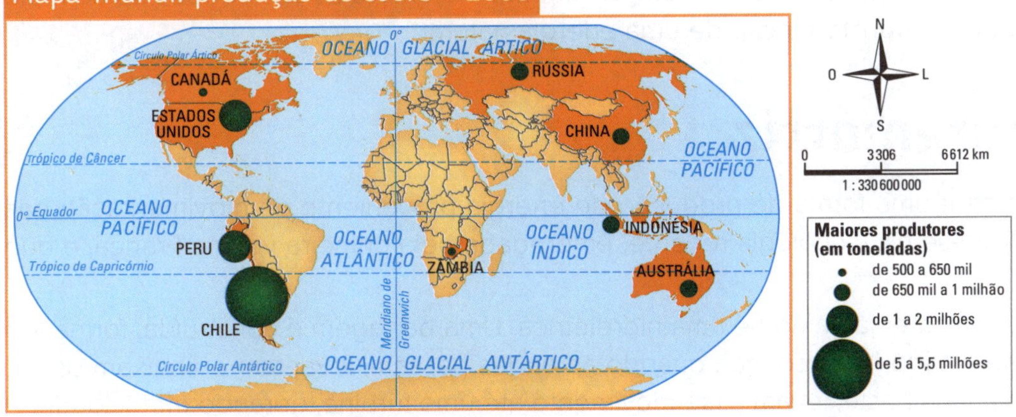

Fonte: *Atlas geográfico escolar: Ensino Fundamental do 6º ao 9º ano*. Rio de Janeiro: IBGE, 2015. p. 117.

DESAFIO

1. Na costa do Pacífico Sul existe uma das mais importantes correntes marítimas do planeta. Em duplas, identifiquem-na, destacando suas principais características e que benefício econômico ela gera para os países que atravessa.

SOCIEDADE E CIÊNCIA

Geografia e energias alternativas: tecnologia e inovação na busca por formas menos danosas de produção energética

A humanidade usa a força de trabalho para viver e produzir e, em sua relação histórica com o espaço geográfico, descobriu diversas formas de energia, por exemplo, o carvão mineral, a energia elétrica e o petróleo.

A energia elétrica, com a qual estamos tão acostumados, é bastante popular, mas não é a única forma existente. Além dela, também conhecemos a energia dos combustíveis fósseis, do qual provém o petróleo, que origina a gasolina, o *diesel* e outros produtos. Há também a energia química dos átomos, usada nas usinas termonucleares.

Toda energia utilizada pela humanidade é necessariamente proveniente de recursos naturais que foram transformados e controlados pelos seres humanos. Por isso, é importante lembrar que há energias naturais diferentes e diversos meios de lidar com elas!

Por estudar o espaço geográfico, a Geografia é importante na busca por novas fontes de energia. Localização, presença de recursos naturais, possíveis impactos sociais e ambientais da exploração da fonte de energia e avaliação da possibilidade de extração ou aproveitamento do recurso são alguns dos focos de atuação da Geografia.

Porém, a Geografia não caminha sozinha nesse desafio. Outras áreas do conhecimento – como a Física, a Biologia, a Engenharia e a Química – também vêm se desdobrando para encontrar formas de energia natural e processos de transformação menos danosos ao meio ambiente. Entretanto, é necessário esclarecer que não existe uma forma completamente inofensiva às sociedades ou ao meio ambiente quando se trata da transformação de uma energia natural.

Energia maremotriz

A energia maremotriz é uma forma de produção de energia proveniente da movimentação das águas dos oceanos. Trata-se de tecnologia recente, empregada pela primeira vez na França, e que ainda é estudada.

Seu funcionamento é semelhante ao de uma hidrelétrica. Uma barragem é construída, formando dessa maneira um reservatório junto ao mar: quando as ondas passam, levantam e abaixam os flutuadores, que, ligados a uma haste, levam esse movimento até uma turbina, gerando eletricidade.

Os estudos prévios à implantação desse sistema envolvem prioritariamente a Geografia, pois as usinas precisam estar em lugares específicos para seu bom funcionamento: são necessários uma localização favorável, uma amplitude de maré relativamente grande e a constância dos ventos. Também são importantes os levantamentos de flora e fauna da região e de seu potencial para o uso turístico, já que essas características podem sofrer males irreparáveis com a construção e o funcionamento da usina.

No litoral maranhense, no Pará e no Amapá, a intensidade do vento e a frequência da oscilação do mar criam condições favoráveis para a implantação do projeto. Há ainda um primeiro modelo em fase de testes no porto do Pecém, em São Gonçalo do Amarante (CE), com dois flutuadores em funcionamento. A usina já produz cerca de 50 kW e vem sendo acompanhada pelas iniciativas pública e privada, consistindo em uma alternativa mais sustentável de geração de energia elétrica.

↑Usina maremotriz piloto no Terminal de Múltiplas Utilidades do Pecém. São Gonçalo do Amarante (CE), 2012.

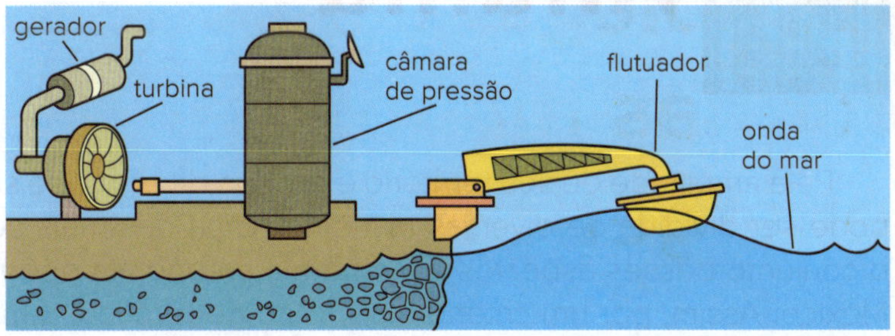

↑Esquema da estrutura de uma usina maremotriz.

Biocombustíveis

Chamamos de biocombustíveis os combustíveis derivados de uma energia vegetal não fóssil. A extração de álcool dos vegetais, que produz os bioetanóis, enquadra-se nessa definição.

É possível extrair o bioetanol de mais de um tipo de cultura vegetal, como o milho, a cana-de-açúcar, a mandioca ou da própria celulose que compõe as plantas.

Em 1975, o Brasil iniciou o chamado Programa Nacional do Álcool (Proálcool), que visava à produção de bioetanol por meio da cana-de-açúcar. Utilizando tecnologias brasileiras para diminuir o consumo dos combustíveis provenientes de fontes fósseis não renováveis, como a gasolina, o objetivo era tornar o Brasil menos dependente dos países que produziam petróleo.

O programa contou com o levantamento de pesquisas de diversas áreas, como Química e Engenharia. A Geografia contribuiu com estudos sobre solo e clima, que apontaram as melhores áreas para o cultivo da cana-de-açúcar no território brasileiro.

Apesar do sucesso do Proálcool, o programa rendeu herança negativa no que diz respeito à manutenção dos latifúndios, da monocultura canavieira no Brasil e do aumento da desigualdade social gerada pela exploração de subempregos. Além disso, o uso prolongado de terrenos pela monocultura da cana-de-açúcar reduz a qualidade dos solos e os torna inférteis.

↑Colheita mecanizada de cana-de-açúcar. Planalto (SP), 2016.

1. Quais são os focos de atuação da Geografia na busca por novas fontes de energia? Que outras áreas de conhecimento contribuem para encontrar novas formas de energia e processos de transformação menos danosos ao meio ambiente?

2. Faça um levantamento das vantagens e desvantagens dos meios de produção de energia citados no texto e de outras energias alternativas que você conheça.

CAPÍTULO

2 América Andina

No capítulo anterior, você estudou os principais recursos naturais e minerais explorados na América Latina, além das principais fontes de energia utilizadas pelos países da região. Neste capítulo, você vai estudar as características econômicas dos países andinos.

Pela amplitude de seu território e por sua diversidade sociocultural e econômica, a América Latina pode ser dividida de diversas maneiras. Uma das mais adotadas para fins didáticos leva em conta o conjunto desses aspectos e também a autonomia geográfica de alguns países, como o Brasil e o México. Assim, por um critério mais físico-geográfico, temos a **América Andina** (os países que possuem territórios na Cordilheira dos Andes), a **América Platina** (os que são banhados pelo Rio da Prata) e a **América Central** (nações que se encontram na porção de terra que liga a América do Sul à América do Norte e as ilhas do Mar do Caribe).

Brasil e México, por sua dimensão territorial e seu desenvolvimento econômico (são os dois países mais industrializados da América Latina) constituem países com autonomia socioeconômica própria e por isso são estudados à parte. E, por fim, as Guianas, que, embora se situem na América do Sul, possuem peculiaridades históricas, culturais e políticas próprias.

Países andinos

Economicamente, esses países são dependentes da exportação de produtos primários (as chamadas *commodities*) como cobre, petróleo, gás natural, café, frutas e pescados e a importação de grande parte dos produtos industrializados de maior valor agregado procedentes dos países desenvolvidos. Esse cenário faz com que alguns desses países, que apresentam déficit na balança comercial internacional, agravado por um elevado endividamento externo, não consigam solucionar seus problemas sociais crônicos.

Não se pode, no entanto, tomar esse grupo de países de forma homogênea do ponto de vista econômico. O Chile possui o maior IDH da América do Sul, com um parque industrial mais desenvolvido do que seus vizinhos andinos; Peru e Colômbia vêm experimentando um crescimento do PIB expressivo nos últimos anos. Já Equador e Bolívia apresentam uma *performance* econômica mais modesta.

Politicamente, a maioria dos países andinos apresenta um cenário de estabilização, com a consolidação da democracia, com eleições diretas, voto secreto, fortalecimento das instituições e liberdade de expressão garantida por lei. A exceção é a Venezuela, que desde meados dos anos 2010 passa por uma grave crise política e econômica.

América Andina

Fonte: Vera Caldini e Leda Ísola. *Atlas geográfico Saraiva*.4. ed. São Paulo: Saraiva, 2013. p. 107.

Chile

A população do Chile é de aproximadamente 18 milhões de habitantes (ONU, 2015) concentrados principalmente na região central, sobretudo na sua capital: Santiago. A economia é uma das mais sólidas da América do Sul. Em 2016, o PIB foi de aproximadamente 247 bilhões de dólares (dado do anuário estatístico da Cepal). O Chile tem a tendência de abrir sua economia para os principais mercados do mundo, como países europeus, Estados Unidos, China e Japão, reduzindo e até eliminando barreiras comerciais. Por meio desses acordos, o Chile busca vantagens para exportar seus produtos, além de atrair investimentos externos. Recentes acordos comerciais, que ainda precisam ser ratificados, inseriram o país no bloco econômico denominado Parceria Transpacífico, que consiste em uma área de livre-comércio com outras 11 nações banhadas pelo Oceano Pacífico.

Os principais recursos naturais do país são: cobre, madeira, minério de ferro, metais preciosos e o potencial hidráulico para a produção de energia elétrica. O Chile é o maior produtor mundial de cobre, que, em 2017, representava 45% das exportações do país. Outros setores importantes nas exportações chilenas são: industrial, agroindustrial (celulose, salmão e vinho) e agrícola (com destaque para o cultivo de frutas). Uma das atividades econômicas com preponderância no país é a pesqueira, influenciada pela corrente marítima fria de Humboldt, que concentra alimentos para os cardumes na costa do país. Outro destaque é para o turismo, principalmente no balneário Viña del Mar, no deserto do Atacama e na região sul dos Lagos Andinos, montanhas associadas ao vulcanismo.

Com a adoção de reformas profundas para modernizar a economia, o Chile é o país latino-americano que mais se desenvolveu economicamente nas últimas décadas. Fatores como **privatizações**, abertura econômica, controle de gastos públicos e inflacionário e grande impulso no setor de exportação foram responsáveis por esse crescimento. Embora ainda apresente elevada concentração de renda, políticas implementadas pelo governo nos últimos anos reduziram significativamente os níveis de pobreza e indigência no país.

Em 2015, o Chile foi classificado como um país de nível de desenvolvimento humano muito alto, ocupando a 38ª posição. Observe no quadro ao lado a posição de alguns outros países latino-americanos no *ranking* de IDH de 2015.

América Latina: IDH - 2015

País	Classificação/ *Ranking* IDH	Pontuação
Chile	38º	0,847
Argentina	45º	0,827
Uruguai	54º	0,795
Cuba	68º	0,775
Venezuela	71º	0,767
Brasil	79º	0,754

Fonte: Relatório de Desenvolvimento Humano 2016. Disponível em: <http://hdr.undp.org/sites/default/files/2016_human_development_report.pdf>. Acesso em: fev. 2019.

GLOSSÁRIO

Privatização: consiste na venda de empresas estatais (do governo) para a iniciativa privada.

Matyas Rehak/Shutterstock.com

Barcos de pesca na Ilha de Chiloé, Chile, 2015.

Peru

Fonte: Graça M. L. Ferreira. *Atlas geográfico: espaço mundial.* São Paulo: Moderna, 2010. p. 71.

Com cerca de 31 milhões de habitantes (ONU, 2015), o Peru está dividido em três grandes áreas naturais: a costa (11% do total do território), que concentra cerca de um terço de sua população, especialmente na região metropolitana de Lima, capital nacional; os Andes (27% do território); e a Floresta Amazônica (62% do território).

A economia peruana é um reflexo dessa diversidade de ambientes naturais. A maioria dos recursos minerais do Peru são encontrados na área montanhosa da Cordilheira dos Andes e na área costeira. A atividade de maior destaque na economia peruana é a pesqueira, graças à corrente marítima de Humboldt. O país também é grande exportador de recursos minerais, como ouro, zinco, chumbo, prata e cobre. Na agricultura, destaca-se a produção de cana-de-açúcar, algodão, café e trigo. Observe no mapa acima a distribuição dos principais recursos minerais e das atividades agroindustriais no país.

A exemplo do Chile, desde 2006 há no Peru uma concentração de esforços para fechar acordos de livre-comércio com a União Europeia e países como Canadá, Cingapura, Japão, Costa Rica, com destaque para a recente Parceria Transpacífico.

Equador

No Equador, habitam cerca de 16 milhões de pessoas (ONU, 2015) e sua capital localiza-se em Quito. Assim como a economia da maioria dos países da América Latina, a do Equador está voltada para a exportação de produtos primários: banana, café, cacau, pescados e petróleo. O petróleo é a principal fonte de riqueza, responsável por 40% das exportações do país, seguido da madeira, pescado e agricultura, em que se destaca o cultivo de banana, café e cacau.

A economia equatoriana tem sua história recente marcada por crises e breves momentos de recuperação. No ano 2000, devido a uma grave crise de seu sistema bancário, o país adotou o dólar americano como sua moeda. Na década seguinte, o Equador apresentou crescimento – no ano de 2008, por exemplo, cresceu 6,4% – e conseguiu renegociar sua dívida externa em 2009. A partir de 2013, a economia equatoriana sofreu novos abalos, decorrentes da queda dos preços do petróleo e da redução do investimento estrangeiro. Em 2016, um terremoto agravou os problemas, trazendo prejuízos a vários setores produtivos como a indústria, a agricultura e o turismo. Desde então, o país tentou sair da recessão adotando algumas medidas, como o aumento das tarifas sobre os produtos importados e a criação de impostos sobre as heranças.

Plantação de bananas em Guaiaquil, Equador, 2018.

Colômbia

A Colômbia tem cerca de 48 milhões de habitantes (ONU, 2015) e a sua capital é Bogotá. A maioria da população colombiana vive no norte e no oeste do país, áreas de maior desenvolvimento agrícola e onde estão os principais recursos minerais.

A Colômbia possui importantes reservas de carvão mineral e de petróleo. As atividades agrícolas que se destacam são: café, produção de flores, cana-de-açúcar, banana, milho, cacau e fumo.

As planícies litorâneas favorecem a criação de gado, como bovinos, caprinos e equinos. A indústria colombiana restringe-se à fabricação de bens de consumo, como alimentos, bebidas e roupas.

Colômbia: agropecuária e recursos minerais

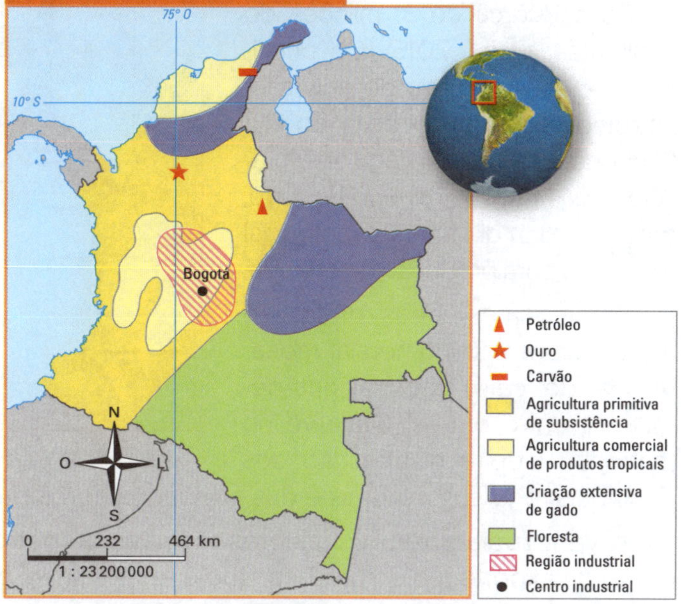

© DAE/Studio Caparroz

Fonte: Graça M. L. Ferreira. *Atlas geográfico: espaço mundial*. São Paulo: Moderna, 2010. p. 71.

Entre altos e baixos, na última década a Colômbia recuperou a capacidade de fazer a economia crescer, apresentando elevação considerável no PIB. Governo e sociedade, aliados em programas de cidadania, segurança e infraestrutura urbana, estimularam o consumo e aqueceram a economia. No entanto, há muito ainda a se fazer na Colômbia. O narcotráfico e os conflitos internos que envolvem grupos guerrilheiros, paramilitares e o exército nacional são graves problemas para o país.

Bolívia

Com quase 11 milhões de habitantes (ONU, 2015), a Bolívia, cuja capital é La Paz, é o país com a maior fronteira terrestre com o Brasil, totalizando 750 quilômetros de extensão. Uma característica marcante do território boliviano é a ausência de saída para o mar.

Daniel Derevecki/Fotoarena

↑ Trecho do Gasoduto Brasil-Bolívia. Araucária (PR), 2015.

Os principais recursos naturais do país são o petróleo, o gás natural, a madeira, o pescado e o potencial hidráulico para geração de eletricidade. A principal atividade econômica do país é a extração de gás natural. A indústria boliviana é pouco desenvolvida, estando principalmente relacionada à produção mineral, de alimentos e de vestuário.

A maior parte do gás natural extraído pela Bolívia é exportado. Em 2017, cerca de 74% da sua produção foi comercializado com o exterior. O Brasil é um dos principais compradores do gás natural boliviano, transportado por dutos – o Gasoduto Bolívia-Brasil, que você já estudou no capítulo anterior.

O PIB boliviano em 2016 foi de aproximadamente 34 bilhões de dólares, o menor entre os países andinos. O país vem tentando reduzir suas desigualdades sociais, mas ainda é marcado por tensões sociais e raciais. A Bolívia possui uma grande população de origem indígena, que nos últimos anos tem se destacado no cenário político.

Venezuela

Possui cerca de 31 milhões de habitantes (ONU, 2015). Os principais recursos naturais do país são: petróleo (extraído no delta do Rio Orenoco e próximo ao lago de Maracaibo), gás natural, minério de ferro, ouro, bauxita, diamante e potencial hidráulico para produção de energia.

Em algumas áreas pratica-se a agricultura semicomercial mecanizada de café, cacau, cana-de-açúcar, entre outros. Observe no mapa ao lado a distribuição dos principais recursos minerais e das atividades agroindustriais no país.

Venezuela: agropecuária e recursos minerais

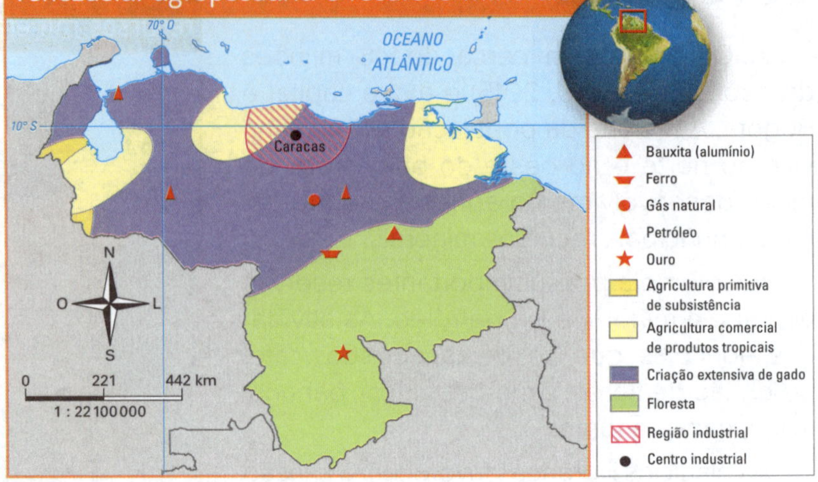

© DAE/Studio Caparroz

Fonte: Graça M. L. Ferreira. *Atlas geográfico: espaço mundial*. São Paulo: Moderna, 2010. p. 71.

A Venezuela possui as maiores reservas de petróleo do mundo. O país é extremamente dependente da exportação do produto, que é responsável por quase metade da receita do governo. Porém, a maior contradição interna da economia venezuelana é o fato de o país arrecadar muito dinheiro com a exportação de petróleo e ter grande desigualdade social. Uma pequena parcela da população tem boas condições de vida, enquanto a maioria não se beneficia dos lucros e da arrecadação dessa atividade comercial. Soma-se a essas desigualdades uma grave crise econômica, que resulta tanto da queda do preço internacional do petróleo quanto de um conflito político que se arrasta há anos, envolvendo o atual governo e a oposição.

AQUI TEM MAIS

[...] Nos mercados, faltam alimentos, produtos de higiene e remédios. A inflação se encontra acima de 800% ao ano, aumentando o preço de insumos básicos, quando esses conseguem ser encontrados. As ruas se enchem de uma oposição cada vez mais radical, que encontra uma resposta igualmente radical por parte do governo do Partido Socialista Unido da Venezuela (PSUV), já há 18 anos no poder.

A situação caótica provocou uma forte onda migratória de venezuelanos miseráveis para os países vizinhos da América Latina, principalmente o Brasil.

[...] A economia na Venezuela é pouco diversificada e dependente. A base dessa, aproximadamente 96% da renda, está no petróleo, produto abundante no país, mas de valor que sofre oscilações. Itens de necessidade não são produzidos no país, dependendo da importação de países próximos, entre eles, o Brasil. [...]

Entenda a crise na Venezuela que provocou forte onda migratória ao Brasil. *O Povo Online*, 5 mar. 2018. Disponível em: <www.opovo.com.br/noticias/mundo/2018/03/entenda-a-crise-na-venezuela-que-provocou-onda-migratoria-ao-brasil.html>. Acesso em: fev. 2019.

1. Segundo o texto, quais são as razões que motivaram a migração de muitos venezuelanos para o Brasil?
2. Qual é a relação entre a crise venezuelana e o petróleo?

ATIVIDADES

NO CADERNO

SISTEMATIZAR

1. Caracterize a economia dos países andinos.
2. Cite algumas razões que contribuíram para o Chile se tornar o país com a melhor qualidade de vida na América Latina.
3. O que dificulta o desenvolvimento socioeconômico da Colômbia?
4. Por que a América Andina tem esse nome?
5. Contextualize os países andinos quanto à economia e à política.
6. Quais são os maiores problemas sociais da Colômbia?
7. Que características peculiares a Bolívia apresenta quanto ao seu território?
8. Anote no caderno as frases verdadeiras sobre os países andinos.
   a) A população do Chile é de cerca de 18 milhões de habitantes, concentrados principalmente na região central.
   b) Com cerca de 31 milhões de habitantes, o Peru está dividido em duas grandes áreas naturais: os Andes e a Floresta Amazônica.
   c) No Equador, habitam cerca de 38 milhões de pessoas, e a capital do país é Havana.
   d) A Colômbia tem cerca de 48 milhões de habitantes e sua capital é Bogotá; a maioria de sua população vive no sul do país, área de maior desenvolvimento industrial.
   e) Com quase 11 milhões de habitantes (IBGE, 2018), a Bolívia, cuja capital é La Paz, é o país com a maior fronteira terrestre com o Brasil, totalizando 750 quilômetros de extensão.
9. Reproduza em seu caderno uma tabela como a que segue e preencha os respectivos espaços, na forma de itens, com as principais características da economia dos países andinos e seus principais recursos naturais.

País	Economia
Chile	
Peru	
Equador	
Colômbia	
Bolívia	
Venezuela	

DESAFIO

1. Neste capítulo, você viu que as economias dependentes de um único produto tendem a estar mais sujeitas a crises. Pesquise as razões por que isso acontece. Como um país pode fortalecer sua economia para evitar uma crise?

CAPÍTULO

3 América Platina

No capítulo anterior, você estudou os países andinos e suas principais características econômicas. Neste capítulo, você vai estudar as principais características econômicas dos países platinos

Países platinos

A América Platina é uma região da América do Sul formada por três países: Argentina, Uruguai e Paraguai. Eles são chamados de platinos porque têm uma característica geográfica em comum: são banhados por rios (Uruguai, Paraguai e Paraná) que compõem a Bacia do Rio da Prata. Algumas características físicas da região, como o predomínio do relevo plano, a extensa rede hidrográfica e a presença de solos férteis, possibilitam aos países platinos uma expressiva produção agrícola e a prática de pecuária.

A região apresenta três áreas que podem ser diferenciadas com base em suas características físicas:

- **Chaco:** abrange o norte da Argentina e parte do Paraguai. Caracteriza-se pelos terrenos planos, pelo clima subtropical e pela presença de florestas. Destaca-se as culturas de algodão, erva mate e a prática da pecuária.
- **Patagônia:** abrange o sul da Argentina. Caracteriza-se pelos terrenos planálticos, clima seco e vegetação rasteira. Destaca-se a prática da pecuária e a exploração de petróleo e carvão mineral.
- **Pampa:** abrange o sul do estado do Rio Grande do Sul, parte da Argentina e o Uruguai. O relevo plano e a qualidade do solo possibilita a prática agrícola. A região destaca-se, também, pela pecuária.

Fruto da colonização espanhola, a população da região é predominantemente branca, com exceção do Paraguai, marcado pela presença indígena.

Economicamente, os países que compõem a América Platina apresentam uma diversidade maior que os países andinos (que você estudou no capítulo anterior). Os três países mantêm relação comercial muito próxima com o Brasil, graças ao Mercado Comum do Sul (Mercosul).

América Platina

© DAE/Sonia Vaz

Fonte: Vera Caldini e Leda Ísola. *Atlas geográfico Saraiva*. 4. ed. São Paulo: Saraiva, 2013. p. 107.

Matthew Williams-Ellis/Robert Harding Heritage/AFP Photo

↑Gaúcho arrebanha criação de ovelhas na Patagônia. El Chaltén, Argentina, 2015.

Argentina

Na Argentina, cuja capital é Buenos Aires, vivem aproximadamente 43 milhões de pessoas (ONU, 2015). Cerca de um terço da população argentina vive na região metropolitana de sua capital, e o restante, em áreas do centro e do norte do país, como nas cidades de Córdoba e Rosário.

Os principais recursos naturais do país são: chumbo, zinco, estanho, cobre, minério de ferro, manganês, petróleo e gás natural. O país apresenta solos férteis nas planícies dos pampas, onde se desenvolve a agricultura. A Argentina produz energia elétrica a partir de combustíveis fósseis, fontes hidráulicas e outras fontes renováveis, além da energia nuclear (é o país da América Latina com a maior capacidade instalada desse tipo de energia).

Argentina: agropecuária e recursos minerais

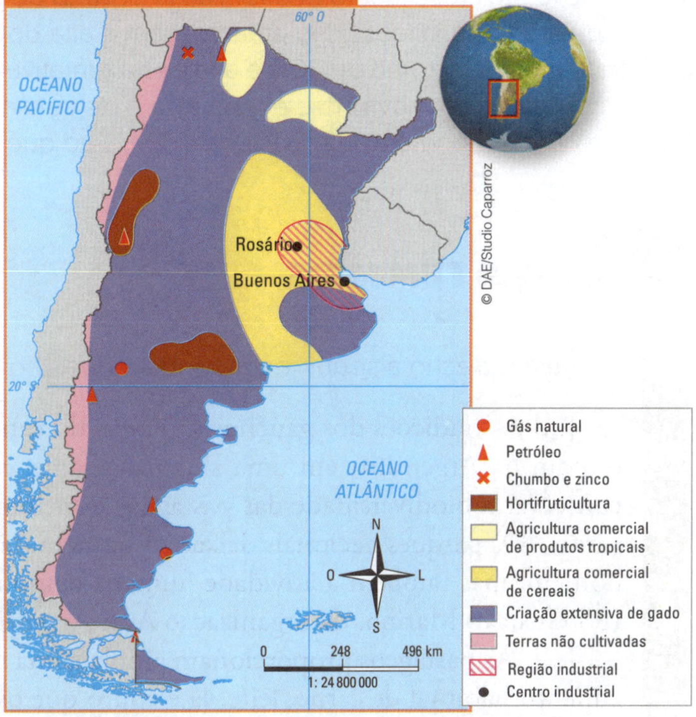

Fonte: Graça M. L. Ferreira. *Atlas geográfico: espaço mundial*. São Paulo: Moderna, 2010. p. 71.

A exemplo do México e do Brasil, a Argentina é um dos países mais industrializados da América Latina. Destacam-se as indústrias alimentícias, têxteis, mecânicas, eletroeletrônicas, metalúrgicas e automobilísticas.

A Argentina caracteriza-se por ser um exportador de cereais, com destaque para o trigo e a soja, comercializados com vários países do mundo. O Brasil é seu maior parceiro no comércio exterior (em 2017, cerca de 16% do total das exportações argentinas foram para o Brasil). Outra força da economia argentina é a exportação de produtos derivados da pecuária, como carne de gado bovino e lã de gado ovino. Observe no mapa acima a distribuição dos principais recursos minerais e das atividades agroindustriais no país.

Trabalhador de indústria de calçados em Quilmes, Argentina, 2016.

Em 2001, a Argentina decretou a moratória (suspensão do pagamento da dívida externa), e passou a ser vista com desconfiança pelos investidores internacionais. Esse foi o período da mais grave crise econômica, social e política da conturbada história do país. Durante as últimas duas décadas, o único período de maior estabilidade econômica do país foi entre 2002 e 2007, quando o PIB cresceu em média 8,5% ao ano, resultado de políticas econômicas e do aproveitamento da capacidade industrial e de trabalho, que estavam ociosas na crise. No entanto, após essa breve estabilidade, o país voltou a passar por períodos de recessão.

Em 2014, a Argentina decretou nova moratória, o que diminuiu as perspectivas de avanços econômicos e sociais do país para os próximos anos. A partir de 2016, com o governo do presidente Maurício Macri, houve um crescimento econômico inicial (PIB de 2,9% em 2017), fruto da tentativa de controlar as contas públicas e a inflação. No entanto, com a alta do dólar e dos juros nos Estados Unidos, a queda da safra agrícola em torno de 30% e a falha na tentativa de conter a inflação e os gastos públicos, o governo mergulhou em nova crise econômica e de confiança e se viu obrigado a recorrer, em agosto de 2018, ao Fundo Monetário Internacional (FMI), algo que não acontecia desde 2003.

AQUI TEM MAIS

Leia o trecho a seguir e responda à questão proposta.

[...] As tradições dos gaúchos (homens do campo) e a moderna tecnologia agropecuária se uniram na Argentina, em uma singular aliança entre pecuaristas e ambientalistas, que busca conservar a biodiversidade das pastagens e melhorar a produtividade e o sabor de sua famosa carne. "Os parques nacionais deixam o homem de fora. Quisemos pensar algo que integrasse o homem, mas também a atividade humana como mais um componente do bioma", afirmou à IPS Gustavo Marino, da organização Aves Argentinas.

[...] "As pastagens proporcionam ampla gama de bens e serviços ambientais, além do fornecimento habitual de carne, leite, lã e couro que os sistemas de pastoreio produzem", observou [...] o ambientalista Fernando Miñarro, coordenador da FVSA do Programa Pampas e Grande Chaco. Esse bioma, formado por mais de 370 espécies de gramíneas, 400 de aves e uma centena de mamíferos (alguns em extinção, como o veado dos pampas) é fundamental para o equilíbrio ecológico.

[...] Segundo Marino, a Argentina perdeu 60% de suas pastagens pelo avanço da agricultura intensiva (soja e arroz, entre outros cultivos), pela expansão do florestamento comercial e pela urbanização em suas partes mais valiosas, por não serem inundáveis, entre outras causas. [...]

A iniciativa envolve 70 produtores e 200 mil hectares, e resgata tradições de pecuária do pampa, aperfeiçoadas com novas técnicas agrárias e conhecimentos ecológicos. [...]

Enrique Marcarian/Reuters/Fotoarena

↑ Gado bovino pasta nos pampas argentinos. Província de Buenos Aires, Argentina, 2012.

Fabiana Frayssinet. Aliança pela proteção do pampa argentino. *Agência Envolverde*, 30 jul. 2015. Disponível em: <http://envolverde.cartacapital.com.br/alianca-pela-protecao-do-pampa-argentino/>. Acesso em: fev. 2019.

1. Discuta com os colegas a relação entre atividades econômicas, comunidades tradicionais e preservação do meio ambiente. Você concorda que a ação explicada no texto é "uma singular aliança entre pecuaristas e ambientalistas"? Por quê? Elabore um pequeno texto sobre o assunto.

Uruguai

Rupert Sagar-Musgrave/Alamy/Fotoarena

↑ Criação de gado em Mercedes, Uruguai, 2013.

O Uruguai possui aproximadamente 3,5 milhões de habitantes (ONU, 2015), dos quais grande parte se concentra no sul do país, sobretudo na capital (Montevidéu), que abriga 50% de toda população do país.

Os principais recursos naturais do país são: solos aráveis, recursos hídricos e pesca. Aproximadamente 75% do território uruguaio é formado por terrenos baixos e planos, o que favorece a criação de gado para a produção de carne. O país obtém energia elétrica por meio da queima de combustíveis fósseis, da atividade hidrelétrica e, principalmente, de fontes renováveis, como a eólica e a solar. O país não produz petróleo nem gás natural, por isso ele é obrigado a importar esses produtos.

A economia é baseada no setor agropecuário. O país é um grande produtor de cereais, como trigo, arroz e soja. Contudo, a maior força da economia uruguaia está relacionada à criação de gado bovino e ovino e à exportação de seus subprodutos, como carne, couro e lã. O país tem uma arrecadação significativa com o turismo, com destaque para o balneário de Punta del Este. China, Brasil, Estados Unidos e Argentina são os principais destinos da exportação uruguaia.

GLOSSÁRIO

Paraíso fiscal: países que não têm a prática de tributar a renda (os depósitos bancários) vinda de outros países.

No começo da década de 1990, o país iniciou uma política de privatização de empresas estatais, o que permitiu o aumento da arrecadação do governo e a diminuição dos gastos públicos. Essa medida também atraiu empresas e instituições financeiras internacionais, fazendo com que o país ganhasse fama de "**paraíso fiscal**".

Entre 2004 e 2008 o Uruguai passou por um momento de forte crescimento econômico, com médias anuais de 8%. Em 2009, a crise econômica internacional fez com que o crescimento econômico do país fosse de apenas 2,9%. No entanto, os uruguaios conseguiram evitar a recessão e a economia continuou crescendo por meio de investimentos privados e gastos públicos. No período entre 2012 e 2016, devido à desaceleração da economia global e de seus parceiros do Mercosul (sobretudo Brasil e Argentina), a economia uruguaia diminuiu sua velocidade de crescimento. Uma das marcas do país nos últimos quinze anos é a combinação de abertura para o livre-comércio e fortes investimentos sociais.

Rudimencial/iStockphoto.com

→ O Uruguai possui os melhores indicadores sociais da América Latina. Apresenta grande expectativa de vida e satisfatórios índices de alfabetização, sendo classificado como um ótimo país para se viver. Montevidéu, Uruguai, 2017.

Paraguai

mtcurado/iStockphoto.com

↑ Assunção, Paraguai, 2014.

Com cerca de 6,7 milhões de habitantes (ONU, 2015), o Paraguai, cuja capital é Assunção, tem a maioria de sua população vivendo na parte leste do país. Na porção oeste (área do Chaco), embora corresponda a 60% do território paraguaio, vivem apenas 2% dos habitantes do país.

Os principais recursos naturais do país são: madeira, minério de ferro, manganês, calcário e recursos hídricos. O Paraguai não possui reservas conhecidas de petróleo e gás natural.

A economia paraguaia é pouco diversificada e sua produção industrial é modesta. O fraco desempenho da economia pode ser explicado, em primeiro lugar, pela ausência de saída para o mar, o que dificulta a ampliação das relações comerciais do país. A principal via de acesso para o Oceano Atlântico é o Rio Paraguai, que se une ao Rio Paraná e às rodovias brasileiras. O Porto de Paranaguá, no Paraná, é o local de entrada e de saída da maioria dos produtos que vêm ou vão para lá.

Além disso, a infraestrutura do Paraguai é pouco eficiente, o que resulta em um baixo volume de exportações e pouca arrecadação para o Estado, que apresenta uma enorme dívida externa.

É um dos poucos países do mundo em que a agricultura arrecada mais que a indústria. Os principais produtos de exportação são a soja, o trigo, a mandioca e a cana-de-açúcar.

O país é um grande exportador de energia elétrica, excedente da Usina Binacional Itaipu, e o Brasil é seu maior comprador.

Na fronteira com o Brasil, mais precisamente com Foz do Iguaçu, no estado do Paraná, existe uma grande área comercial localizada na Ciudad del Este. Essa espécie de zona franca atrai diariamente muitos brasileiros que cruzam a Ponte da Amizade, que separa os dois países, em busca de produtos importados. O Paraguai apresenta os piores índices sociais entre os países platinos, porém, nos últimos anos, vem apresentado crescimento em sua economia.

Rmnunes/iStockphoto.com

← Área comercial em Ciudad del Este, Paraguai, 2015.

ATIVIDADES

NO CADERNO

SISTEMATIZAR

1. Compare, sob aspectos físicos, sociais, culturais e econômicos, a América Andina com a América Platina.

2. Quais países platinos não possuem reservas conhecidas de petróleo? Ter esse tipo de recurso natural garante o desenvolvimento socioeconômico de um país? Explique.

3. Anote no caderno as frases verdadeiras sobre os países andinos.
   a) Na Argentina, cuja capital é Mendoza, vivem aproximadamente 43 milhões de habitantes (IBGE, 2018).
   b) Cerca de um terço da população argentina vive na região metropolitana de sua capital, e o restante, em áreas do centro e do norte do país, como nas cidades de Córdoba e Rosário.
   c) O Uruguai possui aproximadamente 3,5 milhões de habitantes (IBGE, 2018), dos quais grande parte se concentra no sul do país, sobretudo na capital (Montevidéu), que abriga 50% de toda a população do país.
   d) Com cerca de 6,7 milhões de habitantes (IBGE, 2018), o Paraguai, cuja capital é Assunção, tem a maioria de sua população vivendo na parte oeste do país.
   e) Na porção oeste (área do Chaco) do Paraguai, embora corresponda a 60% do território paraguaio, vivem apenas 2% dos habitantes do país.

4. Reproduza no caderno uma tabela como a que segue e preencha os respectivos espaços, na forma de itens, com as principais características das economias dos países platinos e seus principais recursos naturais.

País	Economia
Argentina	
Uruguai	
Paraguai	

REFLETIR

1. Leia a tirinha a seguir.

Joaquín Salvador Lavado (QUINO) TODA MAFALDA /Fotoarena/Quino

   a) Com a informação de que Quino, o criador da personagem Mafalda, é argentino, procure descobrir a que crise ele se refere.
   b) Você acredita que a realidade da personagem Mafalda também se aplica ao Brasil e a outros países da América Latina? Debata isso com os colegas.

CAPÍTULO 4

México, América Central, Guianas e Brasil

No capítulo anterior, você estudou os países platinos. Neste capítulo, você vai estudar o México, os países da América Central, as Guianas e o Brasil.

México

O México pela sua localização, pertence à América do Norte e, segundo a regionalização histórico-cultural, pertence à América Latina. Com aproximadamente 127 milhões de habitantes (ONU, 2015), sua população é composta majoritariamente de mestiços, brancos de origem hispânica e indígenas. É um país emergente e um dos três mais industrializados da América Latina, ao lado de Brasil e Argentina. O Nafta, acordo comercial entre Canadá, Estados Unidos e México, traz grandes investimentos econômicos e industriais para o território mexicano. Ao mesmo tempo, traz problemas como a importação de milho norte-americano, que desestrutura a produção de um item básico da alimentação mexicana. A mão de obra barata, os incentivos fiscais e os recursos naturais, como o petróleo, atraem as empresas transnacionais, principalmente dos Estados Unidos e do Canadá.

Os principias recursos naturais no território mexicano são: petróleo, gás natural, prata, cobre, chumbo, zinco, ferro e manganês. O petróleo é extraído no Golfo do México, e parte da produção é exportada. O México está entre os maiores produtores de petróleo cru do mundo e possui uma das maiores reservas desse recurso. O país é também exportador de gás natural.

O milho, que ocupa a maior parte das áreas de cultivo, é o principal alimento da população, herança das antigas civilizações que se desenvolveram no território mexicano. A criação extensiva de gado bovino e o cultivo de café, algodão e cana-de-açúcar, além das culturas irrigadas de frutas e legumes, também se destacam no setor agropecuário. Observe no mapa a seguir a distribuição dos recursos naturais, dos centros industriais e do uso do solo no México.

México: recursos naturais, indústrias e uso do solo

© DAE/Studio Caparroz

Fonte: Graça M. L. Ferreira. *Atlas geográfico: espaço mundial*. São Paulo: Moderna, 2010. p. 71.

As áreas mais industrializadas do país são a Região Metropolitana da Cidade do México e a fronteira com os Estados Unidos, onde destacam-se as indústrias automobilísticas e de autopeças. A maioria dessas indústrias transnacionais, chamadas de maquiladoras, beneficia-se do baixo custo da mão de obra mexicana.

Benedek/iStockphoto.com

↑Acapulco, México, 2016.

O turismo é uma atividade de destaque, que atrai anualmente uma grande quantidade de visitantes de todo o mundo, gerando emprego e renda para o país. Os atrativos turísticos são: o extenso litoral de praias com infraestrutura, como as cidades de Cancún e Acapulco; além do patrimônio histórico e cultural da Cidade do México e das etnias indígenas maia e inca.

AQUI TEM MAIS

Preste atenção na fronteira entre os Estados Unidos e o México. Um lugar por onde circulam 280 milhões de pessoas por ano; em que milhares de fábricas americanas se instalam do outro lado da divisa para ter mais lucros. É, ao mesmo tempo, o lugar onde se levanta um muro para bloquear a onda de imigrantes que se desloca do Terceiro Mundo para os Estados Unidos. Essa fronteira virou metáfora do capitalismo global contemporâneo, que se contradiz quando propõe a completa liberdade para capitais e mercadorias e a proibição da livre circulação dos trabalhadores. É onde se pode surpreender o neoliberalismo à vontade, expondo abertamente tanto o seu sucesso em acumular riquezas como sua negação em distribuí-la. [...]

Deve ser a fronteira mais movimentada do mundo. E se você quer ver como funciona o capitalismo global, ali é o lugar. Cerca de 3 650 empresas estrangeiras – as maquiladoras – se implantaram nas cidades mexicanas da fronteira e "extraem" diariamente a força de trabalho de 1 milhão de trabalhadores.

Maquiladora é o nome muito apropriado dado pelo povo mexicano a essas empresas porque elas recebem as peças, componentes, matérias-primas de fora e apenas fazem sua montagem, transformando-as em produtos terminados. O detalhe é que 98% das partes não são produzidas no México. Vêm dos Estados Unidos e da Ásia para serem montadas ali. Os produtos terminados atravessam a fronteira, recebem o selo *Made in USA*, e ganham o mundo.[...]

Corrida por salário baixo

Por que as empresas americanas se dão ao trabalho de mandar as peças para algumas centenas de metros além de seu território e depois trazer os produtos prontos de volta? Por que toda essa operação? Para se beneficiar dos salários dos trabalhadores mexicanos, um dos mais baixos do mundo. [...] As indústrias americanas encontraram um jeito de importar trabalho mexicano, sem importar o trabalhador, empregando-o de acordo com os salários e leis trabalhistas vigentes no México. [...]

Carlos Azevedo. Maquiladoras no México: um retrato do capitalismo global. *Princípios*. Disponível em: <http://revistaprincipios.com.br/artigos/48/cat/1536/maquiladores-no-m&eacutexico-um-retrato-do-capitalismo-global-.html>. Acesso em: fev. 2019.

1. Por que, segundo o texto, a fronteira entre México e Estados Unidos "virou metáfora do capitalismo global"?
2. Qual é o interesse dos Estados Unidos em manter as maquiladoras?

América Central

A América Central pode ser dividida em duas partes: continental e insular. Formada por um istmo que liga a América do Norte à América do Sul, na porção continental estão Belize, Guatemala, Honduras, Costa Rica, Panamá, Nicarágua e El Salvador. A porção insular é composta de um conjunto de países distribuídos pelo Mar do Caribe.

A América Central continental tem uma população próxima de 40 milhões de habitantes, com destaque para Guatemala e Honduras, os países mais populosos. Muitas cidades seguem o padrão dos países em desenvolvimento, com deficiências principalmente nos serviços de saneamento básico, saúde e educação. De forma geral, há grande desigualdade social e econômica na maioria desses países. Eles são muito dependentes economicamente dos países do norte, sobretudo dos Estados Unidos, além de haver uma desestruturação política e social originada no passado com a colonização de exploração.

Os países da América Central insular são pequenos e pouco populosos, com destaque para Cuba, o mais extenso e o que tem a população mais numerosa da região.

De modo geral, a economia dos países da América Central é dependente da atividade agrícola, com baixa mecanização. A agricultura é feita, em boa parte, pelo sistema de *plantation*. Há um grande número de empresas estrangeiras que controlam essa atividade. Destaca-se o cultivo do café, do cacau, da cana-de-açúcar, do abacaxi, da banana e do algodão, produtos típicos de países tropicais.

Na parte insular, há importantes jazidas minerais de ferro, cobre, petróleo e bauxita. A Jamaica é um dos maiores exportadores mundiais do minério de alumínio. A atividade industrial é pouco desenvolvida, ocorrendo com maior destaque na Costa Rica e no Panamá.

Kumar Sriskandan/Alamy/Fotoarena

↑ Plantação de Café. San José, Costa Rica, 2016.

O turismo é uma atividade desenvolvida em muitos países, gerando emprego e renda. Na região continental, o destaque é o turismo histórico, principalmente em Belize, na Guatemala e no Panamá, devido à presença do Canal. Na região insular, o destaque é o turismo balneário.

valio84sl/iStockphoto.com

← *Resort* caribenho. Punta Cana, República Dominicana, 2018.

Cuba

Cuba, a maior ilha da América Central, é um país com aproximadamente 11 milhões de habitantes (ONU, 2015). Sua população está distribuída em aglomerados urbanos por todo país, principalmente nas maiores cidades, como na capital Havana. Os principais recursos naturais do país são: cobalto, níquel, minério de ferro, cromo, cobre, sal, madeira, sílica, petróleo e seus solos aráveis.

O país ganhou notoriedade e passou a chamar a atenção do mundo a partir de 1959, quando um grupo de revolucionários assumiu o poder, destituindo o ditador Fulgêncio Batista. Esse acontecimento ficou conhecido como Revolução Cubana. Em 1961, o socialismo foi implantado como o novo sistema político-econômico de Cuba, que se aproximou da União Soviética por meio de alianças comerciais.

Nikada/iStockphoto.com

↑Havana, Cuba, 2017.

Se, por um lado, a União Soviética passou a ajudar financeiramente o país, interessada em mantê-lo como seu aliado em plena Guerra Fria; por outro, Cuba passou a sofrer bloqueio ou **embargo econômico** dos Estados Unidos. Esse país rompeu as relações diplomáticas e comerciais com a ilha caribenha.

Com o fim da União Soviética, Cuba vem passando por algumas dificuldades econômicas e políticas como: atraso no setor industrial, isolamento comercial e prejuízo à democracia, em razão da falta de liberdade política, liberdade de expressão e denúncia de violação dos direitos humanos.

A economia cubana é pouco diversificada. A produção agrícola, não mecanizada, teve no passado a produção de açúcar como destaque. Atualmente, o cultivo da cana-de-açúcar caiu, mas continua sendo o principal produto de exportação cubano. O país importa parte dos produtos alimentares do Brasil, Estados Unidos e Canadá. A atividade turística é, atualmente, importante fonte de renda.

GLOSSÁRIO

Embargo econômico: proibição de comércio com um determinado país, estipulado geralmente por motivo político.

Apesar do bloqueio econômico e o contexto de crise que se arrasta há décadas, o socialismo cubano proporcionou alguns avanços sociais ao país, como a eficiência do sistema educacional, o investimento na pesquisa e no sistema de saúde, além da promoção do esporte e formação de atletas.

Em dezembro de 2014, Cuba e Estados Unidos fizeram um acordo histórico de aproximação diplomática, embora o embargo econômico fosse mantido. O acordo incluía diversos itens como a reativação das embaixadas; flexibilização das restrições a viagens entre os dois países; autorização para que alguns produtos dos Estados Unidos fossem exportados para Cuba; permissão às empresas estadunidenses para abrir contas em instituições financeiras cubanas; entre outras medidas. Porém, com o atual presidente norte-americano, Donald Trump, o acordo foi revogado, o que pode ser interpretado como um grande retrocesso nas relações internacionais no continente americano.

Guianas

A região das Guianas, também chamada de Amazônia Caribenha, é constituída de dois países, a Guiana e o Suriname, e de uma possessão ultramarina francesa, a Guiana Francesa. A maior parte de sua população, formada majoritariamente de afrodescendentes e de descendentes de indígenas, situa-se no litoral da região.

A Guiana, ex-colônia inglesa, tem a base de sua economia na agricultura, com o cultivo de cana-de-açúcar, café e arroz, e no extrativismo mineral (bauxita). A queda na exportação de bauxita, nos últimos anos, tem acarretado uma crise econômica ao país. O Suriname, antiga posse holandesa, também possui grandes reservas de bauxita e, além disso, extrai ouro, ferro e platina. A produção agrícola se baseia no cultivo de arroz e frutas tropicais.

Europe spaceport/AFP Photo

↑Lançamento de foguete no Centro Espacial de Kourou, Guiana Francesa, 2018.

A Guiana Francesa, território que pertence à França, tem na pesca e no extrativismo mineral seus grandes destaques econômicos. O país abriga uma população ilegal de brasileiros, haitianos e surinamenses que entram no país interessados no garimpo de ouro e no euro, a moeda europeia que circula no país. Em seu território está instalado o centro de lançamentos de foguetes da Agência Espacial Europeia, localizada em Kourou.

Brasil

Você já estudou aspectos econômicos do Brasil no ano anterior. Vale a pena lembrar que, no ano de 2016, o Brasil era a nona maior economia do mundo. No entanto, isso não significa que a população brasileira tenha boa qualidade vida. O Brasil é um país que apresenta histórica desigualdade social – comprovada pela 79ª posição no *ranking* do IDH de 2016 – com graves déficits de acesso à saúde e educação, problemas que foram agravados com a recente crise econômica brasileira, iniciada em 2015, resultado da soma de fatores econômicos (internos e externos) e um conturbado processo político.

Atualmente, a China, os Estados Unidos, a União Europeia e o Mercosul são os principais destinos da exportação brasileira. Os principais produtos brasileiros exportados para a China são: soja, minério de ferro, óleos derivados do petróleo, açucares e celulose. As exportações brasileiras para os Estados Unidos são , em grande parte, de produtos manufaturados, como máquinas, aviões e combustíveis. Em seguida estão os produtos básicos, como o petróleo e o café, e depois os produtos semimanufaturados, como o ferro e o aço.

CURIOSO É...

O embaixador brasileiro em Pequim, Marcos Caramuru, classifica de "dinâmica" a relação bilateral entre Brasil e China e ressalta que o comércio e os investimentos entre os dois países "estão em franca ascensão".

[...] A pauta exportadora do Brasil para o mercado chinês concentra-se em proteína animal, grãos, minério de ferro, polpa e celulose. "A China não é nosso concorrente, [o país] é nosso grande comprador", afirmou Caramuru. "No ano passado, o Brasil exportou 80% de todo o frango importado pela China e foi de longe o maior exportador de carne bovina. Também exportou em torno de 60% da soja importada pela China". [...]

Ana Cristina Campos. *Agência Brasil*, 11 jun. 2017. Disponível em: <http://agenciabrasil.ebc.com.br/economia/noticia/2017-06/relacao-bilateral-entre-brasil-e-china-e-dinamica-diz-embaixador-em-pequim>. Acesso em: fev. 2019.

ATIVIDADES

NO CADERNO

SISTEMATIZAR

1. Que atrativos o mercado mexicano oferece para as transnacionais estadunidenses?
2. Redija um pequeno texto a respeito de Cuba. É importante que você faça referência à revolução, ao sistema político-econômico e aos indicadores sociais do país.
3. Com base no que foi discutido sobre as relações atuais entre Estados Unidos e Cuba, qual é a sua opinião sobre a revogação do acordo de 2014 entre os dois países? Quais são os possíveis impactos disso para a política internacional?
4. Discorra brevemente sobre as relações comerciais que o Brasil mantém com os demais países da América Latina.
5. Que características do Brasil são semelhantes ao México?
6. Explique o que são indústrias maquiladoras.
7. Como se divide regionalmente a América Central?
8. De modo geral, quais são as características sociais dos países da América Central?
9. Em que impasse político-econômico Cuba se viu envolvida no período da Guerra Fria? Quais foram as consequências desse impasse?
10. Reproduza no caderno uma tabela como a que segue e preencha os respectivos espaços, na forma de itens, com as principais características das economias do México, da América Central, de Cuba e do Brasil.

País	Economia
México	
América Central	
Cuba	
Brasil	

REFLETIR

1. Leia um trecho do discurso de Raúl Castro, presidente de Cuba, no encontro da Comunidade de Estados Latino-Americanos e Caribenhos (Celac) na Costa Rica, em janeiro de 2015.

> [...] Não será possível [a normalização das relações bilaterais] enquanto existir o bloqueio, enquanto [...] não for feita uma justa compensação a nosso povo pelos prejuízos humanos e econômicos sofridos.

Álvaro Murillo. Castro pede a Obama que compense os "prejuízos humanos" do embargo. *El País*, 29 jan. 2015. Disponível em: <http://brasil.elpais.com/brasil/2015/01/28/internacional/1422482670_635618.html>. Acesso em: abril de 2019.

Alfredo martirena/CartoonStock

- Com base na afirmação do presidente cubano e nessa charge sobre o tema do bloqueio econômico, escreva uma crítica ao bloqueio estadunidense a Cuba enfatizando as consequências dessa prática para a economia e a população cubanas.

FIQUE POR DENTRO Canal do Panamá

O sonho de conectar os oceanos Atlântico e Pacífico sem a necessidade de contornar a América do Sul tornou-se realidade em 1914, quando o primeiro navio cruzou o Canal do Panamá, uma das maiores obras de engenharia do mundo. Devido ao crescimento do comércio global e ao surgimento de navios cada vez maiores, o canal passou, entre 2007 e 2016, por um processo de expansão que dobrou sua capacidade de transporte.

DE LADO A LADO

Para cruzar de um oceano a outro, uma embarcação deve atravessar um intrincado caminho de 82 quilômetros, que se eleva até 26 metros. Três complexos de eclusas funcionam como um "elevador" para os navios, tanto para cima quanto para baixo.

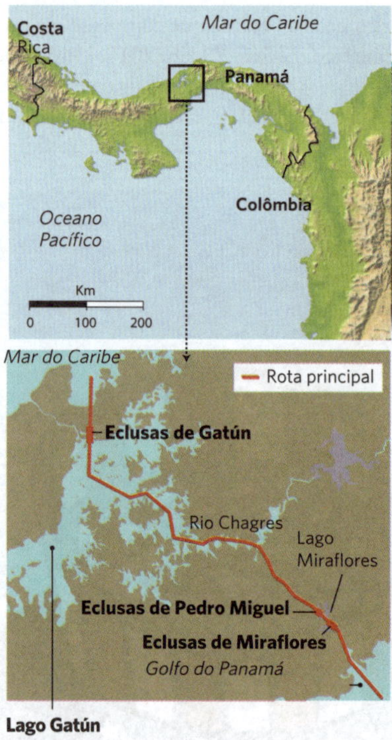

18 HORAS
é o tempo gasto, em média, para um navio atravessar o canal

AS ECLUSAS

O sistema é formado por três eclusas: de Gatún, de Pedro Miguel e de Miraflores.

1. A primeira câmara da eclusa se prepara para receber o navio igualando seu nível de água com o do mar. Para isso, libera 100 milhões de litros de água doce no oceano (o equivalente a 40 piscinas olímpicas) em apenas oito minutos.

2. Quando o nível da água se iguala, o navio entra na primeira câmara. Fecham-se válvulas e comportas.

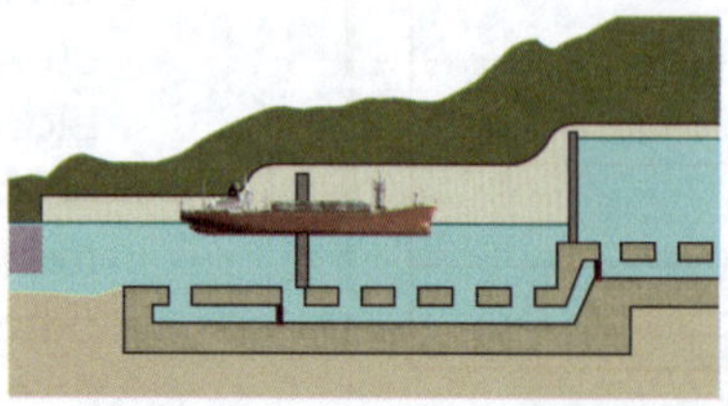

3. A água da segunda câmara começa a fluir para a primeira câmara até os níveis se igualarem. O portão se abre e o navio entra na segunda câmera. O processo é repetido na terceira câmara.

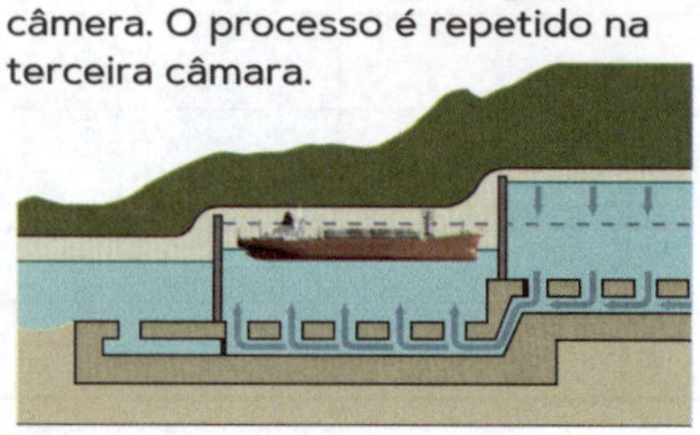

CORTE TRANSVERSAL

Este perfil mostra as principais áreas do Canal.

Situado a 25,5 metros do nível do mar, o Lago Gatún fornece a água necessária para o funcionamento das eclusas.

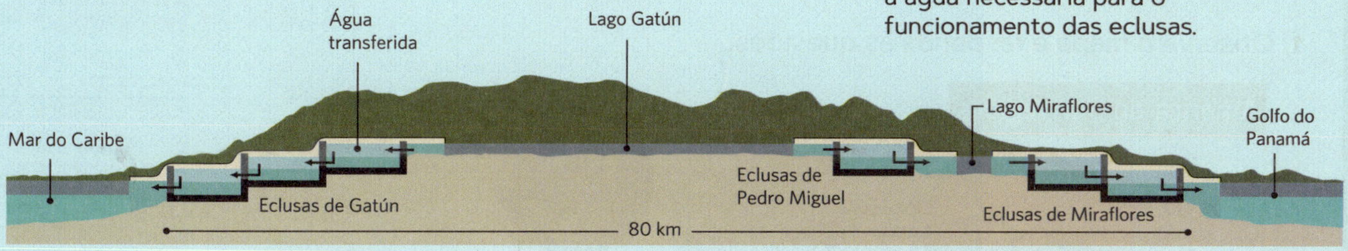

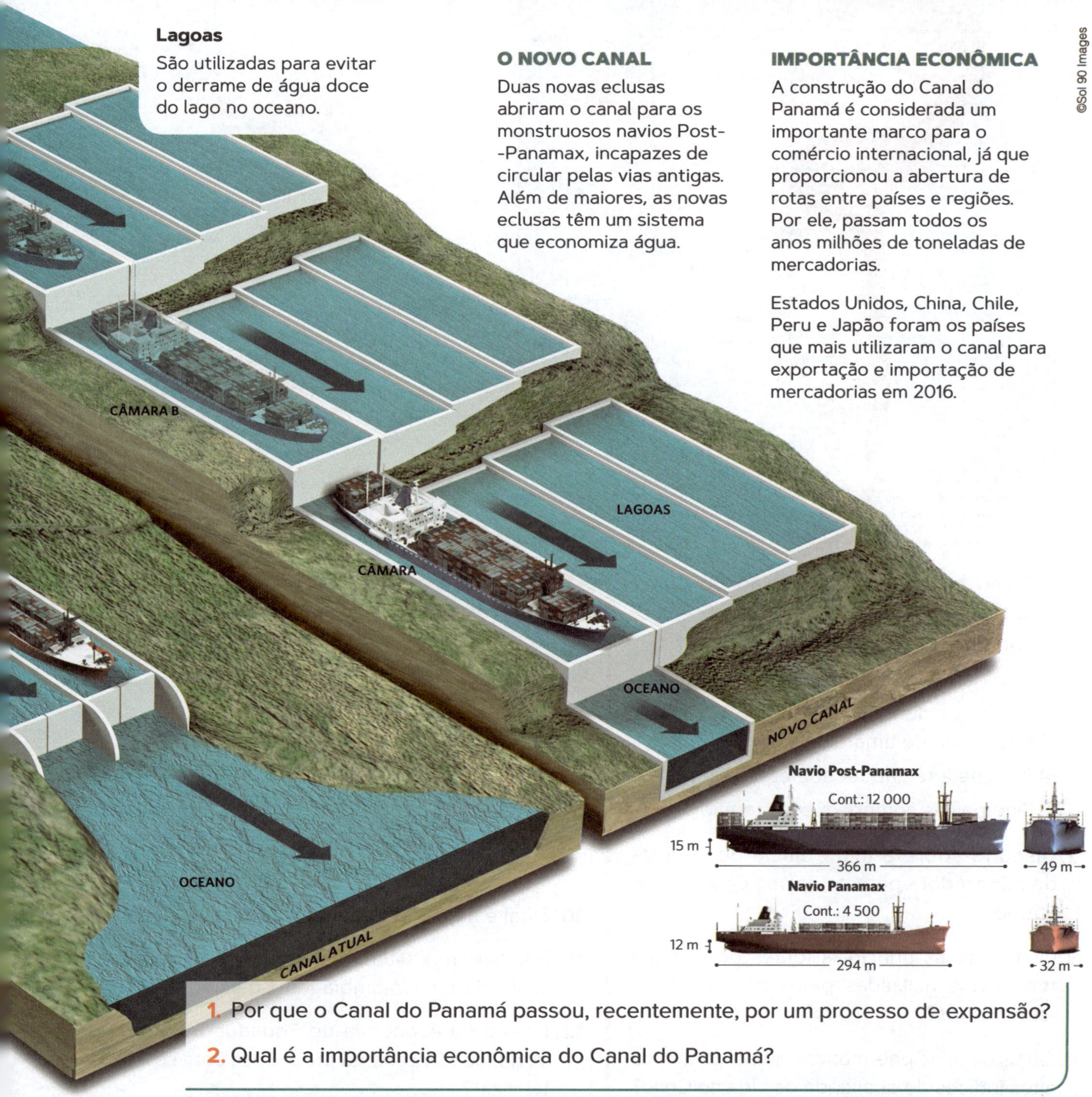

Lagoas

São utilizadas para evitar o derrame de água doce do lago no oceano.

O NOVO CANAL

Duas novas eclusas abriram o canal para os monstruosos navios Post--Panamax, incapazes de circular pelas vias antigas. Além de maiores, as novas eclusas têm um sistema que economiza água.

IMPORTÂNCIA ECONÔMICA

A construção do Canal do Panamá é considerada um importante marco para o comércio internacional, já que proporcionou a abertura de rotas entre países e regiões. Por ele, passam todos os anos milhões de toneladas de mercadorias.

Estados Unidos, China, Chile, Peru e Japão foram os países que mais utilizaram o canal para exportação e importação de mercadorias em 2016.

1. Por que o Canal do Panamá passou, recentemente, por um processo de expansão?

2. Qual é a importância econômica do Canal do Panamá?

Fontes: Giulia Paggiarin Flores. Expansão do Canal do Panamá e os impactos sobre o comércio internacional. *Universidade Federal de Santa Catarina*. Florianópolis, 2017. Disponível em: <https://repositorio.ufsc.br/handle/123456789/178815>. Acesso em: fev. 2019. | O Canal do Panamá, agora maior,... *Diário de Notícias*, 26 jun. 2016. Disponível em: <www.dn.pt/mundo/interior/o-canal-do-panama-agora-maior-foi-inaugurado-este-domingo-5250671.html>. Acesso em: fev. 2019. | *Canal de Panamá*. Disponível em: <https://micanaldepanama.com/nosotros>. Acesso em: fev. 2019.

PANORAMA

FAÇA AS ATIVIDADES A SEGUIR E REVEJA O QUE VOCÊ APRENDEU.

NO CADERNO

1. Observe o mapa e responda às questões.

América do Sul: regiões

Fontes: *Atlas geográfico escolar*. 7. ed. Rio de Janeiro: IBGE, 2016. p. 41; Vera Caldini e Leda Ísola. *Atlas geográfico Saraiva*. 4. ed. São Paulo: Saraiva, 2013. p. 107.

a) Como se denomina a região do mapa destacada de vermelho?

b) Por que a região recebe esse nome?

c) Que países integram essa região?

d) Como se denomina a região do mapa destacada de amarelo?

e) Por que a região recebe esse nome?

f) Que países compõem essa região?

2. Discorra sobre a importância da atividade mineradora para os países da América Latina.

3. Quais são as principais fontes de energia renováveis utilizadas pelos países latino-americanos?

4. Quais os principais motivos que explicam os altos índices de qualidade de vida no Chile?

5. Relacione a variação do preço do petróleo à atual crise econômica vivida pela Venezuela.

6. Explique o que foi o "embargo econômico" estadunidense a Cuba.

7. Qual é a base da economia peruana?

8. De modo geral, como podemos caracterizar a economia dos países andinos?

9. Qual é o principal produto de exportação do Chile e da Bolívia, respectivamente?

10. Qual é a base da economia do Paraguai?

11. Por que, nos últimos anos, a economia de Chile, Peru e Colômbia tem crescido?

12. Por que a economia de Equador, Bolívia e Venezuela apresenta problemas para se estabilizar?

13. Explique por que o Chile é o país latino-americano que mais se desenvolveu economicamente nos últimos anos.

14. Que problemas o Equador enfrentou nos últimos anos que afetaram seu desempenho econômico?

15. Qual é a grande contradição da Venezuela no que se refere a sua economia?

16. Quais são as causas e as consequências da crise política e econômica da Venezuela?

17. Depois de decretar moratória em 2014 e começar a se recuperar a partir de 2015, a Argentina voltou a apresentar problemas em 2018. Reúna-se em grupo e façam uma pesquisa sobre a situação atual da economia Argentina.

18. Por que a Argentina teve um período de estabilidade entre 2002 e 2007?

19. Como o Paraguai resolve o problema de não ter uma saída para o mar?

20. Explique o que é a área comercial situada na Ciudad del Este.

21. Anote no caderno as frases verdadeiras sobre o México, a América Central e sobre Cuba.

   a) O México é um país que, pela sua localização, pertence à América Central e, segundo a regionalização histórico-cultural, pertence à América Anglo-Saxônica.

   b) Com aproximadamente 127 milhões de habitantes (IBGE, 2018), a população mexicana é composta majoritariamente de negros.

   c) As áreas densamente povoadas são as da região central, onde está o Planalto Mexicano, com destaque para a Cidade do México (a capital) e sua região metropolitana.

   d) A América Central continental tem uma população absoluta próxima de 40 milhões de habitantes, com destaque para Guatemala e Honduras, os países mais populosos.

   e) Cuba, a maior ilha da América Central, é um país com aproximadamente 11 milhões de habitantes (IBGE, 2018).

22. Por que a importação do milho norte-americano traz problemas para o México?

23. Quais são os principais atrativos turísticos do México?

24. O *reggae*, um estilo musical originado na Jamaica, é um típico exemplo de expressão cultural que fez o caminho inverso do habitual, quando se trata de influência cultural: criou um estilo que, em vez de ser influenciado, interviu no país colonizador, a Inglaterra, e, por extensão, o mundo. Atualmente o *reggae* já faz parte do cenário da música *pop* mundial, graças ao seu principal divulgador, o jamaicano Bob Marley. Reúna-se com dois ou três colegas e façam uma pesquisa sobre esse gênero musical, mencionando suas principais expressões, a trajetória de Bob Marley, as canções mais importantes, e que conotação política o *reggae* adquiriu no contexto sociocultural da América Latina e do mundo.

25. Que fato projetou Cuba na política internacional?

26. Explique as implicações do acordo entre Estados Unidos e Cuba no governo de Barack Obama, em 2014.

DICAS

▶ ASSISTA

Torre de David, a vida na maior favela vertical do mundo, Brasil, 2014. Produção: *GloboNews*. O documentário mostra a vida das famílias que vivem na Torre de David, um edifício inacabado que se tornou a maior favela vertical do mundo, em Caracas, Venezuela.

Cidades fantasmas, Brasil, 2017. Direção: Tyrell Spencer, 71 min. O documentário mostra quatro cidades na Argentina, Brasil, Chile e Colômbia que passaram por problemas naturais, políticos e/ou econômicos e onde restam raros sobreviventes. Essas pessoas permanecem como sentinelas, guardiões da memória, e contam histórias apontando para a responsabilidade humana.

↓ Vista aérea da Cidade do Cabo, África do Sul, 2016.

TEMA 7

África: aspectos físicos

Comanciu Dan/Shutterstock.com

NESTE TEMA

VOCÊ VAI ESTUDAR:

- a localização e as regionalizações da África;
- os aspectos naturais do continente – relevo, clima, hidrografia e vegetação;
- os recursos naturais do continente;
- a ação humana na natureza.

A África é o terceiro maior continente do planeta, com 30,2 milhões de km^2, correspondendo a 20% das terras emersas do planeta. Por sua vasta extensão, ele apresenta grande diversidade de paisagens e muitas riquezas naturais, além de abrigar uma das maiores biodiversidades do mundo.

1. Observando a imagem, você diria que se trata de uma paisagem africana?

2. Que países da África você gostaria de visitar? Por quê?

CAPÍTULO

1 Localização e regionalização

No capítulo anterior, você estudou a economia do México, de Cuba, das Guianas e do Brasil. Neste capítulo, você vai aprender a reconhecer e localizar o continente africano.

Um continente de diversidades

A África não é um país, e sim um continente. Essa informação pode parecer óbvia, mas, infelizmente, não é. Há uma tendência em falar da África como se ela fosse homogênea, com um único povo – **famélico** –, os mesmos hábitos e tradições e a mesma paisagem: desértica e selvagem. Mas a verdade é que a África é um continente muito diverso, tanto em sua natureza quanto em sua sociedade, como estudaremos nos capítulos que seguirão.

GLOSSÁRIO

Famélico: que tem muita fome; faminto.

Observe a localização da África no planisfério a seguir. Que linhas imaginárias atravessam o continente? Por quais oceanos ele é banhado?

Mapa-múndi: África

Fonte: *Atlas geográfico escolar*. 7. ed. Rio de Janeiro: IBGE, 2016. p. 34.

Como você pôde constatar, a África é cortada pela Linha do Equador, ao centro do continente, tendo, assim, territórios nos hemisférios Norte e Sul do planeta. É atravessada também pelo Trópico de Câncer, ao norte, e pelo Trópico de Capricórnio, ao sul.

Essa localização geográfica confere ao continente a condição de ser predominantemente tropical. Em sua porção oeste, a África é cortada pelo Meridiano de Greenwich – assim, a maior parte dela se situa no Hemisfério Oriental.

Quanto aos limites geográficos, são eles: ao norte, o Mar Mediterrâneo; a leste, o Oceano Índico; a oeste, o Oceano Atlântico; a nordeste, o Mar Vermelho; e, ao sul, a junção dos oceanos Atlântico e Índico.

No noroeste, a África se separa da Europa por uma estreita passagem de 14 quilômetros de largura, o Estreito de Gibraltar. Já no nordeste, o continente africano está ligado ao continente asiático por uma estreita faixa de terra, o Istmo de Suez.

O litoral do continente africano é bastante regular; a maioria de suas ilhas tem pequena extensão. Entre elas se destacam: Madagascar (a maior de todas), Seicheles, Comores e Maurício, no Oceano Índico, e Madeira, Cabo Verde, Canárias, São Tomé e Príncipe, no Oceano Atlântico.

Graças à grande extensão territorial, o continente conta com uma variedade de paisagens tanto naturais quanto humanizadas, ou seja, alteradas e transformadas pela sociedade. Observe a seguir o mapa político da África.

África: político

© DAE/Studio Caparroz

Fonte: *Atlas geográfico escolar*. 7. ed. Rio de Janeiro: IBGE, 2016. p. 45.

Hoje, a África é composta de 54 países independentes. É importante considerar que no continente, assim como nos demais, há distintas realidades socioeconômicas, políticas e naturais.

A atual divisão política da África é resultado das fronteiras políticas impostas pelas potências coloniais europeias no século XIX. Estudaremos mais detalhadamente essa questão no Tema 8.

Regionalizações do continente africano

Como já dissemos, é comum as pessoas considerarem o continente africano um espaço geográfico único, uniforme e homogêneo. Isso, porém, não é verdade, pois ele tem grupos sociais muito distintos, com imensa variedade de línguas, religiões e uma vastíssima e rica história, além de diferentes paisagens naturais.

Embora não seja possível uniformizar as características de cada grupo étnico que a compõe, com base em critérios étnico-culturais a África pode ser regionalizada em duas principais sub-regiões: Norte da África (ou África Setentrional) e África Subsaariana. O Deserto do Saara delimita essas duas regiões; a ele se segue uma faixa semiárida, ao sul, conhecida como Sahel.

África: regiões (critérios étnico-culturais)

Fonte: Gisele Girardi e Jussara Vaz Rosa. *Atlas geográfico do estudante*. São Paulo: FTD, 2011. p. 101.

O Norte da África é composto dos seguintes países: Marrocos, Argélia, Tunísia, Líbia e Egito. Nessa região se localiza também o Saara Ocidental, única colônia da África, disputada pelo Marrocos e pelo grupo étnico saaráui. O Norte da África é habitado por uma população de maioria árabe e religião islâmica.

Algumas áreas densamente povoadas do continente estão no Norte da África: o Vale e o Delta do Rio Nilo e o litoral mediterrâneo da região do Magreb, em territórios da Argélia, do Marrocos e da Tunísia.

A África Subsaariana compreende a região do continente que está ao sul do Deserto do Saara. Formada por 48 países, reúne uma população predominantemente negra, de enorme variedade étnica.

Algumas das áreas mais povoadas do continente africano se encontram na região subsaariana: o Delta do Rio Níger, as áreas próximas ao Golfo da Guiné, as margens dos lagos orientais do continente – Tanganica e Vitória – e a África do Sul.

O continente africano também pode ser regionalizado com base na localização geográfica dos países, formando cinco grandes conjuntos. Observe essa regionalização no mapa ao lado.

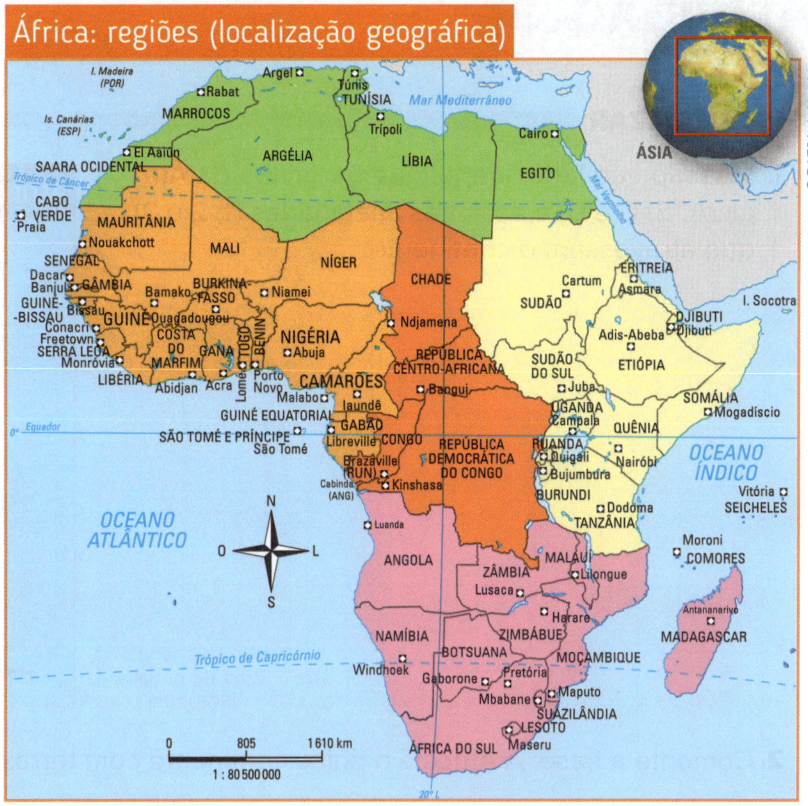

Fonte: *Atlas geográfico escolar*. 7. ed. Rio de Janeiro: IBGE, 2016. p. 45.

DIÁLOGO

A África na História do Brasil e do mundo

[...] A África está nos brasileiros, em sua cultura e em sua vida, independentemente da origem familiar pessoal. Sendo brasileiros, carrega-se dentro de si muito da África. Portanto, conhecer a história da África é um caminho para se entender melhor a si próprio.

Deve-se lembrar ainda que a história da África é parte indissociável da história da humanidade, na sua expressão mais completa. A África é o berço da espécie humana, pois lá surgiram as primeiras formas gregárias de vida dos homens e mulheres no planeta Terra. Em toda a sua longa história, os nativos do continente africano relacionaram-se aos habitantes de outras regiões e continentes. Seus conhecimentos, produtos, criações e ideias circularam o mundo, assim como os seus criadores.

[...] africanos e afrodescendentes foram espalhados pelo mundo, contra sua vontade, retirados de suas aldeias, cidades, de suas famílias e de sua terra natal; não carregavam consigo nada além de si próprios – seus corpos, suas tradições, suas memórias. Atualmente, culturas de matriz africana se fazem presentes em diferentes sociedades no mundo. [...]

Mônica Lima e Souza. A África na história do Brasil e do mundo. In: Amilcar Araujo Pereira (Org.). *Educação das relações étnico-raciais no Brasil: trabalhando com histórias e culturas africanas e afro-brasileiras nas salas de aula*. Brasília: Fundação Vale, 2014. p. 11. Disponível em: <http://unesdoc.unesco.org/images/0023/002321/232103POR.pdf>. Acesso em: ago. 2018.

1. Com base no texto, discuta com os colegas os problemas de racismo e preconceito que ainda persistem no Brasil em relação à população negra, bem como as ações afirmativas que têm contribuído para a mudança desse quadro.

ATIVIDADES

NO CADERNO

SISTEMATIZAR

1. No mapa ao lado, identifique os limites da África (A, B, C e D) e as linhas imaginárias (1, 2 e 3) que atravessam o continente.

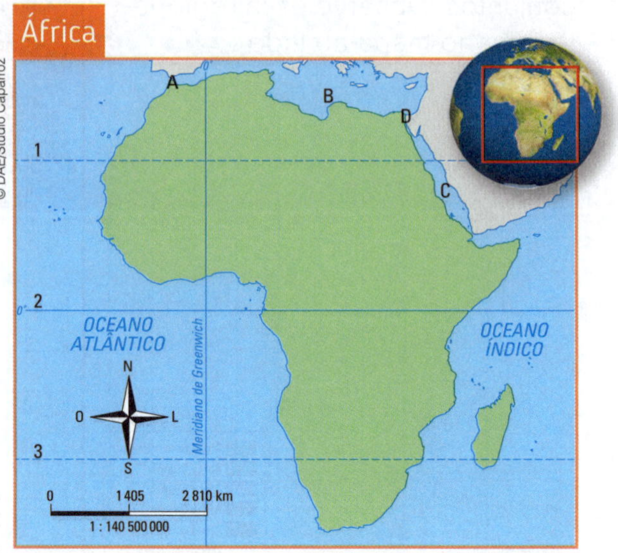

© DAE/Studio Caparroz

Fonte: *Atlas geográfico escolar*. 7. ed. Rio de Janeiro: IBGE, 2016. p. 45.

2. Comente a frase: A África é o único continente com terras nos quatro hemisférios.

3. Copie no caderno o quadro a seguir e complete-o com as porções decorrentes das seguintes regionalizações do continente africano.

Regionalização geográfica	Regionalização étnico-cultural

4. Identifique os países africanos a seguir quanto à regionalização por posição geográfica.

a) Angola
b) Níger
c) Etiópia
d) Chade
e) Egito

5. Que países compõem o Norte da África? Apresente a característica marcante dessa região.

6. Cite as características da África Subsaariana.

REFLETIR

1. Leia o texto a seguir.

[...] Esse continente é demasiadamente grande para ser descrito. É um verdadeiro oceano. Um planeta diferente, composto de várias nações, um cosmo múltiplo. Somente por comodidade simplificamos e dizemos "África". Na verdade, a não ser pela denominação geográfica, a África não existe.

Ryszard Kapuscinski. *Ébano: minha vida na África*. São Paulo: Companhia das Letras, 2002. p. 7.

- Você concorda com essa descrição da África? Justifique sua resposta com base no que estudou.

DESAFIO

1. Utilizando um mapa-múndi, identifique os países africanos e os estados brasileiros que são cortados pela Linha do Equador e pelo Trópico de Capricórnio.

CAPÍTULO

2 Relevo e hidrografia

No capítulo anterior, você estudou a localização, os limites e as regionalizações da África. Neste capítulo, você vai estudar as formas de relevo e as principais bacias hidrográficas desse continente.

Relevo africano

O relevo do continente africano é marcado por **planaltos** de formação geológica predominantemente antiga, muito desgastados por processos erosivos ocorridos ao longo das eras geológicas.

Observe no mapa a seguir as diferenças de altitude do território africano.

África: físico

© DAE/Mario Yoshida

Fonte: *Atlas geográfico escolar*. 7. ed. Rio de Janeiro: IBGE, 2016. p. 44.

Nas bordas do continente há grandes elevações do terreno, com destaque para a **Cadeia do Atlas** (a noroeste, no Marrocos, na Argélia e na Tunísia), de formação geológica mais recente, incluindo o Monte Tbukal, com a maior altitude: 4 168 metros; e a **Cadeia do Cabo** (no sul, na África do Sul), de formação geológica um pouco mais antiga, na qual sobressaem os Montes Drakensberg, com altitudes superiores a 3 mil metros.

Também ocorrem áreas montanhosas no leste-nordeste do continente, nas nascentes do Rio Nilo, em países como Quênia, Tanzânia, Etiópia, entre outros, com presença de grandes falhas e vulcanismo associados aos movimentos tectônicos mais recentes. Na maior parte do continente prevalecem relevos em planaltos bastante rebaixados por processos erosivos ao longo de milhões de anos.

As poucas **planícies** africanas localizam-se, sobretudo, na faixa litorânea ou às margens de alguns rios, como a Planície do Congo, na porção central do continente. Essas áreas são densamente povoadas.

África: Rift Valley

© DAE/Mario Yoshida

Fonte: Wilson Teixeira et al. *Decifrando a Terra*. 2. ed. São Paulo: Companhia Editora Nacional, 2009. p. 106 e 184.

Rift Valley

Na porção oriental do continente, o extenso planalto africano apresenta algumas fraturas em sua formação geológica, sendo o Rift Valley a falha mais expressiva. Ela corresponde a uma depressão alongada que se encontra na zona de contato entre duas placas tectônicas – a Africana e a Arábica.

O Rift Valley estende-se no sentido norte-sul por cerca de 3 600 quilômetros, do Mar Vermelho a Moçambique, no interior do continente, com 40 quilômetros a 600 quilômetros de largura. Em sua extensão, a paisagem é marcada por cones vulcânicos e grandes crateras.

Na parte oriental do Rift Valley, destacam-se os seguintes picos vulcânicos:

- **Kilimanjaro** (5 895 metros), na Tanzânia, junto à fronteira do Quênia, o mais alto do continente;
- **Quênia** (5 199 metros), no Quênia;
- **Monte Ruvenzori** (5 119 metros), entre Uganda e República Democrática do Congo.

Os elevados montes, localizados nos maciços vulcânicos, resultaram dos grandes movimentos geológicos da crosta terrestre ocorridos no Terciário e no Quaternário da Era Cenozoica.

As grandes depressões ou fossas tectônicas formadas nessa área deram origem a uma série de lagos interiores, como o Vitória (segundo maior do mundo), o Tanganica e o Niassa.

1001slide/iStockphoto.com

↑ Monte Kilimanjaro, Tanzânia, 2018.

Hidrografia africana

Nas regiões áridas e semiáridas da África, a hidrografia é formada basicamente por rios intermitentes. Essa condição natural se explica sobretudo em razão do predomínio de climas secos no continente.

Embora tenha poucos rios, a África apresenta um grande potencial hidrelétrico. Isso se deve ao fato de que a maioria dos rios percorre terrenos planálticos, que formam cachoeiras. Contudo, não são muito aproveitados para o fornecimento de energia. Poucas usinas hidrelétricas de grande capacidade foram construídas no continente, em virtude da insuficiência de capital e de mão de obra especializada, condições necessárias às obras.

Sia Kambou/AFP Photo

↑ Hidrelétrica em Soubre, Costa do Marfim, 2017.

Bacias hidrográficas

Observe no mapa as bacias hidrográficas do continente africano.

África: hidrografia

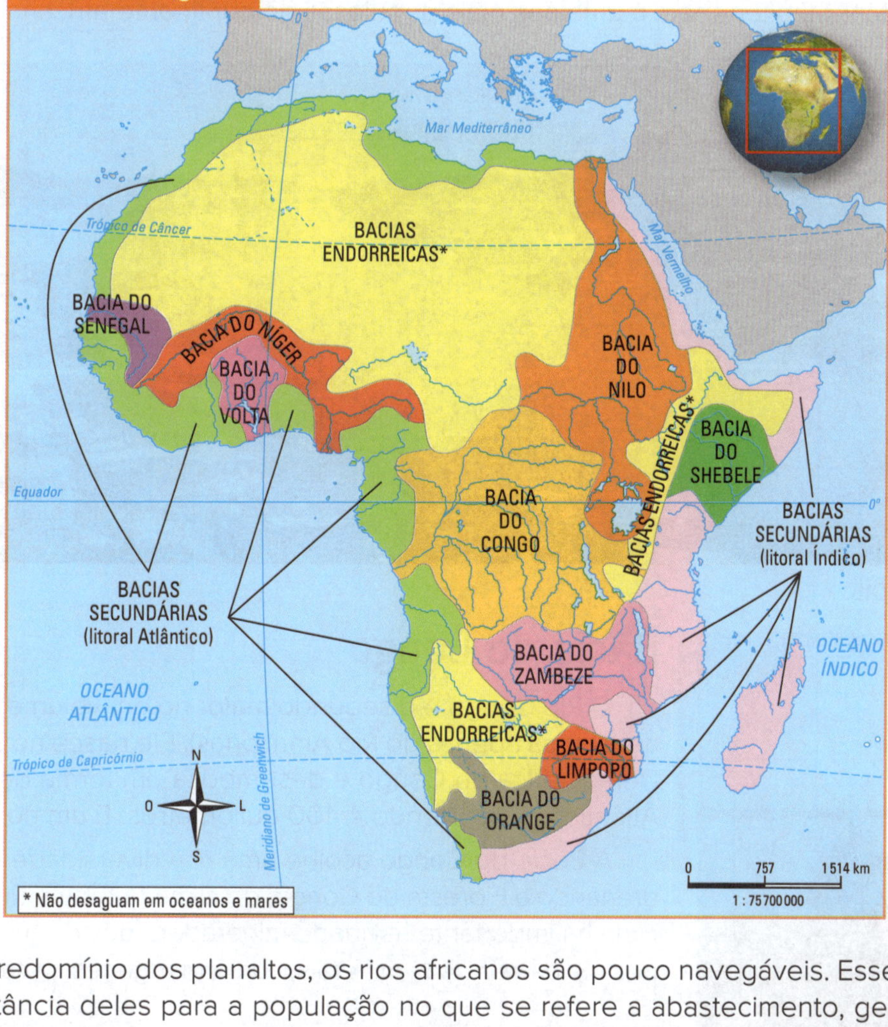

© DAE/Tarcisio Garbellini

Fonte: Gisele Girardi e Jussara Vaz Rosa. *Atlas geográfico do estudante*. São Paulo: FTD, 2011. p. 100.

Devido ao predomínio dos planaltos, os rios africanos são pouco navegáveis. Esse fato não afeta a grande importância deles para a população no que se refere a abastecimento, geração de energia e irrigação. Vejamos a seguir algumas características das bacias dos maiores rios da África em extensão e volume.

Bacia do Nilo

O Rio Nilo nasce no Lago Vitória, com o nome de Nilo Branco, estende-se por 6 670 quilômetros, seguindo na direção sul-norte do continente, e desemboca em forma de delta no Mar Mediterrâneo. Cerca de 2 mil quilômetros de toda a sua extensão atravessam o Deserto do Saara. Embora passe por uma área desértica, o Nilo recebe muitos afluentes e nasce em uma área tropical, onde as chuvas são intensas, motivo pelo qual ele não seca.

As cheias do Rio Nilo propiciam a fertilidade das terras de suas margens e, consequentemente, o desenvolvimento da agricultura ao longo do percurso, um dos motivos de sua grande importância histórica e econômica para a região. A fertilidade e as terras cultiváveis do Vale do Rio Nilo resultam da deposição de sedimentos de rochas vulcânicas provenientes do Planalto da Etiópia e transportados pelo Nilo Azul (afluente do Nilo Branco).

No Egito, o Nilo fornece 90% de toda a água consumida pela população, mas, antes de atravessar esse país, ele passa pelos territórios do Sudão, Sudão do Sul e Uganda, o que torna o controle das águas um caso bastante crítico na região.

No Rio Nilo foi construída a maior represa do continente – a Barragem de Assuã –, que garante o abastecimento de energia elétrica para o Egito e o Sudão, bem como possibilita a irrigação do vale do rio. A represa constitui o maior lago artificial do mundo, o Lago Nasser. Embora de grande importância econômica, a Represa de Assuã alterou o regime de vazante e cheia do rio. A região da Foz do Rio Nilo, no Mar Mediterrâneo, é uma das mais populosas do continente africano.

Nemar74/iStockphoto.com

↑ Rio Nilo, Egito, 2015.

Kenny Katombe/Reuters/Fotoarena

Bacia do Congo

O Rio Congo é o segundo maior rio em volume de água do planeta (atrás apenas do Rio Amazonas). Ele nasce no sul da República Democrática do Congo e desemboca em forma de foz no Oceano Atlântico, percorrendo 4 400 quilômetros. É um rio navegável.

A Bacia do Congo acolhe uma rica diversidade de fauna e flora, drenando a Floresta do Congo, de clima quente e úmido (equatorial). Nela há importante atividade mineradora devido a seus grandes depósitos de recursos minerais, como manganês, petróleo e diamante.

← Congolesa navega pelo Rio Congo em Mbandaka, República Democrática do Congo, 2018.

Bacia do Níger

Com 4 200 quilômetros de extensão, o Rio Níger nasce na Guiné, no extremo oeste do continente, e atravessa Mali, Níger e Nigéria, antes de desaguar no Delta do Golfo da Guiné, no Oceano Atlântico. Também é muito utilizado para navegação. Nas margens e na foz desse rio há uma grande concentração populacional.

DeAgostini/Getty Images

↑ Campos de arroz às margens do Rio Níger, Nigéria, 2016.

AQUI TEM MAIS

O texto a seguir aborda os impactos causados pela construção da Barragem de Assuã no Rio Nilo.

[...] A formação do Lago Nasser exigiu o reassentamento de 90 mil camponeses egípcios e núbios sudaneses nômades, assim como a dispendiosa realocação do complexo do antigo templo egípcio de Abu Simbel, construído no século 13 a.C.

Adrian Wojcik/iStockphoto.com

↑ Barragem de Assuã, Egito, 2016.

A Grande Represa de Assuã acabou com as devastadoras cheias do Nilo, recuperou mais de 400 mil km² de terras desérticas para o plantio e tornou possível o cultivo em outras vastas áreas.

As 12 gigantescas turbinas de fabricação soviética passaram a produzir cerca de 10 bilhões de quilowatts/hora anualmente, propiciando um tremendo incremento à economia egípcia e introduzindo os benefícios do século 20 a muitos vilarejos. A água acumulada no Lago Nasser, vários trilhões de metros cúbicos, foi dividida entre Egito e Sudão e foi crucial durante os anos de estiagem africana nos anos de 1984 a 1988.

A despeito das enormes vantagens, a Grande Represa de Assuã produziu diversos efeitos secundários negativos. O maior deles foi o gradual decréscimo da fertilidade de terras agrícolas no delta do Nilo, que se beneficiava de milhões de toneladas de limo depositadas anualmente pelas cheias do rio.

Outro efeito negativo, agora para os seres humanos, foi a difusão da esquistossomose pelos caracóis que viviam no sistema de irrigação criado pela barragem. A redução dos nutrientes carregados pela corrente fluvial até o Mediterrâneo foi responsável pelo declínio dos cardumes de anchovas no Mediterrâneo Oriental.

O fim das inundações reduziu drasticamente o número de peixes no Nilo, muitos dos quais eram migratórios. O Lago Nasser, no entanto, recebeu quantidades de peixes de muitas espécies, possibilitando sua reprodução.

Max Altman. Hoje na História – 1990: é construída a Represa de Assuã, a maior do Rio Nilo. *Operamundi*, 21 jul. 2014. Disponível em: <https://operamundi.uol.com.br/historia/37102/hoje-na-historia-1990-e-construida-a-represa-de-assua-a-maior-do-rio-nilo.html>. Acesso em: ago. 2018.

1. Discuta com os colegas a construção da Barragem de Assuã. Quais pontos positivos e negativos vocês destacariam?

Recep Canik/Anadolu Agency/Getty Images

↑ Pescadores no Lago Vitória, Ilha Migingo, 2018.

Lagos africanos

Como já vimos, os grandes lagos da África têm origem tectônica, concentrando-se na porção oriental do continente. O Vitória é o maior deles (70 mil km^2), seguido do Tanganica (31 900 km^2) e do Niassa (26 mil km^2).

Os lagos africanos são muito importantes para a população, pois são fonte de alimento (pesca) e de água. Além disso, suas águas são utilizadas para a irrigação agrícola.

CARTOGRAFIA

1. Observe o mapa a seguir e faça o que se pede.

África: físico

©DAE/Mario Yoshida

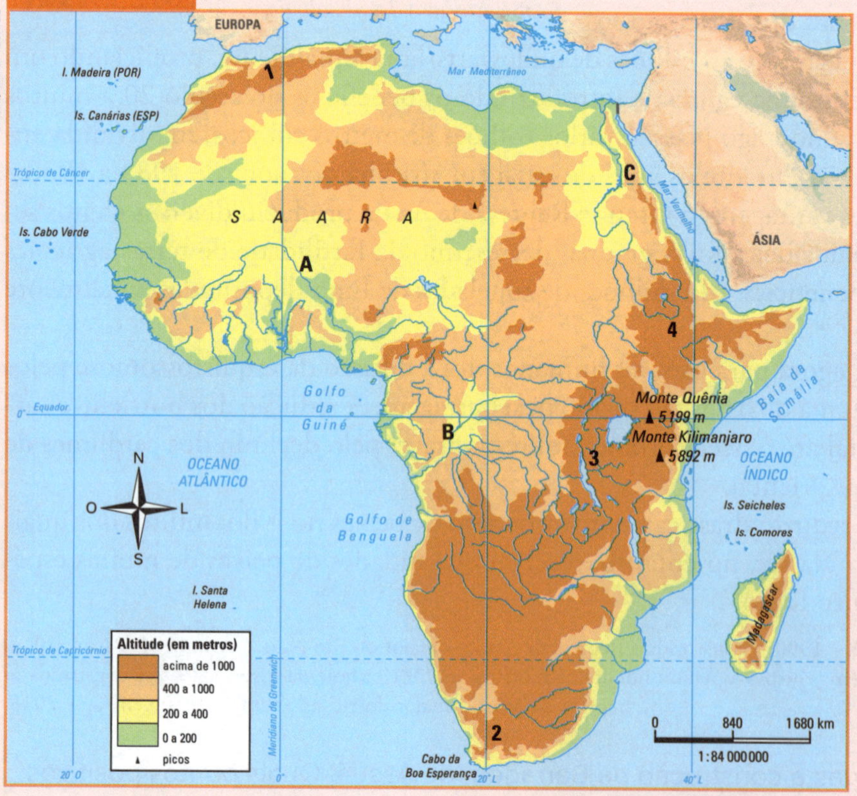

Fonte: *Atlas geográfico escolar*. 7. ed. Rio de Janeiro: IBGE, 2016. p. 44.

a) Identifique os números correspondentes à localização das unidades de relevo a seguir.
- Planalto da Etiópia
- Cadeia do Cabo
- Cadeia do Atlas
- Planalto dos Grandes Lagos

b) Que rios estão indicados pelas letras A, B e C?

c) Que número no mapa indica o local da nascente do Rio Nilo?

d) Identifique os montes destacados no mapa originados de grandes movimentos geológicos da crosta terrestre nos períodos Terciário e Quaternário da Era Cenozoica.

ATIVIDADES

NO CADERNO

SISTEMATIZAR

1. Qual é a forma de relevo predominante na África?
2. O que é e onde se localiza o Rift Valley?
3. Onde se localizam as poucas planícies do continente africano?
4. Explique a origem dos lagos e dos elevados montes localizados na porção oriental da África.
5. A que se deve o grande potencial hidrelétrico do continente africano?
6. Identifique a que rios africanos as frases a seguir se referem.
   a) É o segundo maior rio do planeta em volume de água e sua bacia hidrográfica acolhe enorme diversidade de fauna e flora.
   b) Nasce na Guiné e atravessa Mali e Níger antes de desaguar no delta, no Golfo da Guiné.
   c) Segue em direção sul-norte da porção oriental do continente e desemboca em forma de delta no Mar Mediterrâneo.

REFLETIR

1. Leia o texto a seguir, escrito por um biólogo que escalou o Kilimanjaro, e depois responda às questões.

[...] O Kilimanjaro é um vulcão dormente e seu pico mais alto, o Kibo (o que significa algo como Uau! na língua local) ainda possui fumarolas no interior da cratera e pode voltar à atividade, embora a última erupção tenha ocorrido entre 150 e 200 mil anos atrás [...].

O Kilimanjaro é famoso pelo seu pico mais alto coroado de gelo e neve. No final da década de 1880, o Kibo era completamente coberto de gelo e as geleiras desciam pelas encostas oeste e sul, além de cobrir totalmente a cratera exceto pelo cone vulcânico no seu centro. Desde 1912 o Kibo perdeu mais de 80% da sua cobertura de gelo, um processo que está acelerando. De 1912 a 1953 a perda anual de gelo era de 0,1%, enquanto entre 1989 e 2007 foi de 2,5%. Da cobertura de gelo presente em 2000, 26% havia desaparecido em 2007.

A perda das geleiras no Kilimanjaro e em outras montanhas, como nos Andes, é um dos muitos efeitos colaterais das mudanças climáticas que detonamos quando começamos a lançar CO_2 e metano na atmosfera em escala industrial. [...]

Fabio Olmos. Subindo o Kilimanjaro atrás das últimas neves. *O eco*, 14 ago. 2013. Disponível em: <www.oeco.org.br/olhar-naturalista/27475-subindo-o-kilimanjaro-atras-das-ultimas-neves>. Acesso em: ago. 2018.

   a) Em que local do continente se localiza o Kilimanjaro? Como é o relevo desse lugar?
   b) Por que ele é o destaque do continente africano?
   c) Segundo o texto, qual é o motivo da redução da neve no topo do pico?

DESAFIO

1. A civilização egípcia é considerada por muitos historiadores uma dádiva do Rio Nilo. Em grupos, façam uma pesquisa para responder:
   a) Por que esse curso de água foi tão importante para o Antigo Egito?
   b) Por que o Rio Nilo não seca mesmo atravessando o Saara, o maior deserto quente do mundo?

CAPÍTULO

3 Clima e vegetação

No capítulo anterior, você estudou o relevo e a hidrografia da África. Neste capítulo, você vai estudar os tipos de clima no continente e os fatores que os determinam; as formações vegetais, bem como os fenômenos do desmatamento e da desertificação.

O clima no continente africano

Cerca de 80% do território africano localiza-se na zona tropical do planeta, entre os trópicos de Câncer e de Capricórnio. Por causa das baixas latitudes do continente, predominam os **climas quentes**.

Posztos/Shutterstock.com

↑Deserto do Saara. Merzouga, Marrocos, 2017.

No continente africano, as médias térmicas estão sempre acima de 20 °C, diminuindo nas extremidades norte e sul do território, situadas em zonas temperadas, e nos cumes das elevadas cadeias de montanhas.

O regime de chuvas do continente varia muito. Na região equatorial, onde ocorre a convergência dos ventos alísios, as precipitações são elevadas durante todo o ano. Já nas áreas dos trópicos, ao norte e ao sul – onde se encontram os maiores desertos africanos, respectivamente, o Saara e o Kalahari –, a pluviosidade é praticamente nula.

Alamy/Fotoarena

↑Floresta tropical. Haute Matsiatra, Madagascar, 2015.

A elevada pressão atmosférica na região do Trópico de Câncer é um dos fatores determinantes na formação do Deserto do Saara, pois se trata de uma área dispersora de ventos alísios do nordeste.

Finalmente, nas áreas intermediárias, de clima tropical, as chuvas se alternam de acordo com a estação do ano. Essa variedade climática é responsável pela diversidade de paisagens no continente. Observe exemplos nas imagens desta página.

As correntes marítimas são determinantes em alguns climas africanos. Por exemplo: a Corrente Quente de Agulhas causa chuvas intensas na costa oriental e na Ilha de Madagascar; já a Corrente Fria de Benguela é responsável pela aridez do Deserto do Kalahari, na Namíbia, Botswana e África do Sul; e a Corrente das Canárias causa a aridez das ilhas e do litoral noroeste.

Tipos de clima e vegetação

Partindo da Linha do Equador em direção ao norte e ao sul do continente, os climas e as formações vegetais se sucedem de maneira semelhante. Atualmente, a vegetação africana original está bastante reduzida, em virtude do desmatamento, que visa criar terras cultiváveis e abastecer a indústria madeireira de outros países.

Observe nos mapas abaixo os climas da África e as coberturas vegetais originais correspondentes a cada um deles.

África: climas

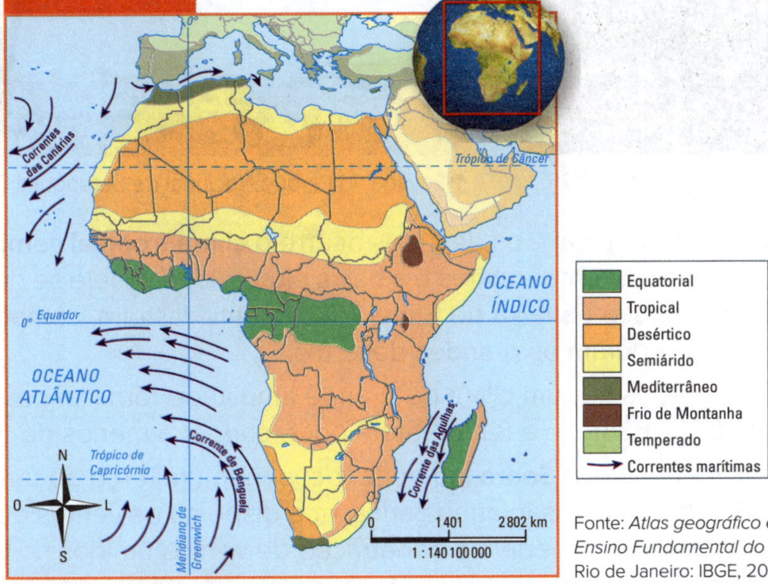

Fonte: *Atlas geográfico escolar: Ensino Fundamental do 6º ao 9º ano.* Rio de Janeiro: IBGE, 2015. p. 104.

África: vegetação

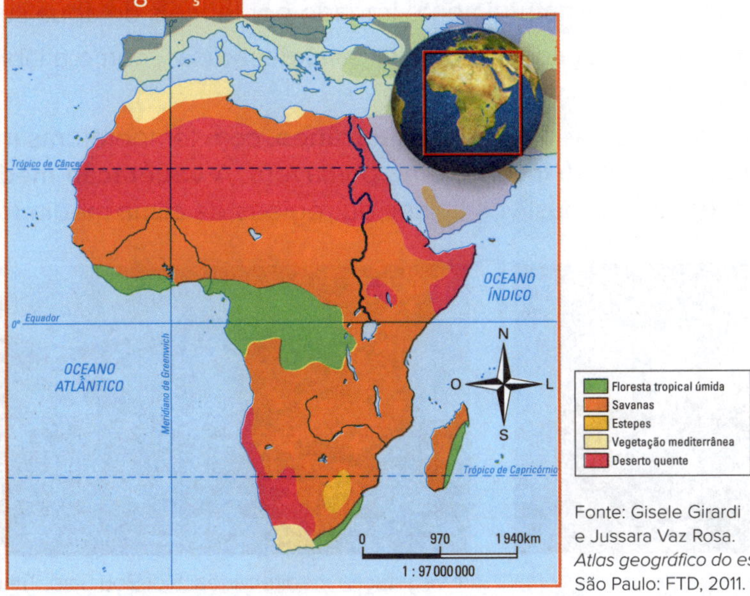

Fonte: Gisele Girardi e Jussara Vaz Rosa. *Atlas geográfico do estudante.* São Paulo: FTD, 2011. p. 124.

O **clima equatorial** é marcado por elevadas temperaturas, com médias térmicas entre 25 °C e 30 °C, e chuvas abundantes durante todo o ano. Em sua área de abrangência predomina a **Floresta Equatorial do Congo**, uma formação arbórea bastante densa, heterogênea, úmida e latifoliada. Essa região está sujeita ao desmatamento excessivo, principalmente devido à extração de madeira, realizada por companhias internacionais que abastecem o mercado asiático.

Nas áreas de **clima tropical**, as temperaturas são elevadas durante o ano inteiro, com uma estação úmida (verão) e outra seca (inverno). A vegetação característica do clima tropical é a savana, constituída de arbustos e árvores de pequeno e médio portes, separadas entre si, e por vegetação rasteira. Nas savanas existe – embora hoje bem mais reduzida – uma rica fauna, composta de girafas, leões, zebras, rinocerontes etc.

Jan Ziegler/iStockphoto.com

↑ Floresta Equatorial do Congo. Guiné Equatorial, 2017.

Kjekol/iStockphoto.com

↑ Savana no Parque Nacional de Serengueti, Tanzânia, 2016.

Na área de transição entre o clima tropical e os desertos ocorre o **clima tropical semiárido**, cujas principais características são as elevadas temperaturas e a baixa pluviosidade. Nele se desenvolvem as **estepes**, formação vegetal encontrada na faixa do Sahel, tipicamente rasteira, composta de herbáceas e arbustos esparsos que emolduram os grandes desertos.

Os desertos africanos são marcados por um clima de grande amplitude térmica: durante o dia é muito quente, podendo atingir 50 °C, e à noite a temperatura pode chegar a menos de 10 °C.

Os maiores desertos do continente são o **Saara** (ao norte, ocupando um terço do território continental) e o **Kalahari** (ao sul). Além da alta pressão atmosférica, que dispersa os ventos dessas áreas, as montanhas próximas ao litoral também impedem a penetração de ventos úmidos no território.

Como a pluviosidade é praticamente nula em **clima desértico**, a vegetação é muito escassa e constituída de espécies xerófilas, como as cactáceas e as bromeliáceas. Uma vegetação mais rica pode se desenvolver nos **oásis**, onde o solo é naturalmente irrigado por lençóis de água subterrâneos.

Na África, há países situados quase totalmente em paisagens desérticas, como a Líbia, o Egito, a Argélia e o Sudão.

Nos extremos norte e sul da África ocorre o **clima mediterrâneo**, com temperaturas médias entre 15 °C e 20 °C e predominância de chuvas no inverno e na primavera. A **vegetação mediterrânea** é composta de maquis e garrigue, estratos arbustivos típicos de regiões de clima mediterrâneo.

cinoby/iStockphoto.com

↑ Oásis no Saara. Líbia, 2016.

Kamel/Dreamstime.com

↑ Vegetação mediterrânea. Sidi Bou Said, Tunísia, 2015.

CURIOSO É...

O Saara

O Saara é um deserto pela simples razão de lá ocorrerem pouquíssimas chuvas. Situa-se no cinturão desértico que circunda o globo, aproximadamente entre 15 e 35 graus ao norte do Equador, onde os ventos típicos e a enorme distância dos oceanos deixam a atmosfera quase sem umidade.

No deserto, 70 a 100 milímetros de precipitação anual é chuva generosa. As regiões centrais recebem muito menos, e grande parte do Saara passa mais de um ano sem uma boa chuva. Algumas regiões são extremamente secas: Kharga, no deserto egípcio, ficou uma vez dezessete anos sem chuva de verdade. Quando a chuva finalmente cai, em geral é em forma de tempestades violentas que deixam os pastores nômades curvados debaixo do albornoz ensopado e às vezes espalham a ruína em cidades de oásis feitas de tijolo branco.

Jeremy Swift et al. *O Saara*. Rio de Janeiro: Cidade Cultural, s.d. (Coleção As Regiões Selvagens do Mundo/Time Life Livros).

Desertificação

No continente africano, os desertos vêm se ampliando nas últimas décadas. Esse processo, denominado desertificação, deve-se à grande destruição ambiental que ocorre nas bordas do deserto. No sul do Deserto do Saara há uma área de transição entre ele e a savana, chamada de Sahel.

Nessa área, o ser humano desenvolveu a agricultura e a pecuária. Ambas demandam, num primeiro momento, a extração de madeira – a fim de dar espaço à ocupação humana –, que depois é aproveitada para uso doméstico como fonte de energia. A ampliação de terras para as atividades agropastoris, especialmente as monoculturas voltadas à exportação, está causando o aumento do processo de desertificação no continente e a redução das savanas. Os países abrangidos pelo Sahel são assolados por secas e problemas socioeconômicos, bem como por conflitos religiosos e étnicos.

África: Deserto do Saara e Sahel

©DAE/Mario Yoshida

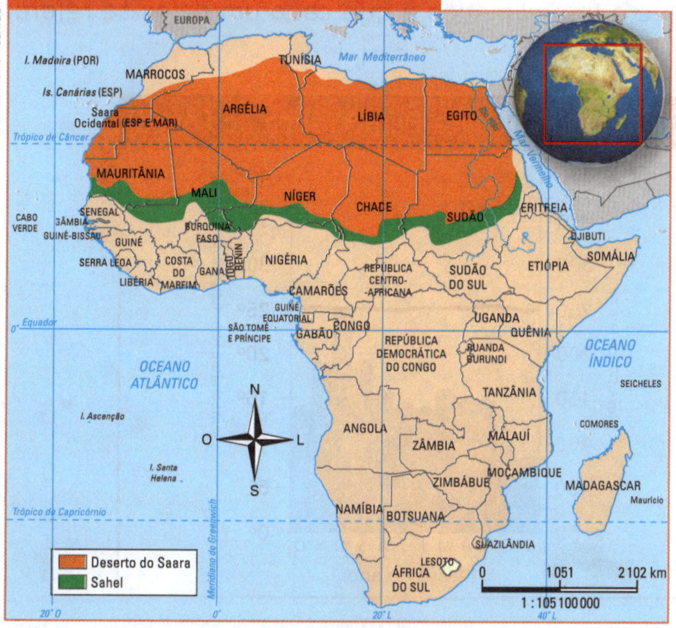

Fonte: Gisele Girardi e Jussara Vaz Rosa. *Atlas geográfico do estudante*. São Paulo: FTD, 2011. p. 101.

Science Photo Library/Fotoarena

↑ A Grande Muralha Verde é um projeto que visa plantar uma "muralha" de árvores por toda a extensão da fronteira sul do Saara, desde o Djibuti até o Senegal, a fim de evitar uma maior desertificação. Senegal, 2011.

ATIVIDADES

NO CADERNO

SISTEMATIZAR

1. Por que os climas quentes predominam no continente africano?

2. Observe o mapa e responda às questões.

Mapa-múndi: florestas tropicais

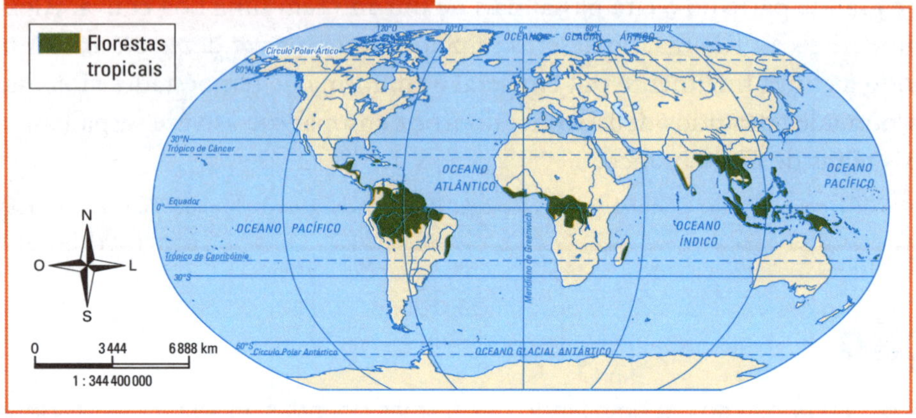

©DAE/Sonia Vaz

Fonte: *Atlas geográfico escolar*. 7. ed. Rio de Janeiro: IBGE, 2016. p. 61.

a) Quais são as principais características da formação vegetal indicada no mapa?

b) Por que elas se localizam na mesma faixa climática?

c) Que nome recebe essa floresta no Brasil e na África, respectivamente?

3. Por que podem aparecer oásis nos desertos?

4. Quais são os dois principais desertos africanos? Localize-os no continente.

REFLETIR

1. Observe os climogramas a seguir e identifique o tipo climático a que cada um deles se refere. Justifique sua resposta.

In Salah (Argélia)

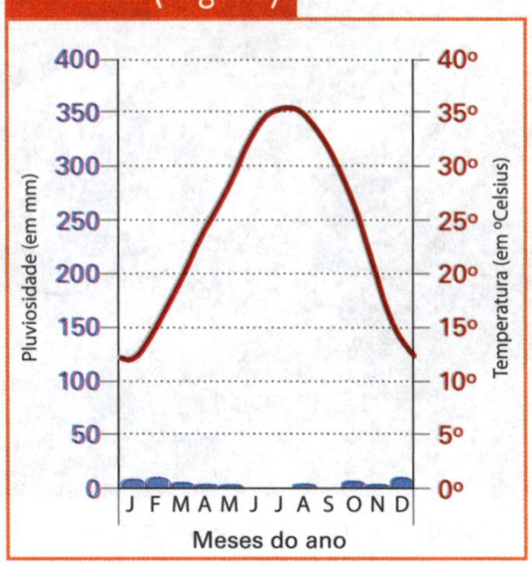

Paula Haydee Radi

Fonte: World Weather Online. Disponível em: <www.worldweatheronline.com/v2/weather-averages.aspx?q=27.1935,2.4607>. Acesso em: ago. 2018.

Yangambi (República Democrática do Congo)

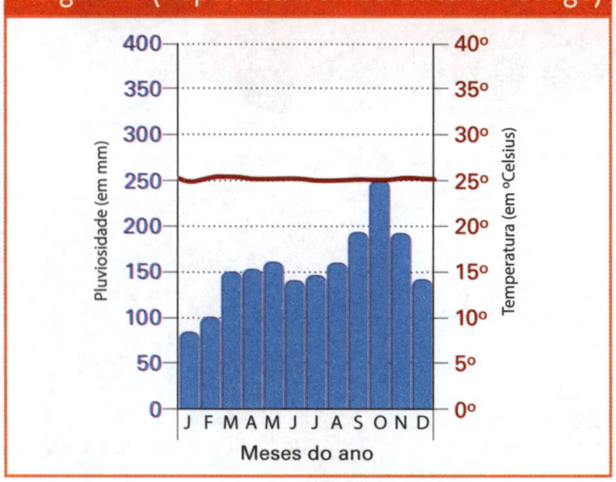

Paula Haydee Radi

Fonte: World Weather Online. Disponível em: <www.worldweatheronline.com/Yangambi-weather-averages/Orientale/CD.aspx>. Acesso em: ago. 2018.

CAPÍTULO 4

Recursos naturais e impactos ambientais

No capítulo anterior, você estudou os tipos de clima e as formações vegetais da África. Neste capítulo, você vai estudar os recursos naturais da África e as consequências para o meio ambiente.

Riquezas exploradas

O continente africano é rico em recursos naturais. Desde meados do século XX, essa riqueza foi disputada e explorada pelas potências neocoloniais. Hoje, o continente continua a ser explorado, mas agora pelas grandes empresas transnacionais.

Grande parte do território africano é constituída por terrenos de estruturas geológicas antigas. Essas formações proporcionam ao continente grande quantidade de minérios, principalmente metálicos. A África tem as maiores reservas de metais preciosos do mundo, sendo responsável por 50% da produção mundial de diamantes, além de metade das reservas de ouro do planeta.

África: estrutura geológica

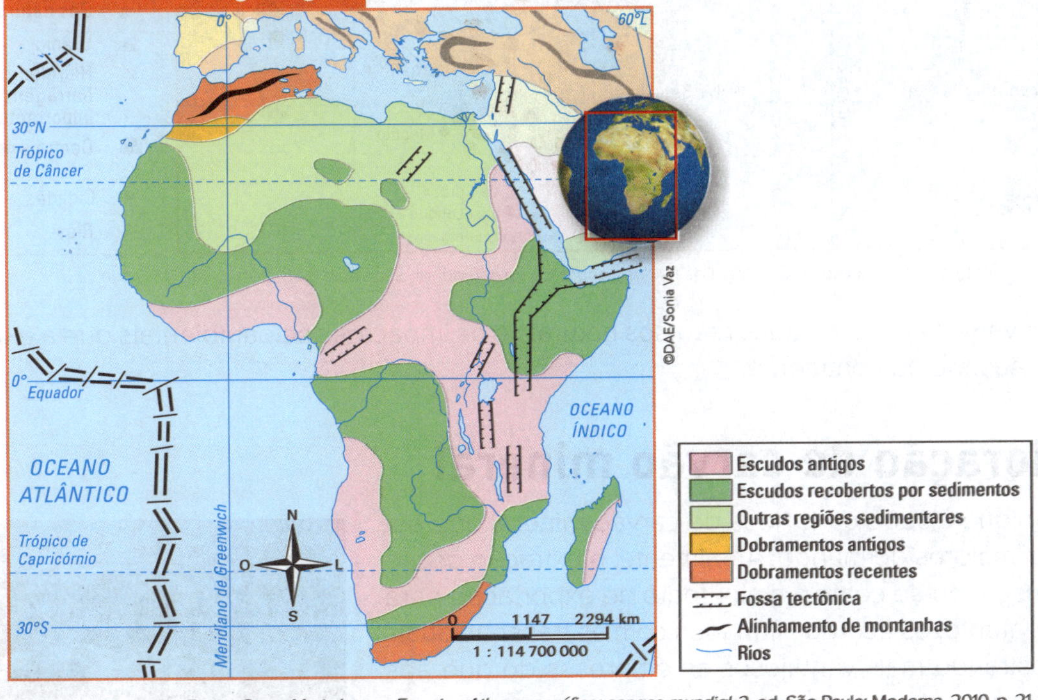

Fonte: Graça Maria Lemos Ferreira. *Atlas geográfico: espaço mundial.* 3. ed. São Paulo: Moderna, 2010. p. 21.

O lucro obtido com a extração de petróleo, gás natural, carvão mineral, ferro, níquel, ouro, diamante e outros minerais, contudo, não é suficiente para alavancar as economias locais e o desenvolvimento dos países africanos.

As atividades das empresas transnacionais que exploram os recursos do continente africano, além de causar danosos impactos ao meio ambiente, não promovem melhorias para as populações locais. Combustíveis fósseis, matérias-primas, minérios e até mesmo a água vêm sendo alvo de disputa de interesses econômicos e políticos.

Observe no mapa as principais áreas em que se encontram os recursos minerais e a energia produzida nos países africanos.

África: minérios e energia

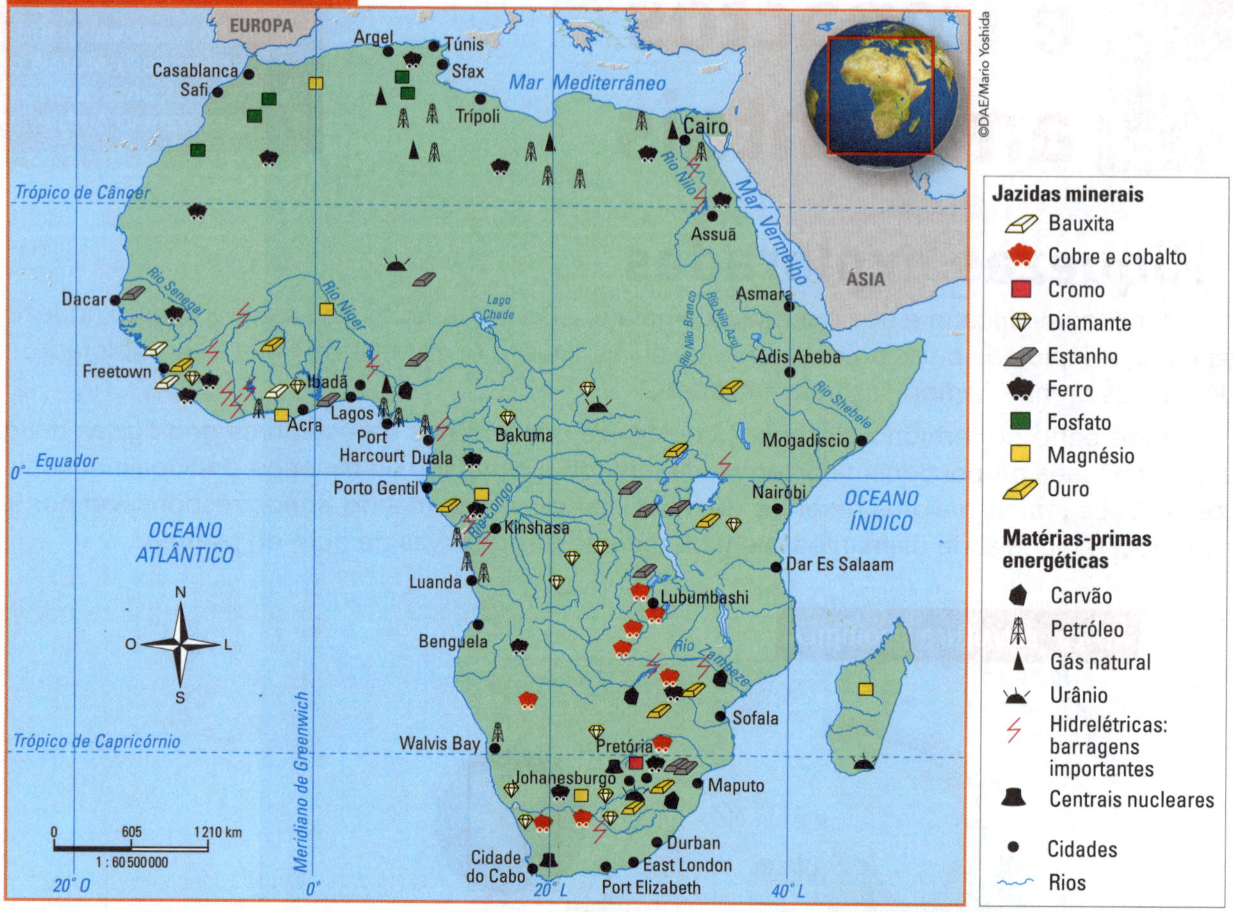

Fonte: Gisele Girardi e Jussara Vaz Rosa. *Atlas geográfico do estudante*. São Paulo: FTD, 2011. p. 130.

A seguir vamos analisar alguns recursos naturais e os impactos socioambientais que a exploração deles têm causado ao continente.

A exploração de carvão mineral

Moçambique dispõe de jazidas de carvão mineral que estão entre as maiores do mundo. Atualmente, a extração desse minério consolidou-se como a maior fonte de exportação para o país. No entanto, os acordos firmados com as transnacionais vêm se mostrando mais vantajosos às empresas do que aos cidadãos locais e ao meio ambiente.

Pesquisas constataram contaminação das águas superficiais da região da bacia carbonífera de Moatize, impactando diretamente a comunidade que faz uso dela. Além disso, na área onde há carregamentos e descarregamentos de carvão mineral há muita poeira. No ar, a presença de poluentes como o dióxido de enxofre, óxidos de nitrogénio e monóxido de carbono causa poluição atmosférica e pode ser prejudicial para a saúde da população.

Gianluigi Guercia/AFP Photo

↑ Mineração de carvão. Tete, Moçambique, 2010.

A extração de petróleo

A Nigéria é um dos maiores produtores de petróleo do mundo e membro da Opep, organização que você já conheceu no Tema 2. Segundo relatórios mensais dessa organização, no início de 2018 a Nigéria havia ultrapassado Angola como o maior produtor africano de petróleo, com mais de 1,8 milhão de barris por dia.

Por trás desses números escondem-se danos imensuráveis ao meio ambiente e à saúde pública. Uma das áreas mais afetadas pela exploração do petróleo é o Delta do Níger, ao sul do país. A região é um dos polos petroleiros nigerianos mais produtivos e poluentes. De acordo com estimativas, mais de 6,5 mil vazamentos já foram registrados na região.

Em 2008, dois derramamentos de petróleo em Ogoniland levaram as comunidades locais a se aliar a organizações não governamentais. O cenário de Ogoniland contava com manchas de óleo de centímetros de espessura que cobriam o mar, os rios e os lagos, nos quais não mais se podiam encontrar peixes e crustáceos, bem como terras onde já não se podia plantar e colher, pondo em risco a reprodução da vida nas comunidades locais.

Além das manchas de óleo, que impossibilitaram a pesca e a agricultura, os derrames de petróleo atingiram os lençóis freáticos da região, o que colocou em risco o abastecimento de água potável. A queima do gás, por sua vez, proibida por lei desde 1984, mas nunca interrompida, vem causando doenças respiratórias em toda a população.

Sunday Alamba/AP Photo/Glow Images

↑ Mancha de petróleo na superfície de riacho na região do Delta do Rio Níger. Ogoniland, Nigéria, 2011.

AQUI TEM MAIS

Leia o trecho da reportagem a seguir, que fala do aumento na taxa de mortalidade infantil em um local próximo a onde ocorreu um grande derramamento de petróleo.

> [...] Um estudo recente feito por um grupo de cientistas da Universidade de St. Gallen, na Suíça, pode dar algumas pistas sobre o que está ocorrendo com os bebês da região.
>
> Segundo a pesquisa, crianças nascidas a um raio de 10 quilômetros de um derramamento de petróleo têm duas vezes mais chances de morrer no primeiro mês de vida.
>
> [...] Quando o petróleo bruto é derramado na terra, ele se infiltra no solo, vai para os lençóis freáticos e contamina o ar. Além disso, libera substâncias químicas que são nocivas – como benzeno e tolueno. O benzeno tem propriedades cancerígenas conhecidas, enquanto o tolueno pode causar danos ao rim e ao fígado.
>
> Além disso, muitos vazamentos em campos de petróleo terrestres provocam incêndios, liberando uma fumaça tóxica que pode gerar problemas respiratórios.

Stephanie Hegarty. O petróleo está matando crianças na Nigéria? *BBC*, 9 dez. 2017. Disponível em: <www.bbc.com/portuguese/internacional-42242698>. Acesso em: set. 2018.

1. Que ações poderiam ter sido tomadas para que desastrosos impactos socioambientais, como o citado na reportagem, pudessem ser evitados?

A corrida do ouro

O continente africano tem mais da metade das minas de ouro do mundo. Tanzânia, Mali, Gana e África do Sul estão entre os maiores produtores. Apesar disso, os três primeiros apresentam baixo índice de desenvolvimento humano, enquanto a África do Sul ostenta apenas um modesto médio desenvolvimento.

O uso de mercúrio em jazidas de ouro, com a finalidade de separar o metal precioso do minério bruto, causa um problema ambiental de alcance global. Quando descartado, o mercúrio contamina as águas dos rios usados para a lavagem dos minérios. Esse metal, pesado e muito tóxico, é acumulado no organismo dos animais e da vegetação desses rios. Se peixes contaminados por mercúrio forem consumidos na alimentação humana, há sérios riscos de desenvolvimento de doenças fatais.

Medidas de restrição do uso de mercúrio já foram tomadas em países desenvolvidos, o que levou esse problema ambiental a se concentrar em pequenos garimpos nos países mais pobres, de fiscalização mais ineficaz, como os africanos.

Pesquisas indicaram que as águas do Lago Vitória apresentam concentrações de mercúrio elevadas, principalmente nas regiões próximas a grandes minas de ouro. O risco de intoxicação humana pode ser direto, pela população ribeirinha que utiliza a água para consumo e higiene, ou indireto, por meio do consumo de peixe e gado expostos à água do lago.

Trevor Snapp/Bloomberg/Getty Images

↑ Mineiro manipula mercúrio para garimpo do ouro. Mrito, Tanzânia, 2010.

O abastecimento de água

Segundo a ONU, cerca de 2 bilhões de pessoas sofrem com a escassez de água no mundo. Em 2025, a organização prevê que 4 bilhões de pessoas estarão nessa situação e que uma das regiões mais afetadas será o Norte da África.

A tendência é que a escassez desse recurso crie conflitos entre países por onde correm volumosos rios. É o caso do Rio Nilo e de rios em países do centro e do norte do continente africano.

Há anos, a Etiópia vem se empenhando na construção da Grande Barragem Renascença, que produzirá eletricidade por meio de usina hidrelétrica. No entanto, o projeto é alvo de muita polêmica entre os países vizinhos, pois, com sua implementação, as águas do Nilo Azul, um importante afluente do Rio Nilo, serão represadas e, principalmente, o Egito e o Sudão veem riscos de comprometimento do fluxo da água.

No extremo sul do continente, na África do Sul, a Cidade do Cabo enfrenta a maior crise hídrica dos últimos tempos. Além do crescimento exponencial da população e da maior seca dos últimos anos, o desperdício de água e a má gestão dos recursos hídricos estão na origem do estresse hídrico da cidade.

Kyodo/AP Images/Glow Images

↑ Pessoas esperam em fila por água na Cidade do Cabo, África do Sul, 2018.

ATIVIDADES

NO CADERNO

SISTEMATIZAR

1. Copie o quadro a seguir no caderno e preencha-o citando recursos naturais da África, sua utilização econômica e ao menos um país do continente no qual seja possível encontrá-lo.

Recurso natural	Utilização econômica	País

2. A produção de riqueza com base no carvão mineral em Moçambique causa quais problemas ambientais? Explique.

3. Cite os impactos socioambientais provocados pelos derramamentos de petróleo no Delta do Níger.

4. Explique os prejuízos ambientais causados pela exploração do ouro em países como Tanzânia, Mali, Gana e África do Sul.

5. O que mudou do Período Colonial até o momento com relação à exploração dos recursos naturais do continente africano?

6. Por que o território africano é rico em minérios?

7. Por que o lucro com a exploração dos recursos minerais não proporciona desenvolvimento socioeconômico ao continente africano?

REFLETIR

1. Observe o mapa a seguir.

Disponibilidade de água no mundo – 2008

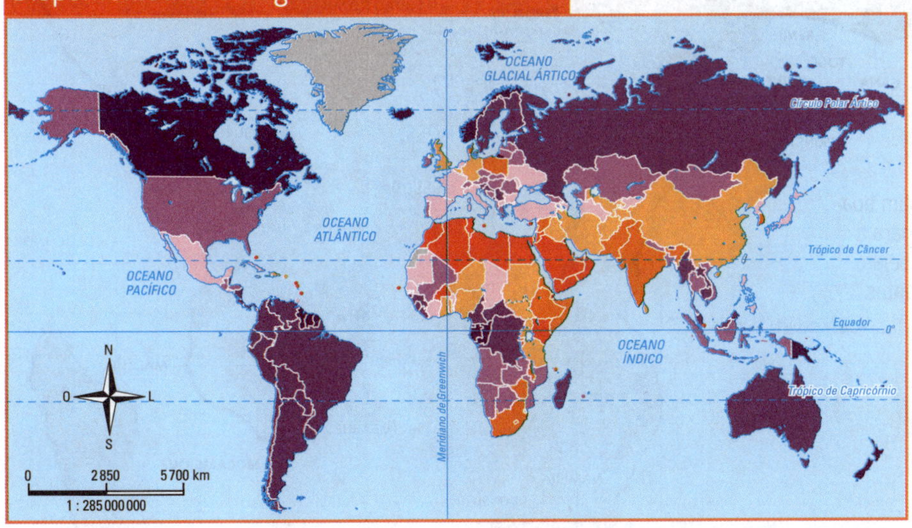

©DAE/Robson Rosendo

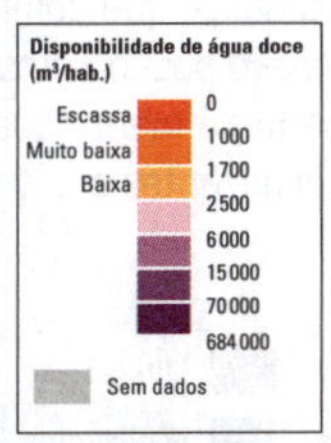

Fonte: Philippe Rekacewicz. Le Monde Diplomatique, 19 mar. 2008. Disponível em: <www.monde-diplomatique.fr/cartes/disponibiliteeau>. Acesso em: set. 2018.

a) Qual é a relação entre os dados do mapa e os fatores climáticos da África estudados anteriormente?

b) Que soluções podem ser pensadas, em âmbito global, para ajudar os países que sofrem com a falta de disponibilidade de água?

FIQUE POR DENTRO

Solos da África

A degradação dos solos constitui um dos mais graves problemas ecológicos que o continente africano enfrenta. A erosão eólica e a progressiva desertificação, unidas ao sistema comunal de propriedade da terra, à superexploração agrícola de algumas regiões e aos métodos de cultivo rudimentares, formam um conjunto de fatores que contribui para o processo de deterioração dos solos, pobres em nutrientes, e para seu escasso rendimento agrícola.

CONTINENTE ÁRIDO

Na África existem grandes extensões de terras desérticas (aridissolos e entissolos), escassas em matéria orgânica e pouco aptas para a agricultura.
Na África Oriental há alguns redutos de terras muito férteis: os molissolos, também conhecidos como *chernozems* ou terra negra. No sul e no oeste destacam-se a produtividade dos alfissolos e dos podossolos.

250 milhões de africanos vivem em solos desérticos ou dependem deles para a subsistência. Esse valor equivale a aproximadamente 30% da população continental.

Os ultissolos e os oxissolos, que dominam boa parte do continente, são pouco aptos para a agricultura permanente, a menos que sejam enriquecidos com fertilizantes e nutrientes.

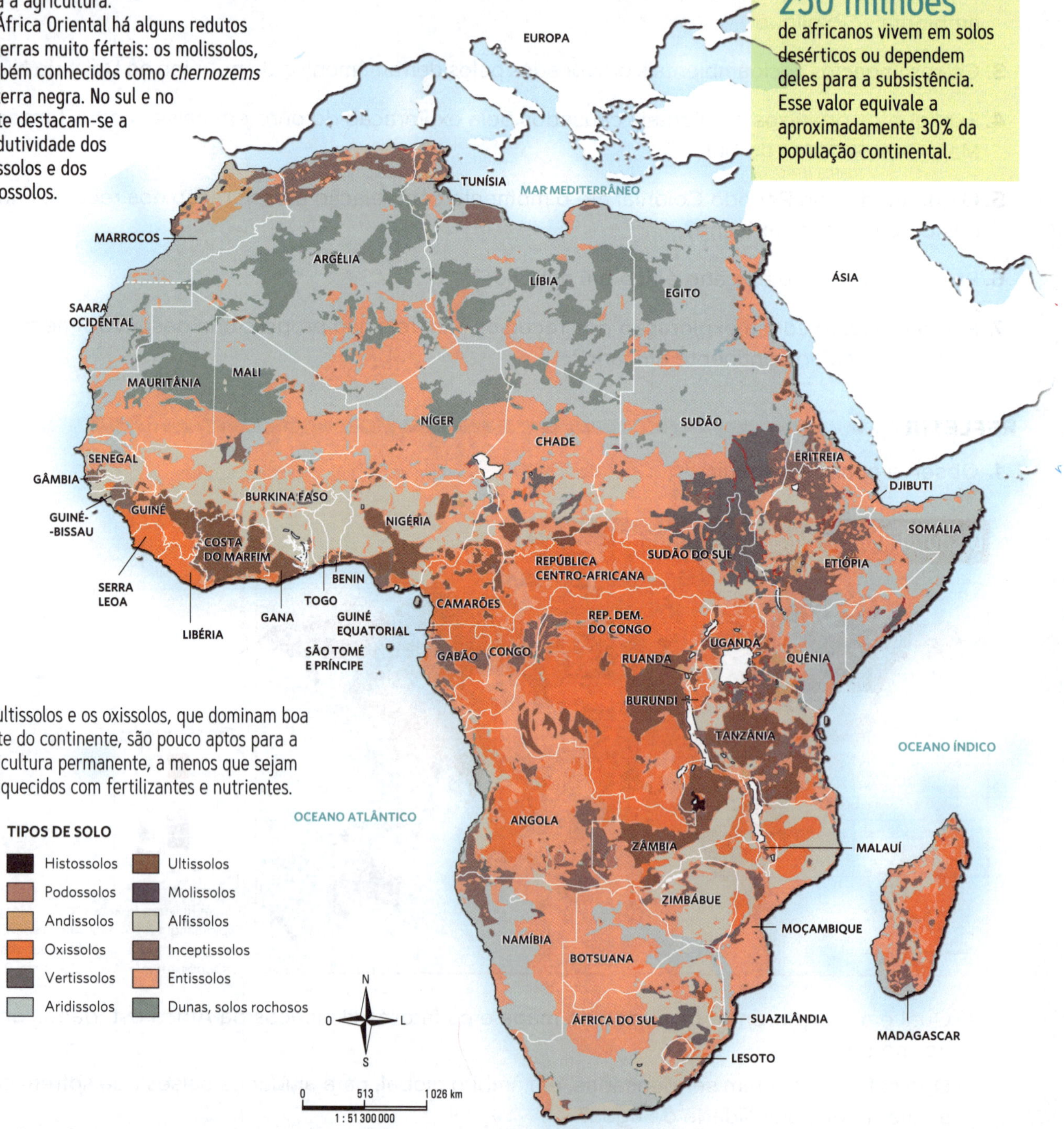

Fontes: Jones, A., Breuning-Madsen, H., Brossard, M., Dampha, A., Deckers, J., Dewitte, O., Gallali, T., Hallett, S., Jones, R., Kilasara, M., Le Roux, P., Micheli, E., Montanarella, L., Spaargaren, O., Thiombiano, L., Van Ranst, E., Yemefack, M., Zougmoré R., (Eds.), 2013. *Soil Atlas of Africa*. European Commission, Publications

UM DESERTO QUE SE EXPANDE

Do total das terras do continente africano, 46% estão submetidos a processos de desertificação. O mapa mostra as zonas mais vulneráveis.

US$ 4 bilhões

se perdem por ano em nutrientes do solo na África por causa de práticas agrícolas inadequadas e da desertificação.

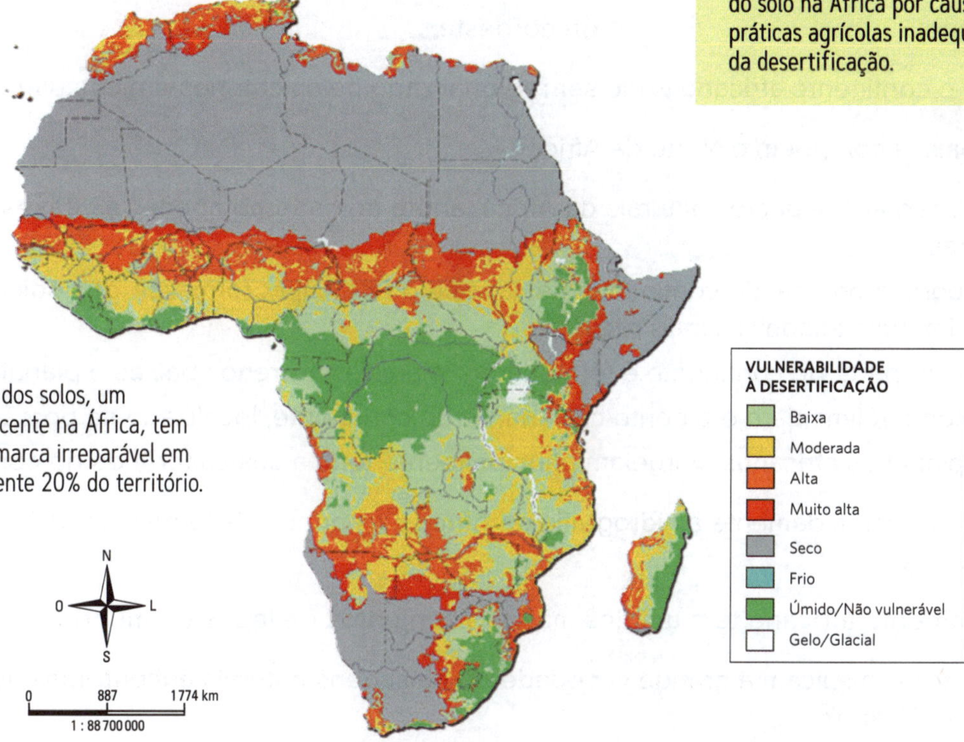

Cristiane Viana

A degradação dos solos, um problema crescente na África, tem deixado uma marca irreparável em aproximadamente 20% do território.

EXPLOSÃO AGRÍCOLA

Nos últimos 30 anos, o importante crescimento da atividade agropecuária na África contribuiu para a degradação dos solos. O gráfico mostra por regiões e porcentagens, sobre o total, os solos dedicados ao cultivo e à pecuária no continente.

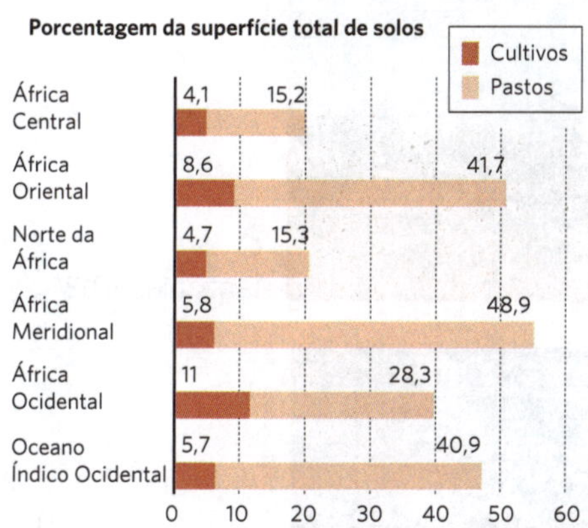

SEM REVOLUÇÃO

A chamada "revolução verde", que possibilitou o espetacular incremento dos rendimentos agrícolas na última metade do século XX, não chegou ao continente africano.

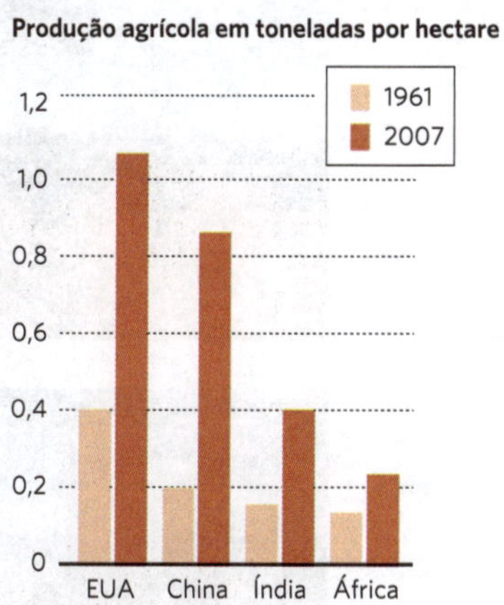

1. Quais são as principais causas do processo de desertificação dos solos no continente africano?

2. Por que é possível afirmar que a “revolução verde” não chegou à África?

Office of the European Union, Luxembourg. Disponível em: <https://esdac.jrc.ec.europa.eu/content/soil-map-soil-atlas-africa>; *Food and Agriculture Organization of the United Nations* (FAO). Disponível em: <http://www.fao.org/faostat/fr/#data/RL>. Acessos em: fev. 2019.

PANORAMA

FAÇA AS ATIVIDADES A SEGUIR E REVEJA O QUE VOCÊ APRENDEU.

NO CADERNO

1. Indique os limites geográficos da África:
   a) ao norte;
   b) a leste;
   c) a oeste;
   d) a nordeste;
   e) ao sul.
2. Como o continente africano pode ser regionalizado pelos critérios étnico-culturais?
3. Que países compõem o Norte da África?
4. Em relação aos aspectos naturais da África, anote no caderno apenas as frases que forem verdadeiras.
   a) Na porção oriental do continente, destaca-se o Rift Valley, formação geológica associada aos movimentos tectônicos mais recentes.
   b) A maior parte do continente é formada por planícies, terrenos baixos e planaltos.
   c) O Monte Kilimanjaro é o ponto culminante do continente, localizado na porção oriental.
   d) Os planaltos africanos margeiam principalmente toda a costa litorânea do continente.
5. Comente resumidamente a hidrografia da África e as principais formas de utilização dos rios do continente.
6. O continente africano tem um dos maiores conjuntos de lagos do mundo. Cite os principais.
7. Que fatores explicam a grande variedade de paisagens naturais encontradas ao longo do continente africano?
8. Observe as imagens a seguir, que retratam paisagens naturais do continente africano. Identifique o nome e as características principais da formação vegetal e o clima predominante de cada uma delas.

guenterguni/iStockphoto.com

Tanzânia, 2018.

fotoclick/iStockphoto.com

Namíbia, 2018.

9. Observe o mapa ao lado e faça o que se pede.

a) Identifique as áreas ocupadas pelas formações vegetais caracterizadas na atividade anterior.

b) Cite o nome do rio destacado na porção oriental.

c) Por que se costuma dizer que tanto o mapa de clima como o de vegetação da África são "espelhados" nos hemisférios Norte e Sul?

10. Quais são os principais desertos africanos? Quais são as características mais marcantes?

11. O que é o processo de desertificação? Quais são as principais causas?

12. Quais foram os danos acarretados para a Nigéria pelo derramamento de petróleo em Ogoniland?

13. Que dano o mercúrio causa ao meio ambiente?

África: vegetação

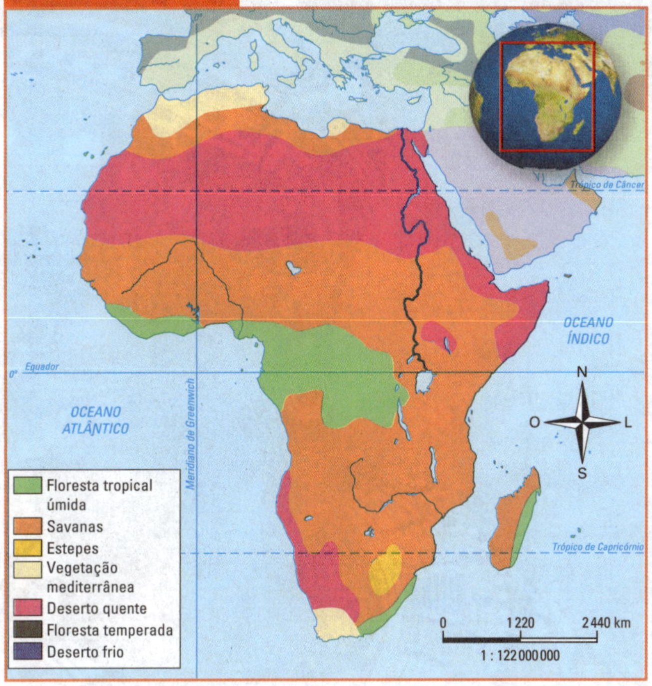

Fonte: Gisele Girardi e Jussara Vaz Rosa. *Atlas geográfico do estudante*. São Paulo: FTD, 2011. p. 124.

14. Quais são as implicações da construção da Grande Barragem Renascença, na Etiópia?

15. Leia a tirinha e depois responda: O que ela lhe sugere?

DICAS

LEIA

África e Brasil africano, de Marina de Mello e Souza. (Ática). Apresenta um panorama completo da história e da cultura africanas antes e depois de esse povo ser escravizado em outros continentes; traça também o percurso daqueles que foram trazidos para o Brasil e seu processo de integração na colônia.

De Cape Town a Muscat: uma aventura pela África, de Guilherme Canever (Pulp Edições). Relata uma aventura pelo continente africano em locais como Cidade do Cabo, Namíbia, Botsuana, Zâmbia, Moçambique e Etiópia, explorando a cultura e a vida da população.

ASSISTA

Nilo, o rio dos deuses. Produção: Discovery Channel, 60 min. O documentário é um histórico do Rio Nilo, destacando a importância de suas águas para os povos que vivem às suas margens, da Antiguidade até hoje.

↓Mulheres da tribo Samburu. Quênia, 2016.

TEMA 8

África: sociedade e economia

Bartosz Hadyniak/Getty Images

NESTE TEMA

VOCÊ VAI ESTUDAR:

- a história de colonização da África;
- a variedade étnica e cultural africana;
- o Norte da África e a África Subsaariana;
- principais atividades econômicas dos países africanos;
- causas e consequências dos conflitos armados no continente.

A maior parte das informações disseminadas sobre a África referem-se a suas belas paisagens naturais ou a seus conflitos armados, sua pobreza e suas epidemias. Contudo, o continente apresenta uma grande riqueza e diversidade cultural. Observe a imagem retratada acima.

1. Que outras manifestações culturais africanas você conhece?
2. Quais influências da cultura africana você percebe na cultura afro-brasileira?

CAPÍTULO 1

Período Pré--Colonial, colonização e independência

No capítulo anterior, você estudou os recursos naturais da África e as consequências ambientais de sua exploração. Neste capítulo, você vai estudar as características gerais da África pré-colonial; a colonização; o processo de independência política e a dependência econômica.

Comércio na África

A África é um continente de grandes dimensões territoriais. Nele, viveram e vivem, desde o surgimento da humanidade, grupos diversos, que se organizaram e transformaram os espaços geográficos. Ao longo do tempo, os costumes, as línguas, tradições e crenças dessas populações foram se formando.

Bridgeman/Fotoarena

↑Abraham Cresques. *Atlas Catalan* (detalhe), 1375. Na imagem, é possível observar desenhos que representam o comércio árabe no território africano.

Desde a Antiguidade, muitas sociedades do norte da África já faziam trocas comerciais com povos europeus, asiáticos e ainda com outras regiões do continente. Mercadores árabes trocavam produtos por escravos, marfim e ouro. Para isso, estabeleceram conexões com os impérios de Gana, Benin e Zimbábue, entre outros. Tombuctu, no atual Mali, por exemplo, era uma grande cidade na época e servia como local de descanso e ponto de passagem para esses mercadores.

Entre os anos 100 d.C. e 940 d.C., onde atualmente se localizam a Etiópia e a Eritreia, existiu o grande Império de Axum, que, em função da sua posição estratégica perto do Mar Vermelho, foi um importante ponto para as rotas comerciais que ligavam Egito, Índia e China pelo Oceano Índico. Observe no mapa ao lado a localização do Reino de Axum.

Antigo Reino de Axum

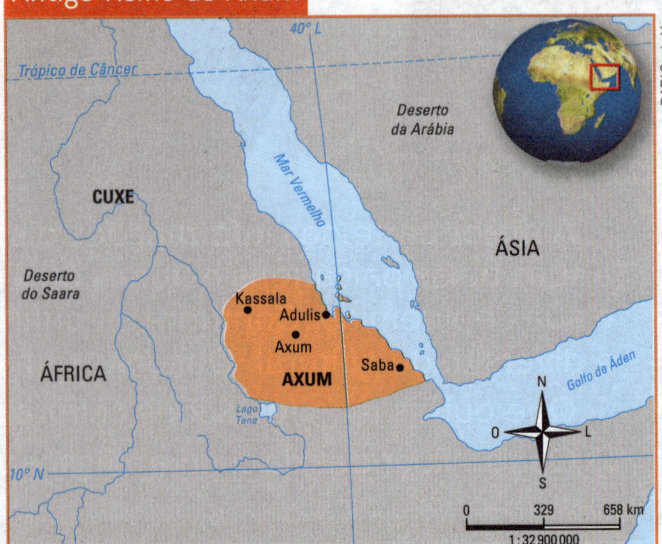

DAE/Sonia Vaz

Fonte: Jeremy Black. *World history atlas*. Londres: Dorling Kindersley, 2008. p. 161.

Primeiras organizações africanas

As primeiras sociedades africanas surgiram há milhares de anos; muitas eram nômades, deslocando-se periodicamente para caçar, pescar e coletar frutos. Com o surgimento da agricultura, formaram-se grupos sedentários que passaram a se fixar em um local específico, resultando em agrupamento de pessoas, povoados e, posteriormente, em muitos reinos, que se estenderam por diversas regiões do continente africano.

Por sua imensidão, a África foi dominada e influenciada por muitos povos. Com a chegada dos europeus ao continente, no século XV, a organização política, econômica e cultural de muitos grupos étnicos sofreu transformações, principalmente devido ao processo de colonização, resultando numa desestruturação social que perdurou por séculos.

A África traz em suas raízes históricas as marcas desse processo a que foi submetida, com implicações na atual configuração política e econômica do continente e na história de vida da população.

Os governos europeus, especialmente o português, dominaram regiões do litoral africano, nas quais estabeleceram **entrepostos comerciais** a fim de abastecer os navios que seguiam rumo ao Oriente para buscar produtos nos mercados das Índias.

Da faixa litorânea, também eram retirados recursos naturais, como madeira, pele de animais, ouro etc. Observe no mapa a seguir as principais rotas comerciais portuguesas do século XV.

Rotas comerciais na África – século XV

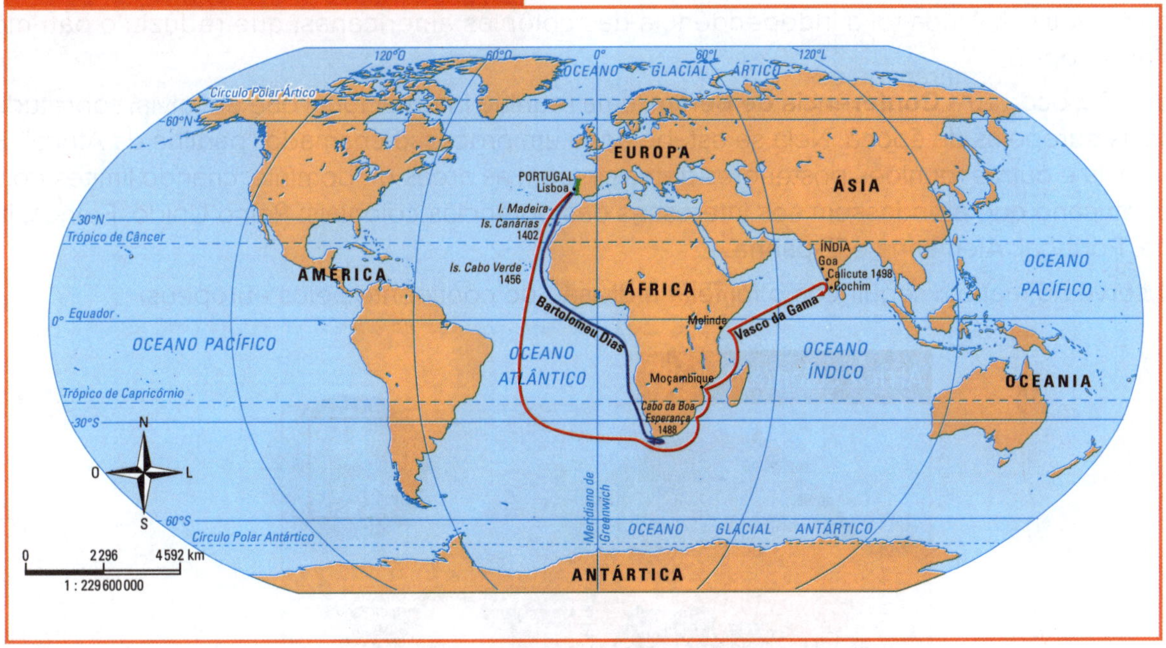

© DAE/ Sonia Vaz

Fonte: José Jobson de A. Arruda. *Atlas histórico básico*. 17. ed. São Paulo: Ática, 2011. p. 19.

Foi nesse período que o tráfico de escravos no continente se intensificou. Pessoas eram negociadas por mercadores europeus e africanos.

Embora o comércio de escravos africanos já fosse praticado pelos árabes, essa atividade tomou enormes proporções entre os séculos XV e XVI com a dominação europeia, pois a mão de obra escrava, fundamental para a colonização, passou a ser empregada na agricultura e na exploração mineral das colônias na América. Esse processo impeliu parte da população a fugir para o interior do continente e criou novas e muitas rivalidades entre grupos étnicos africanos.

GLOSSÁRIO

Entreposto comercial: local onde se estabelecia a troca e a venda de mercadorias provenientes de diferentes localidades.

Estima-se que mais de 15 milhões de africanos tenham sido aprisionados e vendidos como escravos entre os séculos XV e XIX. Para a América, vieram aproximadamente 11 milhões de africanos escravizados.

A partir do século XIX, ocorreu a efetiva ocupação colonial da África, e a relação entre os africanos e os europeus tomou um novo rumo.

Bridgeman/Fotoarena

↑ Autor desconhecido. *Africanos escravizados sendo levados a bordo de navio com destino aos EUA*, século XIX. Gravura colorida.

A partilha africana

A disputa de poder e a consolidação do desenvolvimento capitalista, isto é, a conformação de um modo de produção que estabelecia a necessidade de abastecer a Europa de matérias-primas para a nascente indústria, fez com que as potências europeias precisassem obter recursos minerais, levando-as a colonizar o continente africano. Outro fator que contribuiu para a Europa se voltar à África foi a independência das colônias americanas, que reduziu o patrimônio colonial europeu.

Em 1885, ocorreu a **Conferência de Berlim**, uma reunião internacional que envolvia, sobretudo, as potências europeias da época. Nela se estabeleceu um processo chamado "partilha da África". Essa conferência e outras reuniões posteriores determinaram as áreas de domínio, criando limites no continente africano que atendessem aos interesses das potências coloniais: Reino Unido, França, Itália, Bélgica, Portugal, Alemanha e Espanha.

Observe no mapa a seguir como foi feita a divisão do continente pelos europeus.

África colonial - 1885

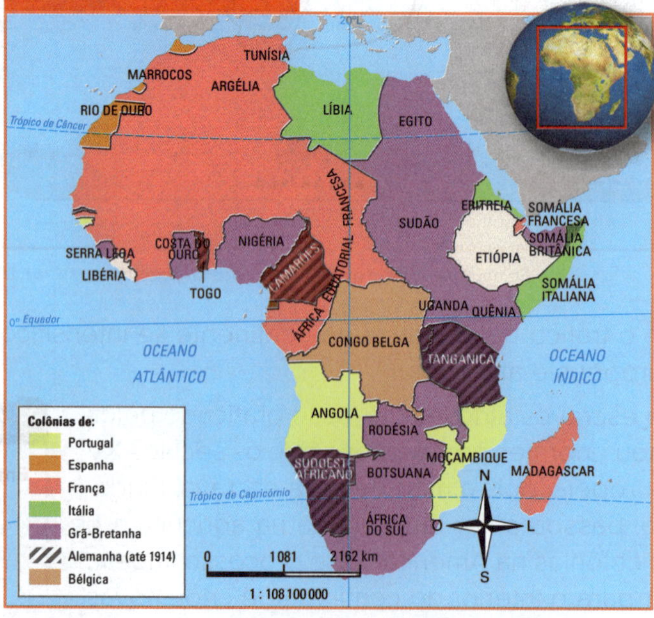

© DAE/ Sonia Vaz

Fonte: Cláudio Vicentino. *Atlas histórico: geral e Brasil*. São Paulo: Scipione, 2011. p. 137.

No final do século XIX, as nações mais ricas da Europa e os Estados Unidos constituíram grandes impérios econômicos, dominando, controlando ou influenciando, sobretudo, regiões da África e da Ásia. A esse sistema de exploração e dominação deu-se o nome de **imperialismo** ou **neocolonialismo**.

A partilha da África estabeleceu uma divisão política do continente que levou em conta somente os interesses dos colonizadores, sem respeitar os aspectos culturais, políticos e econômicos dos grupos étnicos africanos. Ao dividir o continente, as potências europeias não consideraram os territórios dos nativos. Por exemplo, a maioria dos limites, muitas vezes, separava o mesmo grupo étnico em dois ou três territórios controlados por potências coloniais diferentes. Em outras situações, grupos inimigos foram mantidos em território dominado pela mesma metrópole.

Para saber mais detalhes sobre essa questão, leia o texto a seguir e observe o mapa na sequência, comparando-o com o mapa da página anterior.

> As potências europeias produziram, na prática, a cartografia política da África, traçando fronteiras sobre espaços étnicos e culturais que pouco conheciam. O traçado das fronteiras apoiou-se em linhas geométricas ou acidentes naturais. A primeira dessas categorias consistiu em limites baseados em meridianos e paralelos ou projeções retilíneas da desembocadura dos rios. A segunda baseou-se, geralmente, nos divisores de água, pois as potências europeias procuravam controlar inteiramente os vales dos rios, que serviam como eixos de penetração colonial.
>
> [...]
>
> Imperialismo europeu desenhou os Estados africanos. *Mundo – Geografia e Política Internacional (Pangea)*, São Paulo, ano 10, n. 5, p. 7, set. 2002. Disponível em: <www.clubemundo.com.br/web/pdf/2002/mundo0502.pdf>. Acesso em: set. 2018.

Ao comparar os dois mapas, você pode perceber que novos limites e fronteiras políticas surgiram na África em função dos interesses das potências europeias da época, e não por determinação da população nativa do continente.

Os efeitos dessa forma de ocupação e exploração foram muitos, como rivalidades étnicas e religiosas, desorganização social e política dos povos atingidos, desestruturação da economia agrícola e transformação na identidade cultural.

Esse processo produziu fraturas sociais sentidas até os dias de hoje no continente africano, o que, em parte, explica as atuais condições socioeconômicas de muitos países. Em consequência disso, vários grupos em diferentes regiões do continente se organizaram em busca da independência.

África: fronteiras étnicas

Fonte: Martin Ira Glasner. *Political geography*. Hoboken: Wiley, 2003.

Descolonização

A dominação e a exploração imperialista dos grupos étnicos africanos pelas nações europeias duraram décadas. Ao tentar impedir ou combater essa situação, muitos grupos do continente foram severamente reprimidos.

Ocorreram diversas rebeliões, como na Somália (começo do século XX), de dominação italiana e inglesa, e no Quênia (meados do século XX), de dominação inglesa. Em Angola e Moçambique, de dominação portuguesa, as guerras de independência foram prolongadas, convertendo-se em **guerras civis**, com mais de 15 anos de duração.

O período em que ocorreu o mais intenso processo de descolonização da África foi após a Segunda Guerra Mundial (1939-1945), quando os países europeus estavam enfraquecidos econômica e militarmente pela desordem decorrente do conflito.

Observe no mapa ao lado o período em que ocorreram as independências das colônias no continente.

Outro fator que contribuiu para esse processo foi o período da Guerra Fria (1945-1991). As duas superpotências antagônicas da época, os Estados Unidos e a antiga União das Repúblicas Socialistas Soviéticas (URSS), financiaram grupos que forneciam armamentos modernos e apoio tático para levá-los ao poder.

Authenticated News/Archive Photos/Getty Images

↑Presos durante a Revolta dos Mau-Mau, movimento ocorrido no processo de descolonização do Quênia, 1955.

África: descolonização

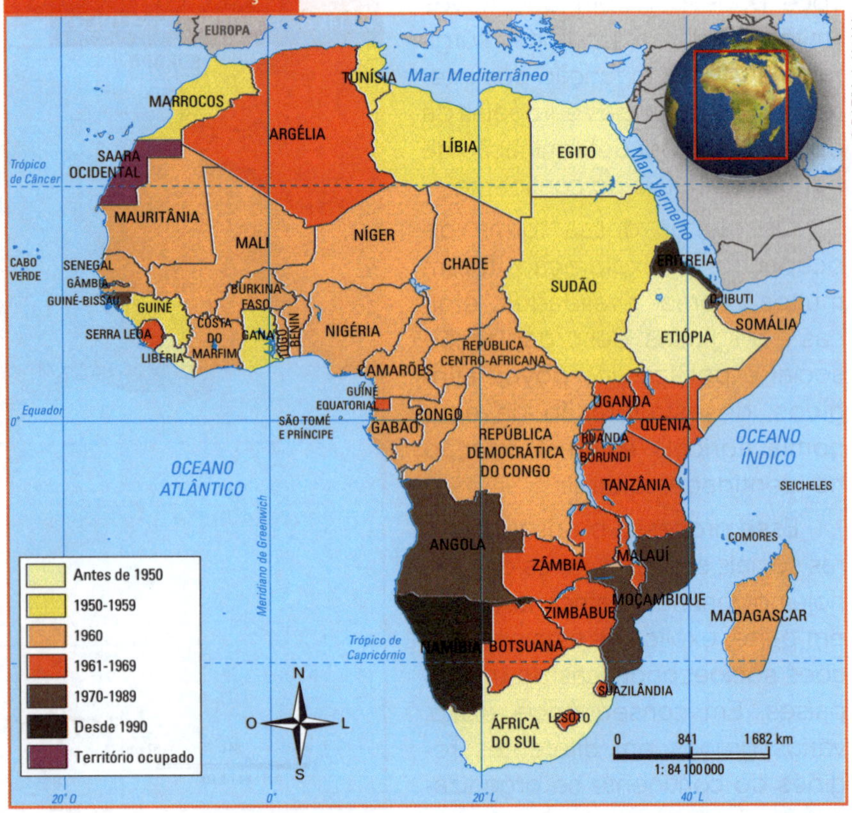

© DAE/Mario Yoshida

Fonte: Claudio Vicentino. *Atlas histórico: geral e do Brasil*. São Paulo: Scipione. 2011. p. 154.

GLOSSÁRIO

Guerra civil: conflito armado entre grupos organizados dentro do mesmo país.

O processo de independência dos países africanos não foi simples, envolvendo, em muitos casos, até guerras civis. Longas negociações também foram realizadas entre as colônias e suas respectivas metrópoles.

No entanto, poucas coisas mudaram na vida dos africanos após a descolonização. A independência política não garantiu a independência econômica e comercial, e conservaram-se as marcas da exploração a que o continente foi submetido ao longo da história moderna, ou seja, os países africanos mantiveram-se exportadores de produtos primários (agrícolas e minerais) para as antigas metrópoles.

AP Photo/Glow Images

↑ Em 1960, com o auxílio da Organização das Nações Unidas (ONU), a Bélgica, que detinha o domínio sobre o Congo, foi pressionada e obrigada a declarar a liberdade ao país. Foi fundada, então, a República Democrática do Congo; Patrice Lumumba (na foto), líder político no processo de independência do Congo, foi eleito primeiro-ministro congolês.

Além disso, a concorrência internacional em uma nova configuração geopolítica mundial e a busca por outras fontes de lucro, incentivaram muitas empresas europeias a instalar grandes corporações na África. Assim, alguns países passaram a contrair empréstimos financeiros internacionais, com o objetivo, dificilmente alcançado, de implementar um desenvolvimento industrial local aliando interesses nacionais e internacionais. Esses países também necessitavam de apoio técnico das nações industrializadas, o que os mantinha "presos" a uma relação de dependência e interesses.

Com a independência dos países, ficaram mais evidentes as graves consequências da colonização do continente: as agressões culturais e o desenvolvimento econômico e social comprometido.

DIÁLOGO

Os vizinhos

Mas as notícias se adensaram, como as nuvens em Novembro. Já todos sabiam o que era isso de "étnico". E falava-se de conflitos que, para além de divisões rácicas, tinham base religiosa. Até que se começou a falar de escaramuças militares. As famílias deixaram de escutar em comum o noticiário televisivo. Porque sempre se degenerava em querela. Até que o vizinho da esquerda bateu à porta do outro e lhe perguntou:

– *Desculpe, vizinho mas você tem raça?*

O outro, pesaroso, acenou que sim. Que tinha. E era, exatamente, a outra raça, a contrária, a verdadeiramente pura. Não o disse ao outro. Para não o vexar.

– *Desculpe, eu nunca reparei.*

– *Pois, lá em casa, nós já comentamos sobre a vossa etnia.*

Descobriram, súbito, que pouco tinham a esclarecer. Em silêncio, a porta se fechou, parecia nem haver mão que a movesse. E mais que a porta, era o coração deles que se fechava. [...]

Mia Couto. Os vizinhos. In: *Na berma de nenhuma estrada e outros contos.* São Paulo: Companhia das Letras, 2015. p. 159-162.

1. Baseado no trecho do conto do escritor moçambicano Mia Couto e no que foi visto neste capítulo, discuta as consequências das tensões étnicas para as populações locais desde a partilha da África até o processo de independência dos países.

ATIVIDADES

NO CADERNO

SISTEMATIZAR

1. Explique a afirmação: "A história das sociedades africanas não começou no século XV".
2. Que fatores impulsionaram a colonização do continente africano?
3. O que foi a Conferência de Berlim, no final do século XIX, e o que foi determinado nela?
4. Qual foi o papel das duas superpotências mundiais – EUA e URSS – no contexto da Guerra Fria no processo de independência dos países africanos?

REFLETIR

1. Observe a imagem a seguir e responda: Quais foram as consequências da Partilha da África em relação à diversidade étnica do continente?

Album/Fotoarena

2. Leia o trecho a seguir e responda à questão.

A conclusão destes últimos 50 anos é apavorante. [...] Como Ahmed Bem Bella [político argelino] disse uma vez: "O colonialismo saiu pela porta somente para poder voltar pela janela". Para continuar a garantir lucros suculentos para suas empresas, as antigas potências coloniais mantêm e apoiam regimes autocráticos, desde que sejam servis. Ignorando centenas de milhares de famílias mortas e destruídas, o saque sistemático de recursos, fortalecendo o poder arbitrário das potências feudais às custas da jama'a (comunidade); esqueçam a longa noite colonial, nós continuamos até hoje a sofrer sua agonia.

[...]

Planète Non Violence (*blog* marroquino) apud África: colonialismo continua 50 anos após independência. *Global Voices*, 19 fev. 2010. Disponível em: <https://pt.globalvoices.org/2010/02/19/africa-colonialismo-continua-50-anos-apos-independencia>. Acesso em: set. 2018.

- Segundo o texto, o colonialismo na África já acabou? Explique.

CAPÍTULO

2 Sociedades africanas

No capítulo anterior, você estudou alguns dos processos ocorridos durante o Período Pré-Colonial até a independência dos países africanos. Neste capítulo, você vai estudar a diversidade étnico-cultural, os indicadores socioeconômicos e os problemas sociais do continente africano.

Diversidade étnica

Como você já estudou, a sociedade africana apresenta-se etnicamente diversa devido ao grande número de povos que vivem no continente. Essa heterogeneidade se reflete na pluralidade de culturas: idiomas, religiões, rituais, musicalidades, festas etc. Observe no mapa a seguir a distribuição espacial das línguas e etnias mais representativas do continente. Atente para o fato de que tanto a língua quanto as etnias ultrapassam as fronteiras dos países.

Uma das formas de regionalizar a África é o critério étnico-cultural, que considera a África Subsaariana. Outra forma é o critério geográfico, que, por sua vez, oferece a seguinte divisão: Norte da África, África Oriental, África Austral, África Ocidental e África Central.

Estudaremos a seguir alguns aspectos da sociedade africana com base na regionalização étnico-cultural.

Sevan Usak Saita/Dreamstime.com

↑ Homem de etnia tuaregue no Deserto do Saara. Marrocos, 2016.

África: línguas e etnias

© DAE/Mario Yoshida

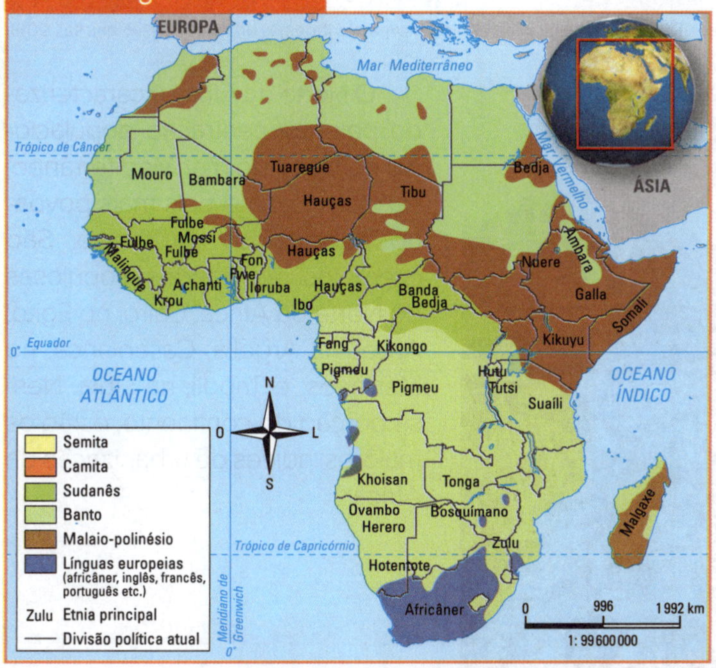

Fonte: Graça M. L. Ferreira. *Atlas geográfico: espaço mundial*. São Paulo: Moderna, 2010. p. 83.

Rixie/Dreamstime.com

↑ Mulheres zulus em Gauteng, África do Sul, 2016.

Norte da África

O Norte da África é composto de uma população de maioria árabe. A partir do século VII, o povo árabe disseminou a língua, a cultura e a religião islâmica nessa região. O árabe é falado por mais de 150 milhões de africanos – e é a língua oficial de sete países do continente.

Etnicamente, a maioria da população é formada pelos grupos camitas (sobretudo berberes) e semitas (árabes). Os berberes constituem a maior parte da população do Marrocos e das áreas montanhosas da Argélia. Nesse grupo, destacam-se os tuaregues e os etíopes.

Embora os indicadores socioeconômicos sejam mais satisfatórios que o restante do continente, um dos principais problemas do Norte da África é a baixa oferta de emprego para os jovens e a pressão do crescimento populacional sobre os recursos naturais. Além de ter atrativos turísticos, os países do Norte dispõem de reservas de petróleo, embora as riquezas decorrentes dessa atividade não beneficiem toda a população, mas sim pequenas elites locais e petroleiras transnacionais.

Observe, no quadro a seguir, dados populacionais de alguns países do Norte da África.

Norte da África: dados populacionais

País	População total (2016)	Densidade demográfica (hab./km^2)	População residente em área rural (%)	População residente em área urbana (%)
Egito	91 508 084	91,9	56,93	43,07
Argélia	39 666 519	16,7	29,87	70,13
Marrocos	34 377 511	77	40,3	59,7
Tunísia	11 253 554	72,4	33,35	66,65
Líbia	6 278 438	3,6	21,64	78,36

↑ A tabela apresenta dados populacionais de alguns países do Norte da África: Egito, Argélia, Marrocos, Tunísia e Líbia.

Fonte: IBGE Países. Disponível em: <https://paises.ibge.gov.br/#/pt>. Acesso em: set. 2018.

Mohamed Abd El Ghany/Reuters/Fotoarena

← Rua no centro do Cairo, Egito, 2017.

O Norte da África é caracterizado pela concentração populacional no litoral do Mar Mediterrâneo, sendo o Egito o país mais povoado e populoso da região. São exemplos de cidades populosas do Norte da África: Cairo, no Egito; Argel, na Argélia; Casablanca, no Marrocos; e Trípoli, na Líbia. Nessa porção do continente, estão os maiores índices de urbanização da África.

África Subsaariana

A África Subsaariana localiza-se ao sul do Deserto do Saara e ocupa a maior parte do território africano, onde vivem centenas de etnias que se distribuem por 46 países e apresentam grandes diferenças culturais entre si. Observe ao lado o mapa de densidade demográfica do continente e perceba que algumas das áreas mais povoadas se encontram nessa região.

Em relação à urbanização, apesar da presença de grandes metrópoles, como Abidjan, na Costa do Marfim, Johanesburgo, na África do Sul, Nairóbi, no Quênia, e Lagos, na Nigéria, observa-se na região as menores taxas para a população residente na zona urbana e as maiores para a população residente na zona rural.

Observe, no quadro a seguir, dados populacionais de alguns países da África Subsaariana.

África: densidade demográfica - 2013

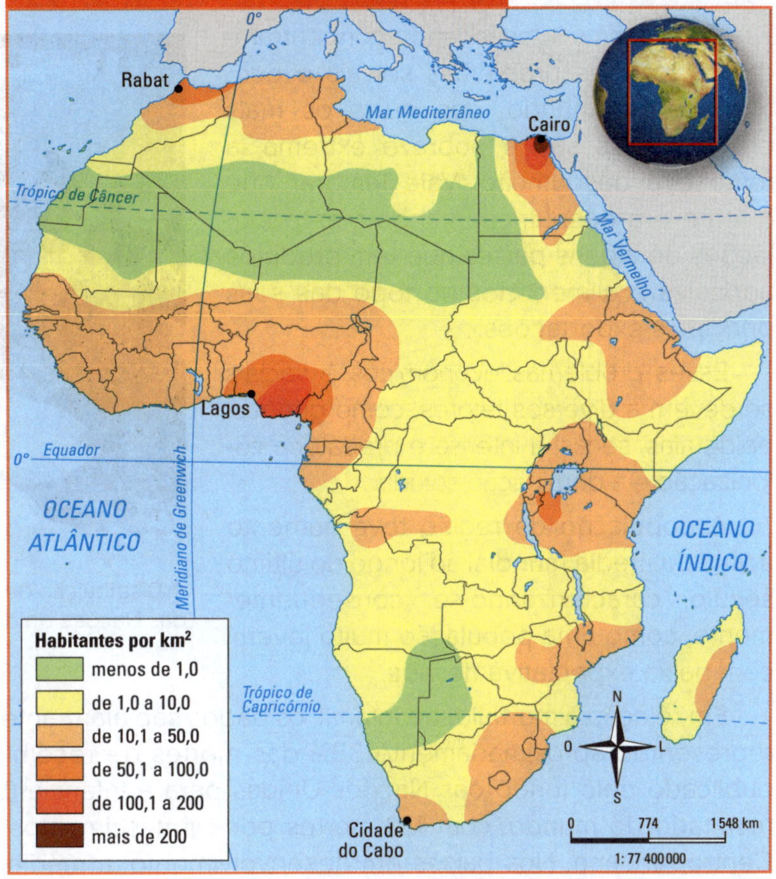

Fonte: Vera Caldini e Leda Ísola. *Atlas geográfico Saraiva*. 4. ed. São Paulo: Saraiva, 2013. p. 178.

África Subsaariana: dados populacionais

País	População total (2016)	Densidade demográfica (hab./km²)	População residente em área rural (%)	População residente em área urbana (%)
Uganda	39 032 383	195,3	84,23	15,77
Níger	19 899 120	15,7	81,53	18,47
Zimbábue	15 602 751	40,3	67,5	32,5
Sudão do Sul	12 339 812	20,2	81,41	18,59
Burundi	11 178 921	435,3	88,24	11,76

↑ A tabela apresenta dados populacionais de alguns países da África Subsaariana: Uganda, Níger, Zimbábue, Sudão do Sul e Burundi.

Fonte: IBGE Países. Disponível em: <https://paises.ibge.gov.br>. Acesso em: set. 2018.

A população da África Subsaariana vive de intensa atividade agrícola de subsistência (milho, arroz, inhame, entre outros) e da produção de matérias-primas agrícolas de exportação, como cacau, chá, amendoim e algodão, principalmente de Ruanda, Costa do Marfim e Moçambique, além de exportar minerais preciosos extraídos de países como Gana, Congo e Tanzânia.

Problemas e desafios

Na África Subsaariana concentram-se os maiores problemas sociais e econômicos do mundo, dos quais os mais preocupantes são a pobreza extrema, a fome e a desnutrição. Vale lembrar que a fome e a desnutrição atingem as populações de alguns países que têm produtos agrícolas e alimentícios no topo das suas principais exportações.

Philimon Bulawayo/Reuters/Fotoarena

↑ Distribuição de alimentos pelo Programa Mundial de Alimentos das Nações Unidas (PMA). Bhayu, Zimbábue, 2016.

Esses problemas econômicos e sociais se devem a diversos fatores, como guerras, epidemias, secas, a intensa e predatória colonização e a dominação sofrida.

A população da região teve aumento acima da média mundial ao longo do último século, caracterizando-se, consequentemente, como uma população muito jovem, com baixa expectativa de vida.

Em relação à mortalidade infantil, os dados são alarmantes em toda a África Subsaariana. A região representou aproximadamente 38% das mortes de recém-nascidos do mundo. Segundo relatório publicado pelo fundo das Nações Unidas para a Infância (Unicef), em 2016, a Somália teve o pior resultado do mundo, com 133 mortes por mil nascimentos, seguida pelo Chade e pela República Centro-Africana. Nos países em desenvolvimento, a média atual da mortalidade neonatal é de 27 mortes a cada mil nascimentos, enquanto nos países desenvolvidos a taxa média é de apenas três para cada mil. A mortalidade ligada à fome e à desnutrição é resultado das péssimas condições de infraestrutura nos países da África Subsaariana, cujo saneamento básico é bastante precário. Pouco mais da metade dos habitantes tem acesso à água potável.

Quanto à alfabetização, a situação é bastante grave. Em muitos países, a maioria da população com mais de 15 anos é analfabeta.

Diante desse quadro, o continente tem os mais baixos Índices de Desenvolvimento Humano (IDHs) do mundo. Observe a seguir os índices de alguns países da África Subsaariana.

África Subsaariana: IDH

País	*Ranking* IDH (2015)	Valor IDH (2015)
Guiné-Bissau	178º	0,424
Eritreia	179º	0,420
Serra Leoa	179º	0,420
Moçambique	181º	0,418
Sudão do Sul	181º	0,418

↑ A tabela apresenta o IDH de alguns países da África Subsaariana: Guiné-Bissau, Eritreia, Serra Leoa, Moçambique e Sudão do Sul.

Fonte: ONU. Human development report 2016. Disponível em: <http://hdr.undp.org/sites/default/files/2016_human_development_report.pdf>. Acesso em: set. 2018.

Na África Subsaariana também estão os mais graves problemas de saúde do mundo. Entre as principais doenças que afetam milhares de pessoas dessa região estão a malária e a aids. Em 2014, uma epidemia do vírus ebola levou à morte mais de mil pessoas. Guiné, Serra Leoa, Libéria, Nigéria e República Democrática do Congo foram os países mais infectados. Atualmente, cerca de 35 milhões de pessoas no mundo vivem com o vírus da aids, dos quais 25 milhões são da África.

Per-Anders Pettersson/Getty Images

↑ Diferença socioeconômica visível nas moradias de diferentes bairros de Johanesburgo, África do Sul, 2018.

Apesar do acelerado crescimento econômico dos países da África na última década, esse processo não beneficiou as populações mais pobres. Os níveis de desigualdade são alarmantes, mesmo com o crescimento econômico de alguns países, como Etiópia, Djibuti e Tanzânia, que, de acordo com o Banco Mundial, estiveram entre as 10 economias que mais cresceram no mundo em 2017.

Muitos países da África Subsaariana estão entre os mais desiguais do mundo, isto é, apresentam a maior distância entre os mais ricos e os mais pobres. A África do Sul é um dos países com o maior índice de desigualdade do mundo, apesar de ser a economia mais forte do continente. Tal condição aponta para o fato de que produção de riqueza não gera, necessariamente, melhoria de vida para toda a sociedade.

AQUI TEM MAIS

Apesar do crescimento econômico acelerado da última década, elevados níveis de pobreza e desigualdade persistem por todo o continente africano. À medida que se caminha para a adoção dos novos Objetivos de Desenvolvimento Sustentável (ODS) ainda este ano, os países africanos procuram as soluções internas e globais mais eficazes para enfrentar tais desafios.

Países como Etiópia, Gana, Quênia, Lesoto e Maurício adotaram políticas e programas de proteção social – como transferência direta de renda e iniciativas de alimentação escolar – para melhorar as condições de vida dos seus cidadãos mais vulneráveis. Mas é necessário fazer mais, uma vez que apenas 20% das pessoas mais pobres do continente têm acesso aos recursos que podem ajudá-las a sair da pobreza ou se recuperar no caso da ocorrência de uma catástrofe.

[...]

Em evento da ONU e parceiros, África e Brasil unem-se por avanços na agenda de proteção social. *ONUBR,* 8 abr. 2015. Disponível em: <https://nacoesunidas.org/em-evento-da-onu-e-parceiros-africa-e-brasil-unem-se-por-avancos-na-agenda-de-protecao-social/>. Acesso em: set. 2018.

1. Discuta com os colegas a importância dos programas e projetos governamentais e internacionais de combate à pobreza e à desigualdade.

ATIVIDADES

NO CADERNO

SISTEMATIZAR

1. Sobre os países e características das sociedades do Norte da África, faça no caderno um quadro como o modelo a seguir e complete-o.

Países	Língua predominante	Religião predominante

2. Apresente os principais problemas enfrentados pela população da África Subsaariana.

3. Comente os aspectos gerais da urbanização e da dinâmica populacional na África Subsaariana.

REFLETIR

1. Observe a imagem e responda à questão.

   Revendo o que você aprendeu neste capítulo, o que é possível afirmar sobre a economia e a desigualdade de renda na África Subsaariana?

Google Earth 2018

→ Johanesburgo, África do Sul, 2018.

2. Leia o trecho a seguir e responda à questão.

África fará população mundial passar 10 bilhões neste século

[...]

Segundo a ONU, durante as próximas décadas, o crescimento da população mundial será concentrado principalmente em nove países, a maioria deles africanos e asiáticos: Índia, Nigéria, Paquistão, República Democrática do Congo, Etiópia, Tanzânia, EUA, Indonésia e Uganda.

Com a maior taxa de crescimento demográfico do mundo, a África será responsável por mais da metade do crescimento da população mundial entre 2015 e 2050.

Nesse período, espera-se que o número de habitantes duplique em 28 países do continente. Além disso, a população será cinco vezes maior que a atual em dez deles até 2100.

Em conjunto, a África passará dos atuais 1,186 bilhão de habitantes para 2,478 bilhões em 2050, e 4,387 bilhões em 2100.

[...]

Exame, 29 jul. 2015. Disponível em: <https://exame.abril.com.br/ciencia/africa-fara-populacao-mundial-passar-10-bilhoes-neste-seculo/>. Acesso em: set. 2018.

- Em sua opinião, por que o crescimento populacional na África é foco de tanta atenção?

CAPÍTULO

3 Economia africana

No capítulo anterior, você estudou a diversidade étnico-cultural, os indicadores socioeconômicos e os problemas sociais do continente africano. Neste capítulo, você vai estudar os aspectos gerais da economia africana; o papel da agricultura, da exploração mineral e da indústria na economia do continente.

Novos paradigmas

Desde a segunda metade do século XX, muitos países africanos buscaram sua independência em relação às potências coloniais da Europa. Com o fim da Guerra Fria, a África integrou-se na Nova Ordem Mundial como uma espécie de nova fronteira para os negócios internacionais.

Após violento processo marcado por guerras civis e conflitos entre grupos étnicos locais, em que a antiga URSS e os EUA tomaram partido em função de seus próprios interesses, governos dos países africanos foram se estabelecendo, ora eleitos, ora instituídos por golpes de Estado, e abriram-se para a entrada de investimentos internacionais.

Com a ascensão do bloco econômico denominado **Brics** (Brasil, Rússia, Índia, China e África do Sul), alguns países africanos foram favorecidos com acordos comerciais em um contexto de fortalecimento das relações políticas sul-sul, isto é, entre economias emergentes e em desenvolvimento. Ainda assim, muitos países do continente figuram entre as piores colocações no *ranking* mundial de desenvolvimento humano e entre algumas das economias mais enfraquecidas do mundo.

De modo geral, a economia dos países africanos é baseada no setor primário, sendo a agricultura a principal atividade. A África também se destaca na produção mundial de minérios. A África do Sul é o país mais industrializado, a maior economia africana e, também, o país com o maior índice de desigualdade econômica e social entre seus habitantes.

Jen Watson/Shutterstock.com

Colheita de chá verde. Quênia, 2018.

Agropecuária

As potências coloniais não tinham o interesse em desenvolver economias locais fortes, e sim mantê-las atreladas ao antigo modelo de exploração. Assim, permanece no continente africano como herança do Período Colonial o modelo de pequenas lavouras de subsistência, nas quais trabalha grande parte da população, bem como monoculturas voltadas para a exportação.

A **agricultura de subsistência** ocorre principalmente nas áreas de florestas e nas savanas. Esse tipo de prática agrícola – baseada no uso coletivo da terra – tem como finalidade o autoabastecimento, ocupando grande parcela da mão de obra feminina na África. Em geral, esse sistema de cultivo – fundamental para a segurança alimentar dos países africanos – desenvolve-se em pequenas e médias propriedades, nas quais se utilizam técnicas mais simples, com menores rendimentos. A **monocultura exportadora** foi introduzida no continente pelos colonizadores com a finalidade de exportar os produtos tropicais para abastecer os mercados internos da Europa. Esse tipo de prática agrícola comercial denomina-se *plantation*.

As *plantations* predominam na África Subsaariana e, atualmente, são controladas, sobretudo, por investimentos estrangeiros, com estrutura de beneficiamento de produção e sistemas ferroviários que atendem às exportações. Observe no mapa a seguir o uso do solo e a distribuição dos principais produtos agrícolas no continente africano.

Por serem essencialmente agrícolas, os países africanos têm uma economia frágil, uma vez que dependem dos fatores ambientais (períodos de secas e cheias), bem como dos preços das *commodities* no mercado internacional.

A condição desigual entre as nações ricas ou emergentes e os países africanos, no que se refere à produção agrícola e aos investimentos, coloca os governos locais africanos em desvantagem, impedindo muitas vezes boa lucratividade oriunda da comercialização de sua produção agrícola.

Além disso, muitos países ricos costumam subsidiar (fornecer ajuda financeira) seus produtores para incentivar a produção agrícola local, medida que garante preços mais atrativos de certos produtos no mercado mundial. Com essa concorrência desigual, impedem maior expansão na exportação de produtos agrícolas produzidos na África e, consequentemente, dificultam o crescimento da economia do continente.

África: agricultura

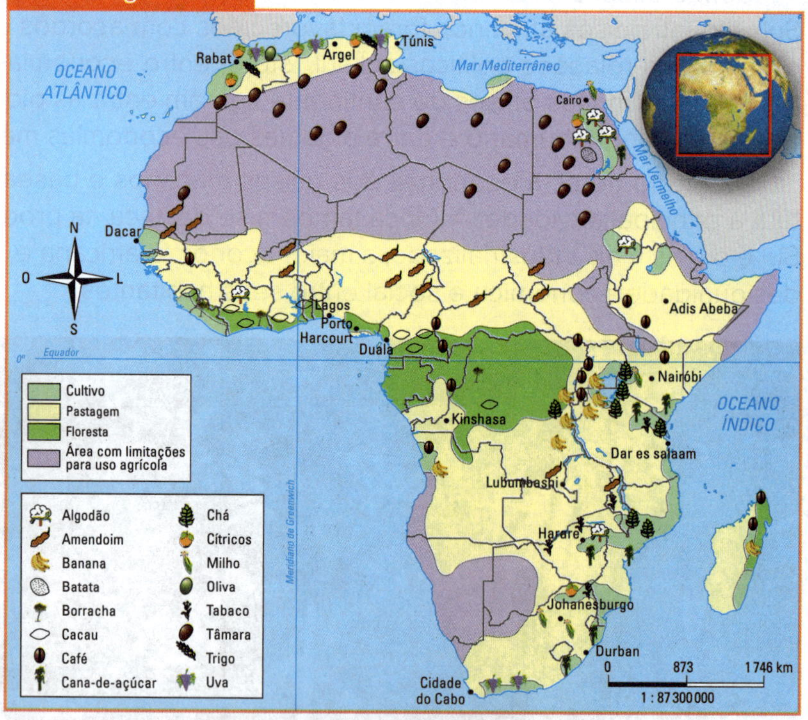

© DAE/Sonia Vaz

Fontes: Graça M. L. Ferreira. *Atlas geográfico: espaço mundial*. São Paulo: Moderna, 2010. p. 82; Jacques Charlier. *Atlas du 21e siècle*. Paris: Nathan, 2002.

Devido às desigualdades sociais, as melhores terras e a tecnologia são empregadas em grande parte na agricultura destinada à exportação, que, por sua vez, ocupa cada vez mais as áreas onde a agricultura de subsistência era praticada. Alguns países já buscam desenvolver a agricultura local por meio de projetos que misturam a aplicação de tecnologia de ponta, conhecimentos tradicionais e estratégicas de ascensão social, como é o caso do Instituto Queniano de Agricultura Orgânica, que atua na inclusão social de camadas empobrecidas da população por meio do fomento de técnicas orgânicas de cultivo de alimentos.

Quanto à atividade criatória, destaca-se no continente a pecuária extensiva. Na África do Sul estão alguns dos maiores rebanhos de ovinos do mundo. Alguns dos projetos internacionais de incentivo à economia africana direcionam seus investimentos para a agropecuária, uma vez que o desenvolvimento do setor é fundamental no combate à desnutrição e à fome.

Mineração

O continente africano conta com metade das reservas mundiais de **ouro** e com dois terços das de **diamante** e **cobalto**. Além disso, no subsolo africano existem grandes reservas de fontes energéticas como o **petróleo**, cuja extração está destinada, na maior parte, à exportação. Nigéria e Angola são os maiores produtores de petróleo no continente. Na produção de carvão mineral, destacam-se África do Sul e Moçambique.

Desde o Período Colonial, as reservas minerais africanas foram motivo de cobiça e interesse, e nas últimas décadas a maior parte dos investimentos estrangeiros recebidos pelo conjunto dos países africanos foi direcionada à exploração mineral.

A maioria dos polos de crescimento econômico atuais no continente concentra-se na exploração mineral. Em 2009, a China se tornou o maior parceiro comercial da África, superando os Estados Unidos, e, recentemente, intensificou o comércio com os países africanos. Além dos empréstimos concedidos, os chineses constroem estradas, usinas hidrelétricas e termelétricas, hospitais e escolas no continente.

O controle e a extração dos recursos minerais da África (sobretudo petróleo e diamantes) causam muitos conflitos; e a abundância desses recursos não se reverte em qualidade de vida para a população. Países que direcionaram a economia para a exportação de petróleo (Nigéria, Gabão, Sudão, Congo, Guiné Equatorial e Chade) registram uma longa história de conflitos civis e golpes militares.

Parte das riquezas minerais do continente foi usada para financiar a violência contra as próprias populações africanas, como os "diamantes de sangue" (nome dado às pedras contrabandeadas para fora do país que financiavam grupos envolvidos em conflitos) de Angola, Congo e Serra Leoa. A outra parte enriqueceu grandes investidores estrangeiros, graças aos governos instáveis e corruptos do continente apoiados por empresários corruptores de muitos outros países.

Waldo Swiegers/Bloomberg/Getty Images

Exploração de minério de ferro. Dingleton, África do Sul, 2018.

Indústria

Atualmente, as indústrias de bens de consumo são as que mais se desenvolvem no continente. Nos últimos 10 anos, os produtos manufaturados na África duplicaram, tendo como destino principal as economias emergentes, em detrimento das potências tradicionais, o que fortaleceu as relações políticas e comerciais sul-sul.

Responsável por quase metade de toda a produção industrial africana, a África do Sul é o país mais industrializado do continente. Ele pertence ao grupo dos países de economia emergente, sendo o único da África Subsaariana a se destacar nesse setor, além de ter o mais avançado e diversificado parque industrial do continente. Sobressai-se nas indústrias automobilística, petroquímica, têxtil, siderúrgica e alimentícia.

UIG/Getty Images

↑ Plataforma de petróleo. Cidade do Cabo, África do Sul, 2014.

A Nigéria e o Senegal também são países da África Subsaariana em que a indústria começa a ter relevância no setor econômico. No Norte da África, por sua vez, há países com importantes áreas industriais, com destaque para os gêneros alimentícios, têxteis, petroquímicos e siderúrgicos.

A estrutura geológica bastante antiga do continente possibilitou a formação de um subsolo rico em recursos minerais. Isso proporcionaria ao continente o desenvolvimento de amplas atividades industriais, que não ocorreu devido à falta de investimento dos Estados africanos em desenvolvimento tecnológico por causa da frágil situação econômica, corrupção de alguns governantes e falta de interesse das maiores potências do mundo em estabelecer parcerias, além da herança colonial, que desprezava a industrialização na África.

CARTOGRAFIA

1. Observe o mapa ao lado e responda: Como é a distribuição das indústrias pelo continente? Por que razão isso ocorre?

África: indústria

© DAE/Sonia Vaz

Fonte: Vera Caldini e Leda Ísola. *Atlas geográfico Saraiva*. 4. ed. São Paulo: Saraiva, 2013. p. 149.

ATIVIDADES

NO CADERNO

SISTEMATIZAR

1. Uma das atividades econômicas predominantes do continente africano é a agricultura de subsistência. Em que se baseia esse modelo de cultivo?
2. O sistema *plantation* avança sobre a agricultura de subsistência, colocando-a em risco em muitos países da África Subsaariana. Explique como funciona esse modelo de cultivo.
3. Cite quatro produtos agrícolas produzidos no continente africano.
4. Cite quatro recursos minerais encontrados na África.
5. Quais são os maiores produtores de petróleo do continente?
6. Que condições geológicas possibilitaram ao continente tantas riquezas minerais?
7. Qual é o país mais industrializado da África?
8. Caracterize a indústria do continente africano.
9. Por que a privilegiada estrutura geológica do continente africano permanece subutilizada?

REFLETIR

1. Observe a contradição apresentada nas imagens e explique, com base no contexto histórico, social e econômico africano, a existência de duas realidades em um mesmo território.

Adriane Ohanesian/Reuters/Fotoarena

↑ Pepitas de ouro. Namorinyang, Sudão do Sul, 2013.

HomeH/iStockphoto.com

↑ Subúrbio de Soweto. Johanesburgo, África do Sul, 2016.

DESAFIO

1. Agora que você já sabe o que são relações sul-sul, reúna-se com dois ou três colegas e pesquisem quais são as principais relações comerciais sul-sul envolvendo países africanos. O que se perde e o que se ganha nesse tipo de relação? Que produtos são comercializados nelas? Que tipos de trocas tecnológicas a culturais são feitas?

CAPÍTULO

4 Conflitos no continente

No capítulo anterior, você estudou os aspectos gerais da economia africana. Neste capítulo, você vai estudar as principais causas dos conflitos e guerras na África e a questão de seus refugiados.

Um continente em guerra

A África nem sempre se viu às voltas com a pobreza, epidemias e outras carências. Basta lembrar que a história pré-colonial africana é marcada por grandes impérios, sociedades complexas e desenvolvidas, que já mantinham relações comerciais e políticas com outras regiões do mundo antes mesmo da chegada dos colonizadores europeus.

Você estudou que o continente sofreu as consequências negativas deixadas pelo período da exploração colonial; viu também que, em grande parte, suas riquezas são exploradas por empresas transnacionais e que a atuação dos governos corruptos e das elites locais, somada à concorrência do mercado internacional no mundo globalizado, contribuiu para explicar o quadro geral de desigualdade econômica e social que domina a maior parte do continente. Dessa forma, podemos concluir que todos esses problemas corroboraram para que a África fosse palco de tantos conflitos armados e tragédias.

Nos principais conflitos da África contemporânea, e naqueles que estudaremos neste capítulo, é possível observar que diversos Estados, alguns consideravelmente novos, custaram muito a consolidar suas fronteiras ou ainda não o fizeram. Vários outros também não encontraram uma forma de governar que satisfizesse as necessidades básicas da população. Em muitos casos, grupos étnicos e religiosos que se entendem como nação almejam governar o país e acabam por insuflar movimentos não democráticos, ou mesmo separatistas, na busca por um território em que possam exercer relações de poder e ser soberanos.

Issouf Sanogo/AFP Photo

↑ Soldados das forças de paz da ONU ficam de guarda enquanto pessoas esperam para votar numa assembleia durante as eleições presidenciais e legislativas. Bangui, República Centro-Africana, 2015.

Conflitos e guerras

De acordo com a ONU, a África é o continente com o maior número de conflitos duradouros em todo o mundo. Devido à instabilidade política de muitos países africanos, que ainda lutam pela construção de um Estado sólido e de um governo representativo e democrático num contexto tão diverso e problemático, a maioria das guerras no continente se configura como conflito interno.

As principais causas dos conflitos são as disputas pelo controle do poder político, as rivalidades religiosas e as lutas por autonomia de grupos étnicos. Além disso, há a disputa pela grande quantidade de riquezas minerais do solo africano, que interessa aos grupos armados, aos governos e às grandes corporações. Muitas guerras são financiadas pelos lucros oriundos da extração desses recursos, algumas das quais chegam a ultrapassar as fronteiras políticas dos territórios, como é o caso da República Democrática do Congo.

Ainda que o número de conflitos tenha diminuído, as guerras prolongam-se e apresentam grande impacto no desenvolvimento humano. É possível estabelecer uma relação entre os conflitos e a pobreza do continente, pois as guerras destroem o sistema produtivo, contribuindo para aumentar a fome e a desnutrição da população. Observe no mapa as principais áreas de conflito e fome no continente africano.

África: áreas de conflito e fome

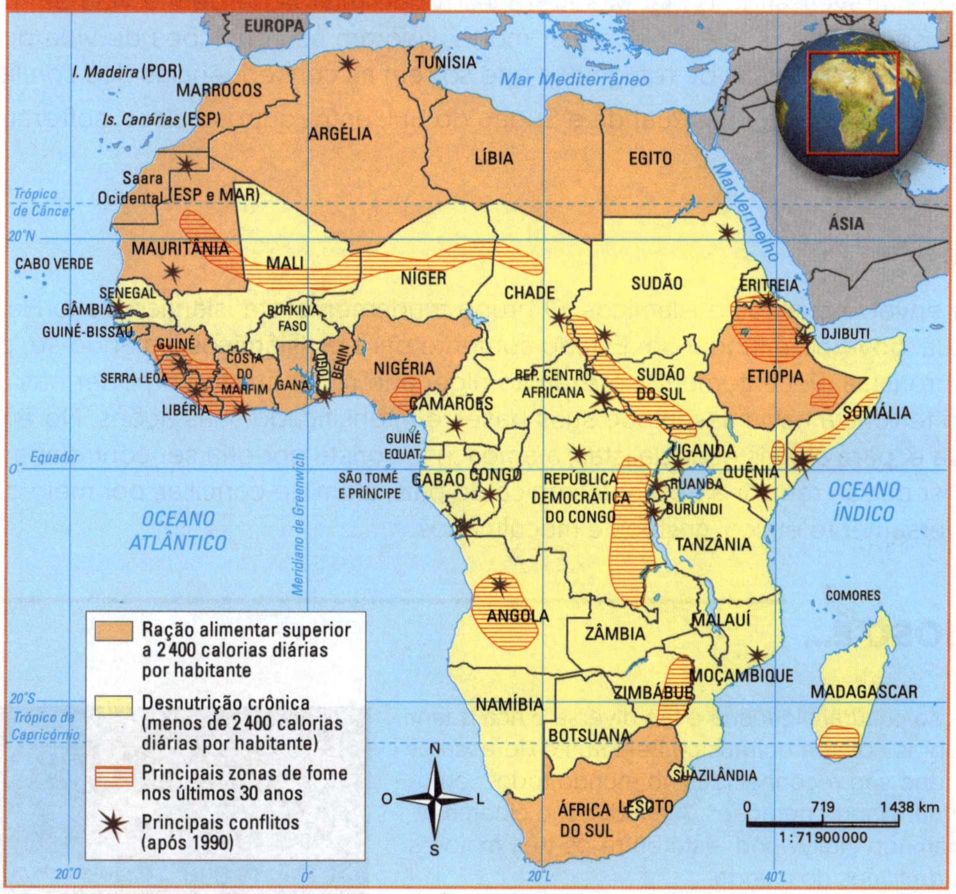

Fonte: Graça M. L. Ferreira. *Atlas geográfico: espaço mundial*. 4. ed. São Paulo: Moderna, 2013. p. 82.

Na lista dos dez principais países de origem dos refugiados em 2016 estão sete africanos: Sudão do Sul, Somália, Sudão, República Democrática do Congo, República Centro-Africana, Eritreia e Burundi. O número total de sul-sudaneses deslocados já alcançou 3,3 milhões nos últimos anos, o que significa dizer que um de cada quatro sudaneses se encontra deslocado de seu lugar de origem.

Aproximadamente 30% dos refugiados do mundo estão no continente africano, notadamente em duas regiões: Ocidental, com conflitos em Serra Leoa, Nigéria, Libéria e Costa do Marfim; e Centro-Oriental, no arco norte-sul, que se estende do Sudão até os Grandes Lagos, passando pela região do **chifre africano**. Em diversos locais da África há campos de refugiados da ONU. O maior deles fica no Quênia e já contou com uma população de mais de 400 mil pessoas.

Thomas Mukoya/Reuters/Fotoarena

↑ Campo de refugiados em Dadaab, Quênia, 2011.

GLOSSÁRIO

Chifre africano: também chamado de Chifre da África, é uma região localizada no nordeste do continente africano, onde se situam quatro países: Somália, Djibuti, Etiópia e Eritréia.

Apesar de a grande maioria permanecer na própria África, um grande número de pessoas tenta chegar à Europa atravessando o Mar Mediterrâneo, onde muitos perdem a vida em naufrágios. As guerras em países africanos, além de causar mortes, pioram as condições de vida dos habitantes, entre os quais imensas massas de refugiados que sofrem as consequências dos conflitos.

Nas últimas décadas, Nigéria, Ruanda e Sudão do Sul, entre outros países, sofreram com violentos conflitos armados.

Nigéria

A disputa envolve cristãos e islâmicos. O grupo fundamentalista islâmico Boko Haram luta para derrubar o atual governo e fundar um Estado somente para os islâmicos, valendo-se, para tanto, de estratégias terroristas. Recentemente, o exército nigeriano reconquistou o poder nas áreas do país onde o grupo terrorista havia assentado suas bases e intensificado suas ações. No entanto, o risco ainda continua e, para alguns especialistas, a ameaça terrorista poderia ser controlada se o governo nigeriano conseguisse reduzir a pobreza crônica do país, além de conciliar, por meio de um sistema de ensino diversamente étnico, cristãos e muçulmanos.

CURIOSO É...

A produção cultural nigeriana é tão diversa e rica quanto o país. Obras como a do músico Fela Kuti e do escritor Chinua Achebe são reconhecidas no mundo todo, comovendo e influenciando gerações. Além disso, o cinema nigeriano, chamado Nollywood, está entre os três maiores produtores de filmes do mundo.

Há alguns anos, a escritora nigeriana Chimamanda Ngozi Adichie tornou-se também mundialmente celebrada por seus romances que mostram uma África para além de estereótipos criados pelo Ocidente e tratam de questões sobre os direitos das mulheres.

Dominic Lipinski/AP Photo/Glow Images

↑ Escritora nigeriana Chimamanda Ngozi Adichie. Londres, Reino Unido, 2018.

Ruanda

Um massacre vitimou em cem dias cerca de 800 mil pessoas do grupo étnico **tútsi**, levando mais de 2 milhões de pessoas do grupo étnico **hútu** a se deslocar forçadamente para o antigo Zaire, atual República Democrática do Congo – onde ainda há ecos da tensão entre grupos radicais. Uma das causas que levaram ao genocídio entre tútsis e hútus é a diferenciação no tratamento às etnias dado pelos belgas, ainda ocorrida no Período Colonial. A rivalidade entre as etnias, que se reconheciam diferentes mas conviviam no mesmo território, foi então fomentada por ideias racistas.

Atualmente, Ruanda é uma das economias que mais cresce no continente africano. O país mantém-se em constante alerta e, por meio de muitos esforços, alcançou considerável estabilidade na convivência entre as etnias, apesar dos baixos índices de desenvolvimento humano e ainda grande desigualdade de renda – inclusive, entre hútus e tútsis.

Sudão do Sul

O conflito está relacionado à hostilidade entre líderes políticos e à disputa pelo controle das reservas de petróleo. O Sudão do Sul, o país mais jovem do mundo, independente desde 2011, vive uma guerra civil iniciada em 2013. O estopim para o conflito foi uma crise interna no tão novo quanto instável governo sul-sudanês. O presidente, Salva Kiir, acusou o ex-vice-presidente Riack Machar de organizar um golpe de Estado. A partir de então, milícias aliaram-se aos dois grandes rivais, que também são de etnias diferentes.

Essdras M Suarez/The Boston Globe/Getty Images

↑ Sudaneses celebram a independência de seu país de origem, o Sudão do Sul. Boston, Estados Unidos, 2011.

Em 2015, os envolvidos no conflito armado assinaram um acordo de paz que não durou mais de um ano. Em 2017 foi assinado um cessar-fogo que possibilitou a criação de um ambiente minimamente seguro para que organizações internacionais de ajuda humanitária entrassem no país e chegassem até os civis que mais precisavam de atendimento.

De acordo com a ONU, mais de 50 mil pessoas morreram em decorrência do conflito. Atualmente, metade da população do Sudão do Sul sofre de desnutrição, e a fome já é um problema crônico no país, que atravessa uma das piores crises humanitárias do mundo.

Primavera Árabe

As revoltas populares ocorridas em países do Norte da África a partir de 2010 evidenciaram o descontentamento da população em relação aos líderes ditadores que enriqueceram no poder ao longo de décadas, enquanto a população era mantida em condições de pobreza extrema. Cansada dos desmandos de governos autoritários, a população protestou por mudanças.

Hassene Dridi/AP Photo/Glow Images

↑ Policiais tunisianos em greve manifestam-se em Túnis, Tunísia, 2011.

O primeiro resultado do movimento se deu na Tunísia: a queda do ditador Zine Ben Ali, que comandara o país por 23 anos (1987-2011). No Egito, após 30 anos no poder (1981-2011), o ditador Hosni Mubarak renunciou à presidência do país. Por sua vez, Muamar Kadafi perdeu o governo da Líbia em 2011, que estava sob sua ditadura desde 1969. Em seguida, os conflitos atingiram o Marrocos e a Argélia.

Esse movimento ficou conhecido como Primavera Árabe, alastrando-se para países do Oriente Médio. Apenas na Tunísia se pode dizer que houve mudanças positivas, pois em alguns deles se instalaram outros regimes ditatoriais.

O *apartheid* na África do Sul

Atualmente, a África do Sul vive sob um regime democrático com certa estabilidade política. No entanto, seu passado é muito dramático, porque a maioria da população, formada por negros, sofria privação de direitos.

Por mais de 40 anos (1948-1992), o país viveu sob um regime de segregação racial imposto pela minoria branca, composta de africânderes e descendentes de britânicos. Durante esse regime, denominado *apartheid*, foram promulgadas várias leis, entre elas as que impediam a maioria negra de participar da política e possuir terras.

Por décadas, esse regime separou brancos de negros, proibindo a convivência entre eles nas escolas, nos parques, nos ônibus e nos bairros (viviam em zonas separadas). Até mesmo o matrimônio entre brancos e negros era vetado por lei.

Baseado na segregação racial, o *apartheid* tinha como intuito a exploração da mão de obra africana e a legitimação do poder dos brancos no território sul-africano.

Na década de 1980, a ONU impôs sanções ao país para pressionar o regime racista. As mudanças políticas começaram a ocorrer em 1989 e, em 1994, houve a primeira eleição multirracial na África do Sul, na qual foi eleito o primeiro presidente negro, Nelson Mandela, líder do Congresso Nacional Africano (CNA), partido que lutava contra o *apartheid*. Antes disso, Mandela, condenado pelo regime dominante, ficara preso por 28 anos (1962-1990).

Com o fim do *apartheid*, profundas transformações econômicas e políticas ocorreram. Mas como vimos anteriormente, apesar de hoje pertencer ao grupo dos países em desenvolvimento e ser membro do G20, grupo que reúne as 20 principais economias do planeta, a África do Sul continua extremamente desigual, alcançando o posto, segundo o índice Gini, de país com a maior desigualdade de renda do planeta.

Tal desigualdade mantém a separação entre negros e brancos, mas não institucionalmente. Enquanto a população negra sul-africana recebe os menores salários e acumula menos anos de escolaridade, os brancos mantêm os postos de empregos mais importantes e mais bem remunerados, detêm mais propriedades e somam mais anos de escolaridade. No entanto, desde o fim do *apartheid*, medidas afirmativas vêm sendo implantadas pelo governo sul-africano em vários setores da sociedade, por exemplo, na economia e na educação, a fim de minimizar essas diferenças.

David Brauchli/AP Photo/Glow Images

Nelson Mandela faz seu discurso de vitória. Johanesburgo, África do Sul, 1994.

ATIVIDADES

NO CADERNO

SISTEMATIZAR

1. Cite fatores que, de modo geral, explicam os conflitos no continente africano.
2. No que se refere ao governo dos países que enfrentam conflitos armados, qual é o maior desafio para superá-los?
3. Cite três dos principais países de origem dos refugiados africanos.
4. Quais motivos forçaram milhões de africanos a se deslocar de seu lugar de origem nas últimas décadas?
5. O que foi a Primavera Árabe e quais foram seus desdobramentos?

REFLETIR

1. Observe a imagem a seguir e indique a que período da história da África do Sul ela se refere. Explique como se configurava esse momento político no país.

Alamy/Fotoarena

↑ Banco com os dizeres "Apenas para brancos", em destaque, e dados sobre reclassificação racial. Cidade do Cabo, África do Sul, 2012.

DESAFIO

1. A letra da canção *Lágrima do Sul*, composta por Marco Antônio Guimarães e Milton Nascimento, fala do sofrimento vivido pelos povos do continente africano ao longo da história. Em grupos, pesquisem essa letra e troquem ideias sobre quais foram as formas de exploração promovidas na África, identificando os principais causadores dessa ação no passado e no presente.

SOCIEDADE E CIÊNCIA

Guerra civil e reconhecimento: o papel do feminino na reconstrução de Ruanda

Ruanda é um país localizado na África Subsaariana, às margens dos lagos Kivu, Vitória e Tanganica. Geograficamente abastado em recursos minerais necessários à produção de itens de telecomunicação, o país sofreu diferentes ocupações em sua história – em geral, relacionadas ao domínio de suas fontes minerais.

Chip Somodevilla/Getty Images

↑ Procissão de mulheres para lembrar o genocídio de 1994. Kigali, Ruanda, 2014.

Desde 1890 a região ficou sob o comando do Império Alemão, que perdeu essa tutela para a Bélgica após a Primeira Guerra Mundial. Sob o comando belga, Ruanda, de população negra, teve suas diferenças culturais acentuadas: os três principais grupos étnicos originários, os hútus, os tútsis e os twas, receberam graus de poder e tratamento diferenciados. Aos tútsis foi oferecido o poder de comando local, enquanto os hútus e os twas foram discriminados. Essa diferenciação artificial provocou o conflito de 1994.

O objetivo da diferenciação artificial, proposta e fomentada pelos belgas para a fragmentação da população de Ruanda, era enfraquecer as relações sociais entre os diferentes grupos étnicos para, assim, controlar e dominar a área e a população mais facilmente.

Com o passar dos anos, essa diferenciação artificial foi gerando conflitos severos, sobretudo entre os grupos hútu e tútsi. Dominantes no poder, os tútsis oprimiam com violência física e psicológica os hútus. Passados os anos 1970, os hútus começaram a se organizar em milícias armadas pela indústria bélica francesa, objetivando atacar os tútsis. A situação de violência entre os dois grupos se intensificou até que, em 1994, eclodiu uma guerra civil entre eles. O conflito durou 90 dias, provocando a migração de 2 milhões de pessoas para o exílio e a morte de cerca de 1 milhão de ruandeses, a maioria tútsis do sexo masculino.

Com sua população dizimada, Ruanda se viu diante de muitos desafios – entre eles, a reconstrução social e a superação das mazelas e da violência trazidas pelo genocídio. A população sobrevivente, formada principalmente por mulheres viúvas e crianças, era a esperança de reconstrução do país.

Após a tragédia, as mulheres, outrora caladas por uma sociedade machista, organizaram-se e solidarizaram-se entre si na tentativa de garantir aos sobreviventes acesso à alimentação e aos cuidados médicos, para, assim, terem mais chances de sobreviver. Com o passar do tempo, Ruanda foi reconstruída pelas mãos das mulheres, consolidando-se como uma democracia representativa parlamentar, composta de um presidente eleito, acompanhado por um Senado e uma Câmara de Deputados também eleitos, que formam o parlamento, responsável por votar, aprovar ou reprovar as leis do país, além de fiscalizar as ações da Presidência.

Imago stock/Latinstock

↑ Rose Mukantabana, ativista dos direitos das mulheres, foi a primeira mulher eleita para o cargo de presidente da Câmara dos Deputados de Ruanda. Genebra, Suíça, 2010.

Em prol do reconhecimento da grande importância do papel das mulheres ruandesas na recuperação do país e ainda como uma ferramenta de valorização e luta contra o machismo, em 2003 a Constituição ruandesa passou a assegurar que 30% dos assentos do parlamento sejam ocupados por mulheres, independentemente da vinculação com partidos políticos.

A resposta social a essa reserva de assentos é incrível: as mulheres, que compunham 70% da população após o genocídio de 1994, detêm hoje 64% do parlamento, a maior taxa de congressistas femininas do mundo, além de ser o único do planeta composto de maioria feminina.

No parlamento, o trabalho dessas ruandesas é regido pelos conhecidos Objetivos de Desenvolvimento do Milênio (ODM), cujos destaques são a erradicação da pobreza e da fome; garantia do ensino primário a todas as crianças; promoção da igualdade de gênero; redução da mortalidade infantil e materna, dos índices de malária e de contaminação por doenças sexualmente transmissíveis; garantia de sustentabilidade ambiental e busca por parceiros internacionais de desenvolvimento.

O intento de seguir um modelo de solidariedade para a reconstrução do país tem funcionado bem, uma vez que se efetivam a manutenção da vida e maior garantia de acesso à saúde e de cuidados para a mulher e para a criança. Os níveis de mortalidade infantil e de mães pós-parto também vêm baixando, além de queda nos níveis da malária, endêmica da região, e da melhora considerável nos últimos anos da expectativa de vida.

Para Paul Kagame, atual presidente de Ruanda, o protagonismo feminino no país nas últimas décadas prova a capacidade de liderança das mulheres na tomada de decisões sociais justas e responsáveis. O presidente acredita que as ruandesas devam alcançar todos os níveis de cargos de poder e vê a atuação no parlamento como um ponto importante dessa história, um símbolo da ascensão da mulher, que se projeta em todos os níveis da administração pública.

Apesar de tudo, a situação ruandesa continua difícil. O genocídio de 1994 marcou severamente a memória da sociedade, e a batalha pela igualdade entre os grupos envolvidos, principalmente hútus e tútsis, tem de ser diária. Ruanda ainda luta para cicatrizar a memória dos sobreviventes, e o trabalho dessas mulheres é muito importante e significativo para amenizar essas mazelas.

1. Transcreva com suas palavras a relação entre o genocídio vivido em Ruanda em 1994, a grande parte da população masculina dizimada e a força do protagonismo feminino no país.

FIQUE POR DENTRO

ÁFR

O Reino de Songai é dominado por povos muçulmanos da região do atual Marrocos – 1591 d.C.

No século XIV d.C. surgiu o Reino do Congo. O rei tinha o título de manicongo (senhor do Congo) e seu poder era considerado sagrado. Disso derivava sua influência política. Os congolenses converteram-se ao catolicismo e, em 1596 d.C., deram a sua capital o nome de San Salvador, visando se aproximarem da monarquia portuguesa.

Portugueses invadem Angola e fundam uma colônia em Luanda – 1575 d.C.

Museu Metropolitan, Nova York. Foto: Album/Fotoarena ©1

Estátua de Santo Antônio feita no Congo no século XVIII.

Chegada dos portugueses ao Congo – 1483 d.C.

Espanha e Portugal assinam o Tratado de Alcáçovas, que permite aos espanhóis introduzirem em seu território escravos vindos da África – c. 1475 d.C.

Estabelecimento de tratado comercial entre reinos da África Ocidental e os portugueses – 1456 d.C.

Presença de mercantes portugueses no Rio Senegal – 1445 d.C.

Fundação do Reino Luba, na região do Rio Congo – c. 1420 d.C.

Por volta de 1550 d.C., o Reino de Songai dominou a região do Reino de Mali e se expandiu ao longo do Vale do Rio Níger, em um processo de conquista de outros clãs.

STRINGER/Reuters/Corbis/Latinstock ©2

Tumba de Muhamed Turê, chefe do Reino de Songai, construída no século XVI.

Os portugueses vencem os mouros e tomam Ceuta, no norte africano – 1415 d.C.

Fundação do Reino do Congo – c. 1240 d.C.

A partir do século VII d.C., a orla mediterrânea da África foi alvo da expansão islâmica (632-750 d.C.), que se estendeu também pela Península Ibérica e pelos reinos europeus. Na África, os árabes fizeram incursões em busca de escravos e conquistaram importantes cidades, como Alexandria, em 640 d.C., e Cartago, em 678 d.C.

Manuscritos sobre astronomia, tabelas e representações astronômicas dos Timbuktus.

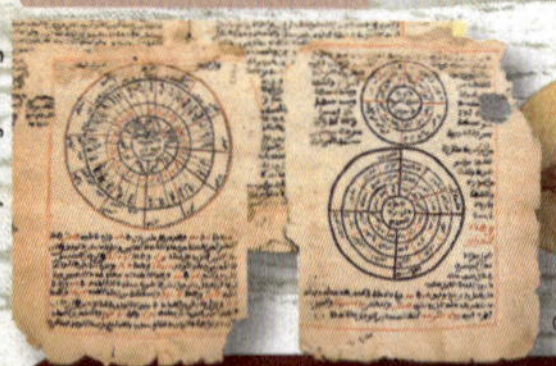

Michael Gottschalk/Photothek/Getty Images ©3

Entre os séculos XIII e XVI d.C., o Reino de Mali impôs sua hegemonia sobre os povos da Bacia do Rio Níger, mantendo domínio sobre rotas de comércio, jazidas de ouro e áreas ricas em sal. Bibliotecas e universidades floresceram na região, com estudos dedicados à Astronomia e à Matemática, entre outras áreas.

Desenvolvimento do Reino de Monomotapa em parte da África Austral – c. 1200 d.C.

Fundação do Zimbábue – c. 700 d.C.

The Bridgeman Art Library/Keystone Brasil ©4

Entre os séculos IV e XIII d.C. existiu na África o Reino de Gana, que alcançou uma grande expansão territorial e cuja prosperidade advinha de suas jazidas de ouro. A partir do século XVI d.C., a região onde estava situado esse reino passou a ser chamada, pelos europeus, de Costa do Ouro, em razão da grande concentração desse metal no local.

Mapa de 1729 da Costa da Guiné, na África, que representa a Costa do Ouro.

O Reino do Congo é dominado pelos portugueses – 1665 d.C.

Entre 1818 e 1879 d.C., o Reino Zulu estabeleceu o controle de territórios africanos por meio do poderio de seu exército – de cerca de 40 mil soldados –, avançadas técnicas militares e grande conhecimento no trabalho com couro.

Representação de guerreiros Zulu por James Edwin McConnell (1903-1995).

Bridgeman/Fotoarena ©10

Consolidação do domínio europeu na África – 1884-1885 d.C.

A Inglaterra ocupa e coloniza a Cidade do Cabo, na África do Sul – 1795 d.C.

Carlos Caminha

Representação artística dos principais estágios da evolução humana.

Science Photo Library - SPL/Fotoarena ©9

Segundo hipóteses científicas, o ser humano moderno surgiu na África há 1,8 milhão de anos. Por volta de 40 mil anos atrás alcançou a Ásia e a Europa e, há cerca de 20 mil anos, a América.

Bridgeman/Fotoarena ©8

Paleta de Narmer, construída no Egito entre 3500 e 3300 a.C.

Dividido entre Baixo Egito – região próxima ao Delta do Nilo, de clima mais ameno – e Alto Egito – mais ao sul, beneficiado pelas enchentes do rio –, o Egito foi unificado pelo rei Menés em cerca de 3100 a.C., tornando-se um dos primeiros grandes impérios do mundo. Foi governado por 30 dinastias, até sucessivas invasões levarem à queda do Império.

ICA

Início das práticas agrícolas no Vale do Nilo, no Egito – 5000 a.C.

1. Qual é o período indicado na linha do tempo da África ilustrado nestas páginas? Que atividades humanas podem ser identificadas nas diversas localidades do continente no período?

2. Pesquise informações sobre o Reino de Zulu, destacando sua importância no continente africano no período de 1818 a 1879.

Os fenícios foram uma civilização da costa oriental do Mar Mediterrâneo. Dedicavam-se às atividades comerciais e tinham uma intensa produção de manufaturas (tecidos, ferro, objetos de vidro etc.). Seu principal legado foi o alfabeto, criado por volta do século IX a.C., que deu origem aos alfabetos grego e latino.

efesenko/iStockphoto.com ©7

Ruínas fenícias da cidade de Cartago, datada de 814 a.C. Tunísia, 2015.

Os fenícios fundam a cidade de Cartago, no norte da África – c. 814 a.C.

O ferro é introduzido no Egito pelos invasores assírios – 671 a.C.

Os gregos invadem o Egito – 332 a.C.

Os romanos invadem o Egito – 40 a.C.

Ao lado, o Obelisco de Axum, em fotografia de 2014. Abaixo, a Igreja de São Jorge, em fotografia de 2012. As obras estão localizadas na Etiópia e são preservadas pela Unesco como Patrimônio Cultural da Humanidade.

Album/Fotoarena ©6

Alamy/Fotoarena ©5

O reino de Axum foi um grande centro comercial, localizado na costa oriental do continente africano, entre os séculos I e X d.C., tendo seu apogeu entre os séculos III e VI d.C.

Fontes:
Atlas da história do mundo. São Paulo: Publifolha, 1995; Cláudio Vicentino. *Atlas histórico: geral e Brasil*. São Paulo: Scipione, 2011; José Jobson de A. Arruda. *Atlas histórico básico*. 17. ed. São Paulo: Ática, 2011; Marta Heloísa Leuba Salum. *África: culturas e sociedades*. Disponível em: <www.arteafricana.usp.br/codigos/textos_didaticos/002/africa_culturas_e_sociedades.html>. Acesso em: nov. 2018.

© IMAGENS: 1 Museu Metropolitan/Scala Archives; 2 Latinstock; 3 Getty Images; 4 Keystone Brasil; 5 Latinstock; 6 Easypix Brasil; 7, 8 e 9 Latinstock; 10 Keystone Brasil

PANORAMA

FAÇA AS ATIVIDADES A SEGUIR E REVEJA O QUE VOCÊ APRENDEU.

NO CADERNO

1. Por que se afirma que a independência dos países africanos não promoveu a independência econômica em relação às antigas metrópoles?

2. Retome o mapa de línguas e etnias da África, da **página 233**, e responda às questões a seguir.
   a) Que característica importante sobre a população africana esse mapa retrata?
   b) A "partilha da África" estabelecida no final do século XIX respeitou essa configuração étnica e cultural? Justifique sua resposta.

3. Sobre a colonização na África, transcreva no caderno apenas a afirmativa que for verdadeira.
   a) Desde a independência, os dirigentes dos países africanos têm interesse em unificar os diversos povos em Estados soberanos, o que possibilitará o desenvolvimento econômico do continente.
   b) O conhecimento do espaço geográfico africano, por meio de atividades missionárias, favoreceu os europeus quando consideraram a individualidade dos povos africanos na partilha do continente.
   c) Na partilha da África não foi considerada nem respeitada a diversidade étnica e política dos africanos, o que contribui até hoje para conflitos e guerras civis no continente.

4. Quais potências europeias dividiram o continente na partilha da África?

5. Qual é a importância da agricultura de subsistência para a população do continente?

6. O que é *plantation*? Qual é a relação desse modelo de produção com a colonização europeia no continente africano?

7. Leia a frase a seguir e explique por que a cobiça pelos recursos energéticos da África se ampliou nas últimas décadas.

> A China absorve 13% das exportações de petróleo do continente africano, enquanto os Estados Unidos e a União Europeia respondem, cada um deles, por mais de 30%.

8. Qual é o único país do continente africano em que a indústria assume uma participação significativa na economia? Que tipos de indústria estão instaladas no país?

9. Explique o que foi o regime do *apartheid*.

10. Relacione a colonização da África com os conflitos da atualidade.

11. Cite e explique um dos conflitos ocorridos no continente africano.

12. Junte-se a um colega para levantar informações sobre a situação atual da África do Sul no tocante à questão racial. O problema da segregação foi totalmente superado? Como está a inserção da população negra no mercado de trabalho, na educação e na participação política da sociedade sul-africana?

13. Qual minério está retratado na fotografia? Explique a estrutura geológica que favorece sua formação, assim como a importância de sua exploração para a economia do continente africano.

Alamy/Fotoarena

Kalahari, Namíbia, 2014.

14. A barreira natural do Saara acabou por dividir a população africana, agrupando-a em duas grandes sub-regiões. Observe o mapa ao lado e, depois, faça o que se pede.

a) Elabore uma legenda para o mapa com o nome das sub-regiões africanas indicadas pelos números 1 e 2.

b) Cite duas características sociais e/ou culturais atribuídas aos países que compõem cada uma das sub-regiões.

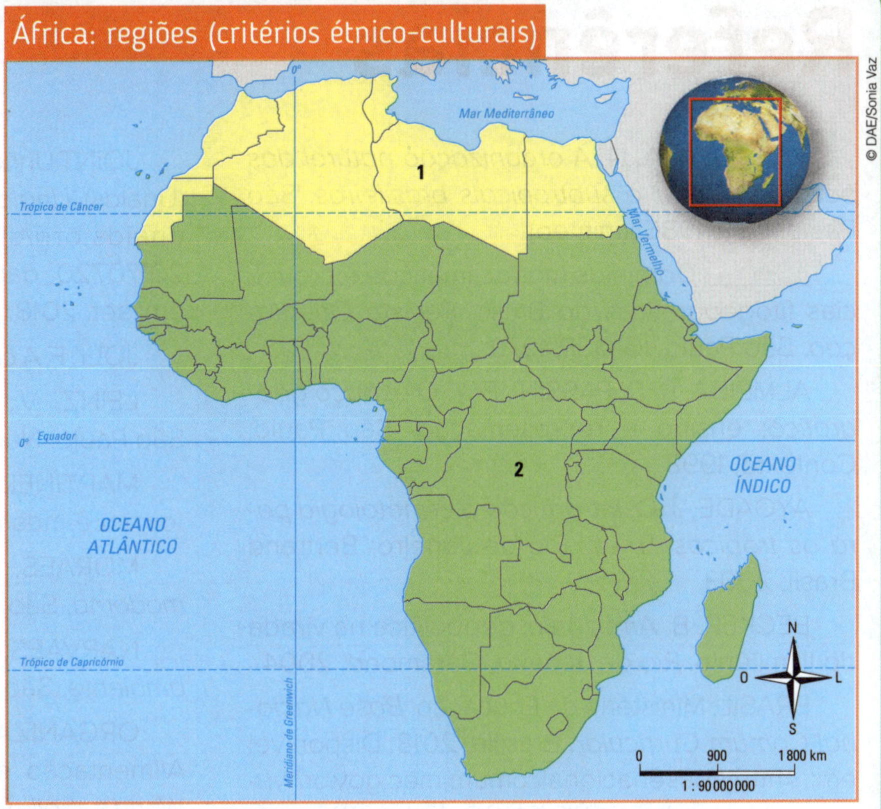

Fonte: *Atlas geográfico escolar.* 7. ed. Rio de Janeiro: IBGE, 2016. p. 45.

15. Leia o texto.

> [...]
>
> A comunidade de profissionais ligados à inovação ganha força em vários países africanos. Os setores em que trabalham seguem uma dinâmica particular, na contramão dos negócios tradicionais no continente. Nos últimos anos, caiu o fluxo de capital estrangeiro para a África. Isso ocorreu, entre outros motivos, por causa do fim do ciclo de valorização das mercadorias básicas, por volta de 2010 (o Quênia, por exemplo, exporta muito café e petróleo) e pela desaceleração da economia da China – um fenômeno que também afetou o Brasil. A comunidade tem outra história para contar, bem mais interessante.
>
> [...]

Raquel Grisotto. Empreendedorismo na África: novos negócios atraem investidores e gigantes da tecnologia. *Época*, 18 maio 2018. Disponível em: <https://epocanegocios.globo.com/Empreendedorismo/noticia/2018/05/empreendedorismo-na-africa-novos-negocios-atraem-investidores-e-gigantes-de-tecnologia.html>. Acesso em: out. 2018.

O que o texto sugere em relação à economia do continente africano?

DICAS

▶ ASSISTA

Amistad, EUA, 1997. Direção: Steven Spielberg, 154 min. Baseado em fatos reais, esse filme narra a história de um grupo de escravos que, a bordo de um navio negreiro, rebelam-se e assumem o comando da embarcação como maneira de conquistar a liberdade.

Invictus, EUA, 2009. Direção: Clint Eastwood, 134 min. Ambientado na África do Sul após o *apartheid*, o filme conta como o então recém-eleito presidente Nelson Mandela resolve aproveitar o rúgbi, mais especificamente a Copa do Mundo de Rúgbi, para unir a população do país.

LEIA

Longa caminhada até a liberdade, de Nelson Mandela (Nossa Cultura). Em uma autobiografia, o líder político sul-africano conta em detalhes sua história de vida.

Referências

AB'SABER, A. N. *A organização natural das paisagens inter e subtropicais brasileiras*. São Paulo: USP, 1985. (mimeo).

_______. Domínios morfoclimáticos e províncias fitogeográficas do Brasil. *Revista Orientação*, São Paulo, IG-USP, 1970.

ALMEIDA, R. D. PASSINI, E. Y. *O espaço geográfico*: ensino e representação. São Paulo, Contexto, 1998.

AYOADE, J. O. *Introdução à climatologia para os trópicos*. 9. ed. Rio de Janeiro: Bertrand Brasil, 2003.

BECKER, B. *Amazônia*: geopolítica na virada do III milênio. Rio de Janeiro: Garamond, 2004.

BRASIL. Ministério da Educação. *Base Nacional Comum Curricular*. Brasília, 2018. Disponível em: <http://basenacionalcomum.mec.gov.br/wp-content/uploads/2018/12/BNCC_19dez2018_site.pdf>. Acesso em: fev. 2019.

CANTO, E. L. *Minerais, minérios, metais*. 2. ed. São Paulo: Moderna, 1996.

CARVALHO, M. S. *Para quem ensina Geografia*. Londrina: UEL, 1998.

CONTI, J. B. *Clima e meio ambiente*. São Paulo: Atual, 1998.

CORRÊA, R. L. *O espaço urbano*. 4. ed. São Paulo: Ática, 1999.

_______. *Trajetórias geográficas*. 3. ed. Rio de Janeiro: Bertrand Brasil, 1997.

DEAN, W. *A ferro e fogo*: a história e a devastação da Mata Atlântica. São Paulo: Companhia das Letras, 1996.

DREW, D. *Processos interativos homem-meio ambiente*. Rio de Janeiro: Bertrand Brasil, 1998.

EICHER, D. L. *Tempo geológico*. São Paulo: Edgard Blücher, 1996.

GUERRA, A. J. T.; CUNHA, S. B. (Org.). *Geomorfologia do Brasil*. Rio de Janeiro: Bertrand Brasil, 1998.

INSTITUTO Brasileiro de Geografia e Estatística (IBGE). *Censo 2010*. Disponível em: <https://censo2010.ibge.gov.br>. Acesso em: ago. 2018.

JOINT United Nations Programme on HIV/Aids (Unaids). *Unaids data 2017*. Disponível em: <www.unaids.org/sites/default/files/media_asset/20170720_data-book_2017_en.pdf>. Acesso em: set. 2018.

JOLY, F. *A cartografia*. Campinas: Papirus, 1990.

LEINZ, V.; AMARAL, S. E. *Geologia geral*. São Paulo: Nacional, 1995.

MARTINELLI, M. *Gráficos e mapas*: construa-os você mesmo. São Paulo: Moderna, 1998.

MORAES, A. C. R. *A gênese da Geografia moderna*. São Paulo: Hucitec; Edusp, 1999.

NARVAES, P. *Dicionário ilustrado do meio ambiente*. São Paulo: Yendis, 2011.

ORGANIZAÇÃO das Nações Unidas para a Alimentação e Agricultura (FAO). *Status of the World's Soil Resources, 2015*. Disponível em: <www.fao.org/3/a-i5199e.pdf>. Acesso em: ago. 2018.

RIBEIRO, W. C. (Org.). *Patrimônio ambiental brasileiro*. São Paulo: Edusp; Imprensa Oficial, 2003.

ROSS, J. *Ecogeografia do Brasil*: subsídios para planejamento ambiental. São Paulo: Oficina de Textos, 2006.

_______ (Org.). *Geografia do Brasil*. 5. ed. São Paulo: Edusp, 2005.

SANTOS, M. *A natureza do espaço*. São Paulo: Edusp, 2002.

SCARANO, F. R. *Biomas brasileiros*: retratos de um país plural. São Paulo: Conservação Internacional do Brasil; Casa da Palavra, 2012.

SIMIELLI, M. E. Cartografia no Ensino Fundamental e Médio. In: CARLOS, A. F. A. (Org.). *A Geografia na sala de aula*. 5. ed. São Paulo: Contexto, 2003.

SPOSITO, E. S. *Geografia e Filosofia*: contribuição para o ensino do pensamento geográfico. São Paulo: Editora Unesp, 2004.

UNITED States Census Bureau. Disponível em: <www.census.gov>. Acesso em: set. 2018.